U0654411

"海上科普讲坛"丛书　　总主编　樊春海　　执行总主编　王丽华

万物生辉

科学照亮未知之境

上海市科学技术普及志愿者协会

九三学社上海市委科普工作委员会

组编

王丽华　梁偲　张显明

主编

上海交通大学出版社

SHANGHAI JIAO TONG UNIVERSITY PRESS

内容提要

本书以"海上科普讲坛"为基础，以通俗易懂的方式，讲述了地球科学、化学、生物、医学健康、人工智能、新型材料等多个学科领域的科技研究成果及进展，展现了科学家们的探索历程和精神世界。本书邀请了各领域的多位知名专家，从科研一线向读者传播前沿的科学知识、科学思想和精神，从微观世界到宏观宇宙，从细胞奥秘到星河璀璨，让读者充分感受科学技术是如何改变世界，改变我们生活的。随着国家对科普事业的高度重视，崇尚科学的理念逐渐深入人心，本书既是一本科普读物，满足广大读者的阅读需求，激发青少年对科学探索的兴趣，弘扬科学家精神；也是对科研人员的一种呼吁，希望更多的科研人员加入到科普工作中来，共同提高公民科学素质。

图书在版编目（CIP）数据

万物生辉：科学照亮未知之境/王丽华，梁偲，张显明主编. —上海：上海交通大学出版社，2025.8.
ISBN 978 - 7 - 313 - 33135 - 9

Ⅰ．Z228

中国国家版本馆 CIP 数据核字第 2025MZ0855 号

万物生辉——科学照亮未知之境
WANWU SHENGHUI——KEXUE ZHAOLIANG WEIZHI ZHI JING

主　　编：王丽华　梁　偲　张显明			
出版发行：上海交通大学出版社		地　　址：上海市番禺路 951 号
邮政编码：200030		电　　话：021 - 64071208
印　　制：上海颛辉印刷厂有限公司		经　　销：全国新华书店
开　　本：710mm×1000mm　1/16		印　　张：18.5
字　　数：222 千字		
版　　次：2025 年 8 月第 1 版		印　　次：2025 年 8 月第 1 次印刷
书　　号：ISBN 978 - 7 - 313 - 33135 - 9		
定　　价：88.00 元		

版权所有　侵权必究
告读者：如发现本书有印装质量问题请与印刷厂质量科联系
联系电话：021 - 56152633

"海上科普讲坛"丛书
顾问委员会

主 任

钱 锋

副主任

樊春海

委 员

(按姓氏拼音排序)

陈凯先	陈立东	陈晓亚	陈义汉	陈子江	褚君浩
邓子新	丁 洪	丁奎岭	丁文江	董 晨	董绍明
段树民	樊 嘉	范先群	高绍荣	葛均波	韩 斌
何鸣元	何祖华	贺 林	黄荷凤	贾金锋	贾伟平
蒉知潞	江 明	李劲松	李儒新	林国强	刘 明
刘昌胜	马大为	马余刚	毛军发	宁 光	彭慧胜
蒲慕明	钱旭红	卿凤翎	沈维孝	施剑林	孙胜利
谭家华	谭蔚泓	唐 勇	田 禾	涂善东	王建宇
吴明红	夏 强	徐国良	徐祖信	颜德岳	杨为民
杨秀荣	游书力	俞 飚	岳建民	张 荻	张东辉
赵东元	赵国屏	赵振堂	朱美芳	朱为宏	

"海上科普讲坛"丛书

编委会

主　任

丁奎岭

副主任

樊春海　王丽华　姚　青

委　员

(按姓氏拼音排序)

常　亮　胡金波　黄勇平　江世亮　李　辉　李晴暖

李昕欣　梁　偲　刘　志　苏良碧　孙　辉　孙洁林

陶　虎　王玉东　吴家睿　杨　洋　殷海生　张显明

张远波

抓住新科技革命先机，
为推进高质量科普持续发力

——"海上科普讲坛"丛书序

钱　锋

习近平总书记在 2024 年全国科技大会、国家科学技术奖励大会和两院院士大会上发表重要讲话强调："科技兴则民族兴，科技强则国家强。中国式现代化要靠科技现代化作支撑，实现高质量发展要靠科技创新培育新动能。必须充分认识科技的战略先导地位和根本支撑作用，锚定 2035 年建成科技强国的战略目标，加强顶层设计和统筹谋划，加快实现高水平科技自立自强。"

当今世界科技发展日新月异，新一轮科技革命和产业变革深度融合、加速演进，深刻重塑全球秩序和发展格局。进入新时代以来，我国科技创新的广度、深度、精度和速度都实现了质的飞跃。但是我们依然清醒地认识到，在高精尖科技领域，与发达国家相比，我们仍然存在一些短板和弱项。究其原因，是创新思维、创新能力上还与发达国家存在差距。党的二十大报告指出，全面建设社会主义现代化国家，"必须坚持科技是第一生产力"，要加快建设科技强国。要实现这一目标，亟须提高全民科学素质，更呼唤高质量的科普供给。

在知识经济时代，一个国家的创新水平越来越依赖于全民科学素质的普遍提高，一个国家的科普水平对国家的创造力和软实力的影响日益增加。换言之，如果没有全民科学素质的普遍提高，就难以建立起宏大的高素质创新大军，高水平科技创新和成果转化也就成了无源之水。科学普及就像一根神奇的杠杆，能让更多人了解科技、热爱科技、投身科技，撬动起源源不断的创新活力和发展动力。为加快建成科技强国，我们要深入践行科学家精神，以高水平的专业水准和高质量的科学普及，把杠杆的支点做稳做实。

为进一步推进上海科普工作高质量发展，我在担任上海市科学技术普及志愿者协会理事长期间，倡议成立了"院士专家科学诠释者"指导团。在樊春海院士接过协会理事长的接力棒之后，他进一步推动指导团建设，聚集了一批上海地区的知名科学、科普专家，形成了由 60 余位院士担任顾问，300余位资深专家、青年专家共同组成的强大科普队伍，可以说这在上海科技界和科普界是开风气之先。

一直以来，指导团专家们致力于支持科学传播和科普事业，以守正创新的思维、精湛深厚的专业知识、热情生动的讲解方式，大力诠释科学技术新知识、新政策、新策略。指导团在赋能科普和助力科技创新中发挥了重要作用，为长三角地区的科学传播、科普服务等工作提供了新思路、开辟了新赛道。

2022 年 6 月，"院士专家科学诠释者"指导团依托上海市科学技术普及志愿者协会和九三学社上海市委科普工作委员会创办了"海上科普讲坛"，在九三学社中央科普工作委员会和中国科学院上海分院的大力支持下，集聚了更多在沪的自然科学、工程科技和临床医疗界一流学术专家和科普传播专家，面向社会开展了一系列集科学性、前瞻性、开放性、公益性于一体的科普活动。"海上科普讲坛"坚持线上直播，普惠各类人群，还与上海中学、浦东图书馆和上海自然博物馆等多家单位联合开展线上线下相结合的直播科普活动，拓展与社会媒体的合作，不断扩大科学传播的覆盖面和社会影响力。截至2024年6月，已成功举办100场科普报告，300多位一线科技专家结合他们在实验室、讲台、试验台、手术间获得的最新研究成果，以生动可感的方式向公众解读创新点，讲述科学发现、科技发明背后的故事，帮助更多民众，尤其是中小学生亲近科学、走近科学，线上线下受众突破千万人次。

如今，上海市科学技术普及志愿者协会又联手九三学社热衷于科普工作的同道，推出"海上科普讲坛"丛书，这是"海上科普讲坛"科普理念的再传播，科普成果的再集结，社会效应的再放大，可喜可贺！

一个民族热爱科学的程度，决定了其发展的高度。全民科学素质的提升，是国家发展的基石，是民族复兴的希望。当前，世界百年未有之大变局加速演进，围绕科技制高点的竞争空前激烈。把握发展机遇的关键在科技创新，核心在科技自立自强，而科学普及工作则是自立自强的根基所在。2016年，习近平总书记在全国科技创新大会、两院院士大会、中国科协第九次全国代表大会上指出，"科技创新、科学普及是实现创新发展的两翼，要把科学普及放在与科技创新同等重要的位置"。习近平总书记的"两翼理论"进一步丰富、发展和深化了对科普支撑创新发展的理论认识，为新时代国家创新发展指明了方向，更为推动科普工作高质量发展提供了根本遵循。

希望"海上科普讲坛"以丛书出版为新起点，团结和汇聚更多科技工作者、科普工作者，以梦为马、砥行致远，贡献更多高质量科普内容，让科学的光芒照亮每一个角落，让创新的力量在全社会涌动，为实现高水平科技自立自强筑牢根基，为中华民族伟大复兴提供坚实支撑。

谨此，是为序。

（钱锋，中国工程院院士、华东理工大学教授，全国政协常委、上海市政协副主席，九三学社上海市委主委；上海市科学技术普及志愿者协会院士专家科学诠释者指导团团长；"海上科普讲坛"丛书顾问委员会主任）

落实"两个同等重要",
沪上奏响"科普集结号"

——"海上科普讲坛"丛书序

丁奎岭

上海近代以来的文明进步、社会发展很大程度上受惠于科学革命和科学精神的滋养。作为近代中国科学的发祥地和现代中国科学发展高地,上海既是当今科技创新的热土,也是科学普及和科技传播的沃土。这里孕育了中国最早的综合性科学团体——中国科学社(1915 年),中文文献中首次创用"科学精神"一词也始见于上海出版的《科学》杂志(1916 年);无论是在救亡图存、助中华崛起的新民主主义革命年代,还是在重振旗鼓的改革开放年代,一大批科学家在上海这片土地上创造了一个个无愧前人的科学奇迹,凝结成了具有鲜明时代、地域特征的科学精神。

进入新时代,特别是自 2016 年全国"科技三会"上习近平总书记作出"科技创新、科学普及是实现创新发展的两翼,要把科学普及放在与科技创新同等重要的位置"这一在中国科技、科普发展史上具有里程碑意义的"两个同等重要"论断以来,科技界、科普界的面貌为之一变。从上海来看,2019 年上半年,上海率先在科技三大奖之外单设科学普及奖；2023 年起，上海又在科学研究领域的高级职称序列中为科技传播方向专设通道，已有几十位在科普创作和科技传播方面取得出色成绩的科技工作者获得科技传播方向的高级职称。2022 年 9 月 4 日，中共中央办公厅、国务院办公厅发布《关于新时代进一步加强科学技术普及工作的意见》，从加强全社会科普责任、加强科普能力建设、加强制度保障等各个方面为进一步深化落实科学普及与科技创新同等重要的指导思想做出具体安排。国家最高层对科学普及作用给予的定位及采取的一系列举措让科普这个"老课题"正在焕发新的生机。在此大背景下，向来有着"科普重镇"称誉的上海再次做成了一件"领风气之先"的科普大事。

在上海市科学技术委员会、上海市科学技术协会指导下，上海市科学技术普及志愿者协会院士专家科学诠释者指导团、九三学社中央科普工作委员会和九三学社上海市委科普工作委员会联合创办了"海上科普讲坛"。于 2022 年 6 月由樊春海院士提出并运行至今的"海上科普讲坛"实际上是集全上海科学界、科普界之力，共同打造的一个集科学性、前瞻性、开放性、公益性于一体的科普平台。"海上科普讲坛"面向中学、大学及以上群体和社会大众，邀请相关领域科学家，围绕百姓关心的生物医药、生命健康、生态环保、智能科技等科技、社会热点问题，以"主题演讲＋观众互动问答"等形式，为社会公众搭建起与科学家交流的桥梁。

在上海市科学技术普及志愿者协会院士专家科学诠释者指导团团长钱锋院士和执行团长樊春海院士的倾力推动下，已有 300 多位来自基础科学前沿、临床医疗、工程科技、科学传播等领域的科学家登上这一讲坛，他们带来的百余场兼具前沿、新颖、权威、生动、趣味性的科普报告，通过各种媒介的传播，在上海乃至全国掀起了弘扬科学思想、科学精神和科学文化的科普

"旋风"。讲坛的点击率和阅读量已破千万，成为上海乃至长三角地区参与活动的科学家人数、持续时间、社会关注度屡屡打破纪录的科普传播平台。

我曾在多种场合讲过这样一段话：今天的中国处在科技发展最好的时期，今天的中国是做科学研究最好的地方，今天的中国是对科技创新需求最强烈的国家。这里我想补充一句话：今天的中国也处在顺应这个伟大时代要求，大力推进高质量科普的最好时期。在2022年上海科技传播大会上，我曾讲过小时候经历的一个故事。我读小学的时候，广播里天天播报"原子弹研制成功、人造地球卫星上天、人工合成牛胰岛素"这些当时我国引以为豪的科技成果。后来我学了化学，进入化学研究之门，知道这些伟大成果的背后都离不开化学家的贡献。回想起来自己心中播下了爱科学、学科学的种子，就是得益于科学普及和科学传播的作用。2024年，我有机会继续参演科普微电影《无处不在的氟——有机师姐Ⅱ》，还参与拍摄《化学总动员》系列科普动画片，以动画技术展示化学的魅力。作为一个化学家，参与科普的插曲使我对科普的作用，特别是对高质量科普的价值有了更直接的感受。

2024年的上海科技节上海科技传播大会上，在接受媒体访问时我也就科技创新与科学传播的相互关系打了个比方："如果说科技创新是拓展人类认知的火车头，科技传播就是汇聚人才和资源的火车身，是不可或缺的支撑点。也正是科技传播让社会大众投身科技事业，让科技创新的火车头越跑越快。"这套"海上科普讲坛"丛书也可以印证以上的比喻。这个讲坛的报告人基本上都是在科创一线的科学家，他们把最新的科技进展做了尽可能科普化的表达，又在科普编辑团队的专业支持下，将科普报告加工成可读性更强、传播更广的科普作品，这是科学家和科普工作者协力酿就之作。

希望双方持续努力，将"海上科普讲坛"上发出的科学声音持续、高质量地传播出去，取得更好、更持久的社会效益和影响力。也希望经由"海上科普讲坛"吹响的"科普集结号"能远播四方。

（丁奎岭，中国科学院院士、上海交通大学校长，"海上科普讲坛"丛书编委会主任）

智能时代离不开科学精神的指引

褚君浩

　　欣闻由上海市科学技术普及志愿者协会、九三学社上海市委科普工作委员会组编的"海上科普讲坛"丛书新集即将出版，作为"海上科普讲坛"最早一批的参与者和报告人，我亲历和见证了论坛创办 3 年来给国内科技界、科学传播界带来的巨大影响。论坛筹办者告知，由于"海上科普讲坛"的影响和传播效应，越来越多的专家希望参与讲坛，待安排的报告已经排至 2025 年 10 月。可以说这些年，在科技界、科普界同仁的共同努力下，人们一直期盼的"让科普成为城市时尚"的氛围正在形成，这令人欣喜，更需要我们一起用心"呵护"。也因此，丛书编委会嘱我为丛书新集作序，我欣然同意。我想就从本书收录的拙文中的两个关键词——"智能时代"和"科学精神"谈起。

　　如果要对当今时代科技进步特征做一个概括，那么就是依托大数据与各类算法模型的人工智能技术迅猛发展，正为人类社会进步注入强劲动能，具有深远意义。近年来，人工智能正以惊人的速度迭代演进，继 ChatGPT 掀起生成式人工智能浪潮后，Sora 等文字生成视频技术接踵而至，而视频转文字技术同样取得突破性进展——复旦大学团队深耕视频内容转文字技术研发，让"视频变文字"从设想变为现实。这一技术对视障群体尤为关键：通过搭载摄像头的智能设备，实时将环境视频转化为文字，再经语音合成传递至耳畔，为视障者构建起"看得见"的数字通路。与此同时，脑机接口、人形机器人等前沿领域亦蹄疾步稳，与生成式人工智能、多模态转换技术形成协同之势。值得关注的是，智能化系统的三大核心架构——动态感知、智慧识别、自动反应，也正不断走向成熟。

接下来我们会迎来智能时代。智能时代的核心特征在于通过人工智能技术赋能物理系统，构建具备动态感知、智慧分析与自主决策能力的智能体，实现数字智能与实体世界的深度融合。比如智慧城市、ChatGPT、Sora、DeepSeek、人形机器人、智能化制造技术、智能化诊断修复技术、脑机接口，等等。人工智能是一个重要的智能化系统，也是标志性的。因此，人类进入的是以人工智能为代表的智能时代，而智能时代的核心是应用智能化的系统。

总的来说，当前人工智能的发展主要呈现两个方向：一个是利用科学规律推动人工智能的发展；另一个是运用人工智能做科学研究并推动各项技术发展。获得 2024 年诺贝尔物理学奖的两位科学家，就是将大脑神经网络计算应用到人工智能领域，为机器学习技术的发展奠定了基础。这契合了第一个发展方向，也正是我们要做的事情。获得 2024 年诺贝尔化学奖的三位科学家，将人工智能与蛋白质科学融合，一方面用计算软件构建出全新蛋白质结构，另一方面则基于氨基酸序列开发出名叫"阿尔法折叠 2"的人工智能模型，实现对蛋白质复杂结构的预测。这些都是利用人工智能技术做科学研究的成功案例。这两个诺贝尔奖成果，前者展现的是如何发展人工智能，后者展现的是怎么运用人工智能工具做科学研究，找到最佳参数，从而更快捷、更方便地学到新知识。

毫无疑问，人工智能的影响范围覆盖技术、经济、文化等多个维度，呈现出全方位渗透的特征。尤为值得关注的是，在教育模式重构、科技变革、社会结构转型及伦理边界重塑等具体领域，人工智能引发的机遇与挑战并存，值得我们细细考量应对。譬如在人工智能时代，我们如何培养创新型人才？就这个问题我去问了 Kimi，它回答得很好。它讲了应该注重教育模式创新、教育方法创新，讲了需要培养批判性思维、加强基础知识、积极参与实践活动、关注行业动态等。这些答案都是 Kimi 从网上搜集后进行总结得到的，但是如果你只是询问人工智能，搜索总结已有答案，而没有自己的"解题"思路，那肯定是不够的。我们必须根据实际情况提出自己的思路。

在智能技术深刻重构人类文明形态的今天，弘扬以爱国、创新、求实、奉献、协同、育人等为核心内涵的科学家精神依然重要。科学家精神就是科学精神，科学精神是追求和坚持真理的精神。稍微展开来讲，智能时代的科学精神有以下几种具体表现形式。

首先是求真务实，勤奋踏实。勤奋踏实，一步一个脚印是科学研究的特征和基石。古人说，"千淘万漉虽辛苦，吹尽狂沙始到金"就是这个道理。任何科技上的进步和突破的背后都缺少不了扎实的基础知识、浓厚的研究兴趣、出众的动手能力以及坚韧的做事态度。

在智能时代我们更需要保持好奇心和学会质疑。对自己不明白的地方，哪怕只是一个很小的细节，也要弄清楚为什么。好奇心，不仅能引领我们去探索客观世界的规律和奥秘，在应用现有规律的时候，还能够驱使我们继续探索。

要在智能时代游刃有余，需要培养多种能力。包括要培养好奇心驱动下的创新能力、多维思考的能力、提问质疑的能力、想象思考的能力、逻辑推理的能力、踏实坚持的能力等。为此我们不仅要善于习得知识，而且要掌握经验、积累经验，还要有创意。

要有创意，就要拥有一双"慧眼"，有一双善于发现的眼睛。有人曾质疑：跨入智能时代的我们，"慧眼"是否会变得可有可无？我认为人工智能在思考与创新方面无法完全取代人类，但可以更好地服务人类。

当然还要有极致精神、工匠精神。我们不仅要做得出，还要做到最好，做到极致，精益求精。做到极致就要掌握事物背后的"道"，要知其然，还要知其所以然。古人说，"有道无术，术尚可求也。有术无道，止于术。"所以技术背后的规律一定要很好地掌握。

总之，只有不断提高科学素养，培养对基础科学研究的兴趣，掌握扎实的基础知识，树立坚韧的做事态度，才能以人工智能赋能高质量发展，做有"智"青年。

（褚君浩，中国科学院院士，中国科学院上海技术物理研究所研究员；"海上科普讲坛"丛书顾问委员会委员）

智能时代：创新科技逐梦，科学精神护航

褚君浩　林　铁

褚君浩，中国科学院院士，中国科学院上海技术物理研究所研究员，复旦大学光电研究院院长；从事红外光电子材料和器件研究，并取得多项成果，提出的适用于碲镉汞能带、光谱计算的CXT公式[①]和吸收系数公式成为窄禁带半导体材料器件设计的重要依据，至今仍是国际上判断红外探测器新材料、新结构的通用公式；发表了800多篇学术论文，出版了一系列的学术专著；2014年被评为第六届"十佳全国优秀科技工作者"，2017年获得首届全国创新争先奖章，2017年被评为感动上海年度人物等。

林铁，中国科学院上海技术物理研究所副研究员；从事铁电材料、半导体材料电学测试、数据分析以及非制冷红外探测器研制等研究工作，并在半导体低维结构、二维材料输运特性等方面发表了100多篇学术论文。

---

① 以褚君浩（C）、徐世秋（X）、汤定元（T）三位中国科学家的名字命名。

人类文明已有几千年的历史，但绝大部分时期社会生产力水平提升缓慢。直到近两三百年，技术变革层出不穷，社会财富快速增长，人们的生活水平也不断提高。这些变化与工业革命息息相关。

18世纪发生了以机械化为特征的第一次工业革命。蒸汽机的改良和应用是第一次工业革命时期影响最深远的技术变革，引发了近代历史上的动力革命。瓦特通过长时间研究和大量实验，设计了分离式冷凝器，提高了蒸汽机的热效率，还设计了曲柄传动，将蒸汽机的直线运动转化为圆周运动。瓦特式蒸汽机首先在纺织业获得应用，大大提高了英国纺织机的生产效率，并很快扩展到其他工业领域，推动了铁路运输业的发展，以蒸汽机为动力源的轮船改变了全球远洋运输业的面貌，人类历史进入"蒸汽时代"。第一次工业革命中的许多技术发明主要来源于以瓦特为代表的技术工匠的实践经验。

19世纪发生的第二次工业革命则是以电气化为特征。发电机、电机等设备的出现，使电能成为替代或补充化石燃料的新能源。一批科学发现与技术创新充分结合的新兴产业出现，电灯、电车、电影等的相继问世，标志着人类由此进入了"电气时代"。与第一次工业革命不同，这一时期的技术发明多数由科学家在实验室中完成。自然科学和工业生产紧密地结合起来，在推动生产力发展方面发挥了更为重要的作用。

　　20 世纪出现了第三次工业革命，这次的特征是信息化。原子物理、量子力学、固体物理、现代光学和半导体理论的发现，促进了现代电子技术、微电子技术、原子能技术、信息技术等一系列新产业的发展。其中电子计算机技术是核心技术。电子计算机大大解放了人的脑力劳动，并促进了激光、通信、存储等新兴技术的发展，使人类进入"信息时代"。

　　现在我们进入了 21 世纪，又将迎来新的工业革命，其特征则是智能化。如今，人工智能、机器人、无人机、无人驾驶汽车等已出现在我们的生活中，人类也将进入"智能时代"。那么智能时代的特征是什么？它出现的驱动力是什么？它的发展趋势又是什么？我们要如何适应这个新时代，并在其中发挥我们的作用呢？

智能时代及其驱动力

　　想象一下"魔法世界"，日常生活中无生命的物体可以有"意识"地跟人交流互动。大门自动识别身份并开门锁门，房间空调系统依据人的身体状态调节温度和湿度，椅子自动调节形状让人舒适地坐着，并能跟人聊天，让人身心放松等。在智能时代中，这些场景都能实现。智能时代的"智能化"，最大的特点就是把"智慧"融入一个物理实体系统，让这个实体系统可以"有意识"地工作[1]。计算机无需依靠键盘、鼠标输入，可以通过识别人的语言进行工作。生产机器人同样可以识别人的语言，无需复杂编程。甚至是一把尺子，测量物品长度后也会直接把数据传输至系统，无需人工读取数据后再输入计算机。可见在智能化时代，人们的工作效率将极大提高，整个社会的生产力水平也将大幅度提升，进而引发新的工业革命。

智能时代家居（由人工智能模型 DALL－E－3 生成）

那么推动人类进入智能时代的驱动力是什么？首先就是能源环境问题。目前，人类社会对化石能源产生了严重依赖。但化石能源的使用会产生二氧化碳等温室气体，导致地球表面平均温度不断上升，造成全球气候变暖。全球气候变暖对地球南北两极的影响最显著。一个现象是北冰洋洋面冰层融化，导致北极熊的生存环境受到挑战，出现大熊吃小熊的情况。另一个现象是尖须缘蚬蝶在北美洲的栖息地向高纬度地区拓展，这也说明北半球地区的气候在变暖[2]。类似现象也出现在其他地区。比如北京附近的山上发现了一种尖帽草，这种植物原来只出现在南方。全球气候变暖不仅影响生态环境，更直接导致冰川融化，海平面上升。据估计，如果格陵兰岛上的冰川全部融化，全球海平面将上升7米多，全球大部分发达地区都会受到影响。上海以及江苏、浙江等地的沿海城市将被淹没，甚至南京也会被淹没，山东半岛将变成两个岛。如何在新时代实现生产力大幅度提升的同时又不破坏环境，是新工业革命的第一个驱动力。

第二个驱动力就是人类不断追求更加美好生活的愿景。以视觉产品为例，我们日常接触的电子设备显示的图像通常是二维的，尽管目前也有 3D 电影，但一般都要借助特殊的眼镜才能观看。以往技术所呈现的图像跟实际世界还是有很大区别的，这影响了我们的娱乐观感。今天已有裸眼 3D 技术，一张薄薄的塑料纸片只需要灯光一照，各种形象便呈现出来，仿佛要从纸上一跃而出，充满活力的少女竟然可以在我们的手掌上跳舞。这些技术除了应用在娱乐行业，也可以用在其他行业。比如在医疗方面，借助该技术可以让外科医生更准确地找到人体组织，更高效地完成手术；在导航方面，让人们更快地识别所在位置，找到更优的通行路径等。人类对美好生活的向往，产生了巨大的需求，最终转化为驱动力，让社会进入智能时代。

第三个驱动力是不断发展的科学技术。目前，各国都认识到科学技术的重要性，加大了研发投入，加速了科学技术的发展。脑科学和认知科学的发展为人工智能的发展和智能化提供了理论基础，电子器件微型化为智能化创造了硬件条件，大数据、云计算等为智能化提供了海量数据存储和计算能力。这些科学技术又与工业生产紧密结合，大幅度降低智能化制造成本，推广智能化应用。最终从量变到质变，引发了智能化工业革命。

可见，未来新工业革命不仅是科学技术推动的，还是环境、能源以及社会发展需求引发的。新工业革命的使命不仅是变革式地提高工业生产力水平，更要考虑维护绿色生态环境，为人类创造更美好的生活。

智能时代的技术趋势

未来新工业革命的总体趋势是智能化，技术基础是互联网、传感器、物联网、大数据、云计算和元宇宙等技术[2]。智能化引起的变革主要体现在六个方面：第一是智能化的低碳技术、能源互联网、分布式能源系统；第二是智能化的复杂体系、人工智能、大模型、人形机器人、智慧城市；第三是智能化的制造技术、先进材料、极端制造；第四是智能化诊断、修复技术、智慧医疗、脑机接口；第五是传统工业的智能化升级；第六是人工智能的广泛应用，人工智能驱动科学研究（AI for science）。

下面以低碳技术、智能化系统和智慧城市为例，谈谈未来新工业革命的体现。

为了避免发展对环境产生影响，智能时代需要低碳技术[3]。低碳技术包括三个方面，即减碳、无碳和去碳。减碳技术就是节能减排，用发光效率更高的 LED 灯代替白炽灯进行照明，煤、石油和天然气的高效、清洁、综合利用等。无碳技术主要指清洁能源（包括水能、核能、太阳能、风能、生物质能等）技术。去碳技术是通过碳捕捉、存储和利用技术，从末端进行治理的低碳技术，实现零碳排放。低碳技术要求不断提高科技创新能力和水平，进而满足智能时代人们生产、生活的需要。而智能时代的技术发展也会进一步推动低碳技术的发展。以太阳能技术为例，全球太阳能资源非常丰富。我们估算，如果在我国荒漠地区的十分之一面积（约 25 万平方千米）安装太阳能光伏电板，效率按 15% 计算，就可以满足全国的能源需求。我国西部太阳能资源尤为丰富，但电力需求大部分在东部，太阳能资源随地区分布不平衡；

且各地太阳能资源随时段波动大。这样有些地方发电量多却用不掉，又无法大量存储，只能浪费。为此需要发展智能化分布式能源系统和能源互联网技术，让各地太阳能系统共享，避免出现浪费现象，实现太阳能资源高效利用，为智能时代提供清洁能源。

智能化系统是智能时代的重要特征，它有三大支柱，分别是动态感知、智慧识别和自动反应。动态感知是利用传感器实时地将系统外各种信号数字化。只有数字化才能定量化、规律化，最后达到智能化[5]。智慧识别是基于内置的大数据物理模型，分析、处理从传感器获得的数字化信号，做出精准判断。自动反应则是基于基础信息平台，控制和协调系统各部分，对外界信息做出快速反应。比如踢足球的机器人，利用所配置的图像传感器快速采集、定位场上足球的运动轨迹，并基于物理模型计算，预测足球运动轨迹以及自己的最佳跑动方向，最后协调身体各个部位，到达指定位置完成动作。无人驾驶汽车、无人机、机器人等都需要智能化系统。智能化系统在航天领域的应用更加普遍。嫦娥三号在登月时借助了智能化系统进行着陆点选择。月球表面布满陨石坑，如果着陆地点选择不当，航天器就可能损毁。以色列和印度的航天器就在着陆月球表面时损毁。对着陆地点的选择必须迅速，加之地球和月球之间有通信延迟，地面操作人员来不及操作，因此嫦娥三号在着陆时必须自主调整。为此，科研人员通过增加激光高度计来实时动态测量着陆区形貌，经过模型计算自动识别后快速反应，准确获得合适的着陆地点。

智慧城市又是一个非常重要的应用。智慧城市首先是"互联网＋物联网"，把所有的物品通过信息传感设备与互联网连接起来，再通过模型和控制系统进行智能化识别和管理。所以它有四大基础信息化的技术：互联网、物联网、大数据和云计算。比如应对突发的公共卫生事件，一项重要工作就是密接人员排查，要求准确、及时，在病毒扩散前隔离密接人员。传统方法是通过询问，让受查者回忆旅居史，既不准确，又费时。现在可以借助手机定位技术，获取病毒携带者一天的活动轨迹，再通过大数据计算分析，获得可能的密接人员，进而做到快速排查。还可以基于城市监控摄像系统，通过人脸识别、红外测温等技术，更精准地识别并筛查出病毒携带者和密接人员，进而实现对潜在疫情扩散的快速阻断与有效控制。同样，城市中的各种设施也可以联网，实时监控这些设施的状态。义乌市的商博大桥就内置了压力传感器和磁传感器等，并通过物联网将数据传输至网络。这样就可以实时监测大桥的"健康"状态，避免重大事故的发生。

智慧城市（由人工智能模型 DALL－E－3 生成）

总之，以智能化为特征的工业革命，不仅可以大幅度提高生产效率，而且将在环境、生态、社会等各个领域产生积极影响，提高人们的生活水平。

智能时代与科学精神

智能时代追求性能极致的技术。例如，智能化系统中的动态感知、智慧识别两个核心技术分别依托传感器芯片和智能计算芯片实现功能支撑。智能化系统发展要求不断提高这两种芯片的性能，最终融合成一种智能传感芯片。这样的芯片将具有更优性能、更低成本、更小尺寸、更低功耗、更多功能……这就要求技术不断创新和迅速迭代。因此在智能时代背景下，新发现、新技术将会层出不穷、日新月异，这就要求我们始终坚持探索与创新的科学精神，以适应这个时代，并在新环境中做出符合时代的贡献。下面结合我国红外探测技术的发展历程，谈谈科学精神。

加强基础研究，培养探索精神。基础研究在历次科学革命和工业革命中都发挥了先导作用，也是核心技术发展的基础。20世纪六七十年代，我国红外技术路线面临一次重要选择。当时与其他红外光电半导体材料相比，碲镉汞材料性能并不突出，我国对是否应该发展碲镉汞材料存在争议。由于研发资源有限，许多人认为应该优先发展表现性能更突出的其他红外光电半导体材料。汤定元先生从基础理论出发，对各种材料做了研究，综合分析了所有红外光电半导体材料的综合性能，提出碲镉汞材料具有更优的潜在性能，应该优先发展。因此，从20世纪70年代开始，我国就大力发展碲镉汞半导体材料。国外陆续公开的相关技术，以及我国红外光电探测器的发展与应用，都证明了碲镉汞材料是性能最优的红外光电半导体材料，由其研制的红外探测器成为许多重大应用系统的核心器件。这样，尽管我国红外技术起步较晚，但仍赶上了国际先进水平。只有坚持开展系统、深入的基础研究，持续推进创新突破，才能在智能时代跟上技术步伐，推动技术发展与变革。

坚持原创研究，培养创新精神。从事基础研究，要围绕一个领域把问题弄清楚，做深、做透，最后解决问题。20世纪七八十年代，碲镉汞材料吸收光谱只有波长大于吸收边范围的，波长小于吸收边范围的光谱由于技术困难，一直没有人测量出来，影响了红外探测器技术发展。我们以碲镉汞红外光谱为研究对象，从半导体能带理论出发，分析影响碲镉汞能带的各个因素。我们对窄禁带半导体碲镉汞能带进行了理论计算和分析，通过对碲镉汞样品的极限减薄，测量了大量样品光谱，获得了可靠的实验数据，最终获得了碲镉汞波长小于吸收边的光谱。首次发现的碲镉汞带间跃迁吸收光谱，不仅对我国碲镉汞红外探测器制备具有理论指导意义，还引起了国际同行的高度关注。在智能时代，我们更要坚持原创性研究，获得创新成果，推动技术变革性进步。

建设一流团队，培养合作精神。一个人的能力是有限的，不可能干好所有事，因此要完成一个大的科研任务，需要一个团队的密切合作。在研究碲镉汞带间跃迁吸收光谱时，需要不同组分的碲镉汞样品，还需要各种设备进行加工。而当时碲镉汞材料制备、加工都很困难，很难获取。为此，中国科学院上海技术物理研究所的同事们纷纷帮忙，提供了大量不同组分的样品，并在样品制备中提供了各种帮助。正是有了大量合适的样品，我们才获得了丰富的实验数据，最终测量到准确的光谱数据，获得碲镉汞带间跃迁吸收光谱[6]，从而为材料制备、器件加工等工作提供指导，最终提升了器件性能。智能时代对各种工作的要求都达到了极致，这就需要建设一支分工细致、有凝聚力、协同合作的团队。

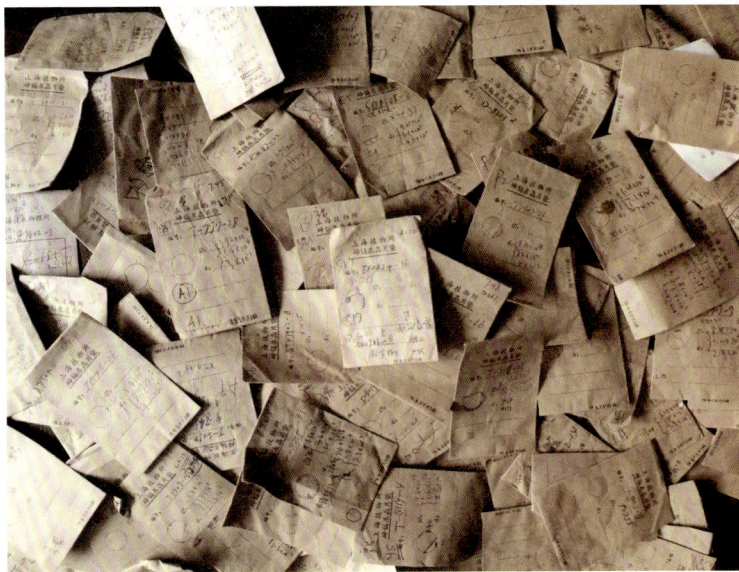

研究碲镉汞带间跃迁吸收光谱时用的碲镉汞样品

　　追求精益求精，培养奋斗精神。性能极致的技术必然离不开精益求精的工作态度，也离不开奋斗精神。红外探测器在航天工程应用中不容出错，为此需要研究人员开展大量实验，验证其性能、可靠性和寿命等参数。这些数据不仅要在实验室环境中获得，还需要到各种恶劣的实际环境中通过实验与试验收集。比如登月工程中用的激光高度计，研究团队不仅在实验室完成了产品的各种验证工作，还到内蒙古草原等现实环境中进行各种测试。他们在各种实验中不断发现问题，进行技术迭代，最终才能获得高性能的激光高度计，为航天器登陆月球提供保障。智能时代对产品性能的要求也达到了极致，因此我们更需要培养奋斗、精益求精的精神。

　　只有不断提高科学素养、培养对基础研究的兴趣、掌握扎实的基础知识、树立坚韧的做事态度，才能为推动智能时代做出更大的贡献。

结　语

　　以智能化为特征的工业革命是时代发展的必然结果，智能化将"渗透"到各行各业，不仅助力人类大幅度提升生产效率，也将在生活方面产生变革性影响。在这个新时代背景下，我们要进一步弘扬科学精神，培育创新能力，利用智能化时代产生的新工具，将个人发展融入科技与社会发展，为时代进步做出贡献。

参考文献

　　[1] 褚君浩,周戟.迎接智能时代:智慧融物大浪潮[M].上海:上海交通大学出版社,2016.

　　[2] Parmesan C. Climate and species' range [J]. Nature, 1996, 382: 765 - 766.

　　[3] Pike R, Earis P. Powering the world with sunlight [J]. Energy & Environmental Science, 2010, 3(2):173.

　　[4] 褚君浩,李波.传感器与智能时代[M].上海:上海科技教育出版社,2022.

　　[5] Chu J H, Xu S H, Tang D Y. Energy gap versus alloy composition and temperature in $Hg_{1-x}Cd_xTe$ [J]. Applied Physics Letters, 1983, 43(11):1064 - 1066.

地月对话：探索双星奇缘

徐义刚

徐义刚，岩石学家，中国科学院院士，中国科学院广州地球化学研究所研究员、博士生导师，当选美国地球物理联合会会士、国际地球化学会会士和美国地质学会会士；主要从事地幔岩石学研究，具体包括克拉通破坏研究，地幔柱成因及相关的大火成岩省研究，东亚大地幔楔研究，嫦娥五号和嫦娥六号月样研究等；先后主持国家杰出青年科学基金和国家自然科学基金创新研究群体项目、国家重点基础研究发展计划（973计划）项目、中国科学院B类先导专项、广东省基础与应用基础研究重大项目以及国家自然科学基金首批基础科学中心项目；发表SCI论文280多篇；获国家自然科学奖二等奖2项、省部级科学技术奖一等奖5项；领衔组建同位素地球化学国家重点实验室和中国科学院深地科学卓越创新中心，推动了我国深地和行星科学的发展。

人类社会发展的一个重要标志，就是我们进入了人类文明的阶段。人类文明是人类历史发展过程中知识创造的物质财富和精神财富的总和，它经历了从原始文明到农业文明，再到工业文明以及生态文明的发展阶段。在这一过程中，推动其发展的核心动力是生产力，更是我们人类生存和发展的需要。地球科学是一个非常庞大的自然科学体系，它是"数理化天地生"六大基础学科之一。地球科学具有两大任务，一方面是认识地球，另一方面是通过我们的研究造福人类。地球是一个极其复杂的系统——横向跨越数千万米，纵向贯穿数十亿年。这种跨越时空的高度复杂性，正是我们需要顶尖人才加入这一学科研究的重要原因。地球科学的范围很广，涵盖地理学、地质学、地球化学、地球物理、空间物理、大气科学、海洋科学、环境科学以及行星科学等领域。接下来，我们会一起了解地质学和行星科学两个部分的内容，其中还有少量的地理学、大气科学和海洋科学的知识，希望让大家从字里行间感受地球科学是如何照亮人类文明之路的。

地球科学如何照亮人类文明之路

地球和地球科学的故事

我理解的人类文明有三个要素，分别是认知、财富和规则。地球科学恰恰与这三个方面都相关。比如说我们通过认识自然来提升我们对自然的认知；利用对自然的认知，把石油、煤炭、矿产等从地球的各个角落里找出来，利用它们来创造人类社会的财富；最后以和谐的自然观来跟自然打交道，因为我们用了这些资源以后必然跟自然之间形成了某种关系，如果这个关系没有处理好，甚至突破临界点，那么后果可能难以设想。我们有理由相信，全球气候变化的加剧，很可能是我们在利用化石能源的过程中未能妥善处理与自然的关系所导致的结果。所以我们要通过预先制定某些规则以达到与自然和谐相处的目的。综上可知，地球科学在为人类文明做贡献或者照亮人类文明之路上有多种途径。以上三个方面都有我们地球科学家的身影和贡献。

第一个方面就是地质科学在认知方面的贡献。可以说没有地质学就没有进化论。我们是谁？我们从哪里来，到哪里去？这些也是人之所以为人的根本问题。在你学过部分生物学知识后，肯定会想到达尔文的物种起源学说，学说告诉我们人类的祖先是谁。在这里我想讲的其实是另外一个人，他的名字叫查尔斯·莱伊尔（Charles Lyell）。在他生活的时代，所有有关地球的知识都来自神创论，来自《圣经·创世纪》。当时的人们认为地球的年龄只有6 000年，创造地球的是神，地球上能看到的很多物质都是诺亚大洪水暴发时诞生的，所以灾变论成了自然科学的主要理论。但是莱伊尔认为，地质构成不是这样的，他经过长期在欧洲各地的野外考察和对前人著作的潜心研究，认为地球的变化是各种外营力长期、缓慢作用的结果，这种"微弱"的地质作用有其一致性、均一性；他还认为地球的年龄当时至少有几亿年，具体说应该有3亿年[1]。因为这个"3亿年历史"的说法与达尔文提出的进化论中所指"需要足够长的时间尺度"不谋而合，所以我们说物种起源是牢牢根植于

渐变论的知识体系中的。达尔文的确带上了当时刚刚出版的莱伊尔所著的
《地质学原理》第一卷，进行了历时 5 年的环球科学考察。在《达尔文自传》
中他说，莱伊尔的这本《地质学原理》对他的影响最为深远[2]。达尔文结束
考察回到伦敦后，两人就成了挚友。之后，莱伊尔跟达尔文之间的书信往来
是非常频繁的，莱伊尔给达尔文写了 61 封信，达尔文给莱伊尔更是写了 219
封信，所以在某种程度上莱伊尔可以说是达尔文的老师，以至于 1875 年莱伊
尔去世时，达尔文说他在科学上所做的一切几乎都可归功于对莱伊尔伟大著
作的研究。所以我们说，没有莱伊尔就没有达尔文，没有地质学就没有生物
进化论。

　　事实上地球科学家在追溯生命起源的道路上始终没有停下脚步。克莱
尔·卡梅伦·帕特森（Clair Cameron Patterson）在 20 世纪 50 年代用同位素
地球化学的方法精确确定地球的年龄为 45.5 亿年。数十年后，我们用最新的
分析设备重新测定，这个数字依然没有改变。这样高精度的科学论断，彻底
推翻了神创论者坚信的地球历史 6 000 年学说。地质学家在 38 亿年的地层中，
发现了最早的生命痕迹。后来在各种化石地层中发现的琳琅满目的生物化石，更为生命史诗增添了新的篇章。我现在跟中国科学院古脊椎动物与古人类研究所的周忠和研究员一起研究热河生物群及其产出时的环境。热河生物群给我们提供了达尔文那个时代所不具备的研究条件，如恐龙向鸟类演化的化石证据。就像中华龙鸟、尾

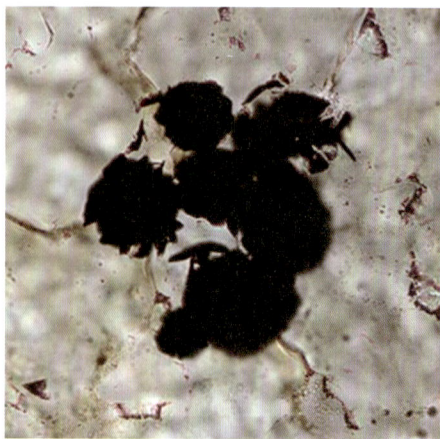

最早的生命痕迹

羽龙以及小盗龙，有些恐龙身上是长羽毛的，表明这是恐龙小型化的结果。我们还可以看到一些恐龙的爪子已经具备能抓住树干这样一个特点，反映了恐龙演化成鸟的过程。通过对这些化石开展研究，为生物群的进化，特别是从恐龙到鸟的进化提供了关键的物质证据。地质学家莫利斯·塔伊布（Maurice Taieb）领导的团队在东非的阿法尔洼地，发现了距今约318万年的南方古猿化石，这一关键发现为"人类从非洲走出"的学说奠定了重要科学基础。斯万特·帕博（Svante Pääbo）的贡献是将其开发的古DNA技术与化石研究相结合，在探索人类起源方面翻开了新的一页，他也因此获得了2022年的诺贝尔生理学或医学奖。

1977年，美国"阿尔文"号深潜器在东太平洋加拉帕戈斯海底进行海底地热异常调查，地质学家们意外发现，在水深约2500米的热液喷口周围生长着大量的海底生物，这是以前人类所不知道的。这个例子告诉我们，"万物生长靠太阳"这个"真理"可能不完全正确，有一些生物是靠地球的"内能"来生存的，从此我们在探索地球深部的生命极限方面迈出了新的步伐。

没有地质学，就没有现代工业革命

如果说煤炭点燃了第一次工业革命的"烈火"，石油是第二次工业革命的"血液"，而铀、锗、硅、锂、稀土等是第三次工业革命的"维生素"，那么在当今世界正经历以人工智能、大数据、物联网、云计算等为核心的第四次工业革命中，新型能源以及能源金属是物质基础。世界能源体系图谱的横坐标是时间，以20年为跨度，从1620年一直到2140年；纵坐标是一次能源的结构占比，图中清晰标注了从农业文明、工业文明到生态文明这一演进序列的大致时间节点。图上还画了很多的曲线，分别代表木材、煤炭、石油、天然气以及核能与清洁能源，及其在未来的世界能源中的占比。小红点表示一种能源取代另一种能源大致发生的时间节点，而这刚好跟两个文明之间交替的时间点是吻合的。由此可以看出，人类文明发展史其实也是一部资源的利用史。下图中小红旗所插的位置代表了经典的地质学原理的创建时间，它每一次都出现在小圆点之前（大概二三十年），这告诉我们每一次地质学原理的提出都发生在能源更替之前，证明了地质学基础研究对文明更替的促进作用。因此，我们可以说地质学为世界能源结构的转型提供了关键的科学依据与技术支撑。

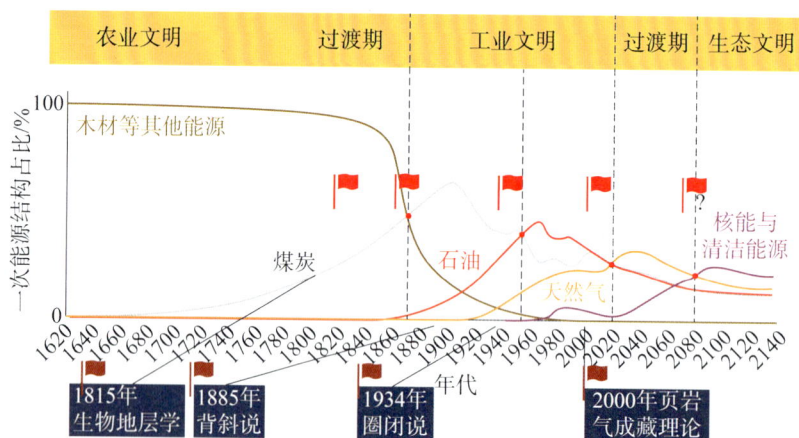

世界能源体系图谱以及不同能源消耗随时间的变化

我们必须承认全球90%的石油都来自海相地层。而中国大陆中生代以来的地层多是陆相地层。正是出于这个原因，早在1921年，美国教授就把"贫油论"的帽子扣在了中国头上，认为中国是不可能产油的。对此三位中国科学家潘忠祥、李四光和黄汲清提出了中国陆相沉积可生油的理论（以下简称"陆相生油论"），为石油勘探提供了关键科学依据。正是基于他们的持续研究与坚守，在中华人民共和国成立10周年之际，大庆油田被发现，从此我们国家的石油工业得以兴起。若没有陆相生油论，现在马路上跑的公共汽车可能还是顶着一个"大气包"的车，更不会有我们国家的现代化工业体系。近10年，全球重大油气的发现集中在大陆边缘，海相生油论认为不可能产油的地方，变成了人类现在从地球上获取化石能源最主要的地方。由此可见，中国科学家提出的陆相生油论在世界范围内产生了巨大的辐射作用。

　　人类文明发展史也是一部资源利用史，伴随着工业化的进程，人类对矿产资源的消费量呈 S 形增长，资源利用的种类也从原先大概只有 6 种金属，变成了现在的五十余种金属，比如我们用的平板电脑或者手机，在制造时就至少使用了二十几种金属，地质学家为这些矿产资源的发现立下了汗马功劳。在中华人民共和国成立后第一个五年计划期间，国家的重点建设项目中有一半是建设资源型城市，有 53 个城市因矿而兴，资源型城市的建设为我国建立独立完整的工业体系立下了汗马功劳。1954 年，中央给时任地质部部长李四光下达了绝密的任务，要找铀矿石。8 个月以后，找矿队伍在广西富钟发现了铀矿石。毛主席见到这块铀矿标本后，当场表示中国要造原子弹，中国核工业开始起步。作为战略决策的实物见证，这块中国核工业的"开业之石"承载了我国突破核技术封锁、实现"两弹一艇"重大成就的历史记忆。

改变世界地图和板块构造图

　　现在大家手机的导航软件里都有地图，这是我们人类文明史上最伟大的构想之一。它是用科学的符号、精准的地图投影系统和综合的表达方法，对地理世界的空间结构关系的图形描述。有一本书叫《改变世界的 100 幅地图》，我读了以后也深以为然：比如说 1492 年，哥伦布率领 3 艘船组成的船队，带着托勒密绘制的世界地图，从西班牙一路西行，航行中发现了美洲大陆[3]。后来欧洲人持续向美洲迁移，掀起了人类迁移史上的第三次高潮。当我们把地理学上的地图与地质学上的生物地层结合在一起时，就成了第一张地质图。绘制第一张地质图的人叫威廉·史密斯（William Smith），他在1815年绘制了英格兰、威尔士和部分苏格兰地区的地质图。我认为这张地质图称得上是改变世界的地图，因为正是从这张地质图开始，地图成为一个重要的科学研究工具，而不只是一个地理及导航工具。地图也引出了伟大的科学发现，魏格纳（Wegener）躺在病床上时常常出神地盯着墙上的世界地图，他发现了一个十分有趣的现象：大西洋两岸，特别是非洲与南美洲的海岸轮廓非常相似，它们可以像拼图一样拼在一起，大西洋是板块张裂形成的。这就是1912年他提出的关于地壳运动和大洲分布的假说——大陆漂移说。非常遗憾的是，1930年魏格纳在格陵兰岛考察遇难的时候，这样一个伟大的理论仍无法改变当时流行的固定论者的地球观。在他去世27年后，另一张地图使得这个伟大的学说"复活"。美国哥伦比亚大学的玛丽·萨普（Marie Tharp）通过分析回声测深数据绘制出首幅详细的大西洋海底地形图，首次揭示了大西洋中脊及其中央裂谷的连续地貌特征。"洋中脊的发现动摇了地质学的基础。"说这句话的是哈里·哈蒙德·赫斯（Harry Hammond Hess），一位美国地质学家。受此启发，赫斯于1962年在魏格纳大陆漂移说的基础上，提出了海底扩张说，即大洋在洋中脊向两侧对称"生长"，地幔对流是海底扩张的驱动力。海底扩张说后来被海底磁条带的发现所验证。该学说较好地解释了一系列海洋地质、地球物理现象，复兴了大陆漂移说，为新兴的板块构造说奠定了基础。板块构造说之所以能深刻改变世界，在于其一系列具有里程碑意义的科学突破：它不仅精准预测了全球多数火山与地震的发生位置，系统揭示了主要矿产资源的分布规律，而且阐明了板块活动与地球宜居性、生命起源之间的内在关联。正因为如此，板块构造说和量子力学、分子生物学以及相对论一起，被誉为 20 世纪自然科学四大奠基性理论。

如今，地图通过与人工智能、卫星导航技术深度融合，已从传统工具升级为智能地图这一新兴形态，深刻影响着我们的日常生活。2024 年上半年，全国 11 家主要电子地图服务供应商提供位置服务日均超过 1 万亿次。但即使在这个时候，地球科学家的作用依然不容小觑。智能地图中依然用到了许多地球科学知识，比如说地球的参考系提供了空间基准的参考、地球板块运动监测提供了运控点的坐标、地球重力模型参与了轨道确定的计算。北斗卫星导航系统副总设计师杨元喜院士曾告诉我，如果在发生空难的情况下使用我们的北斗国际搜救系统，那么可以在 1 秒内实现 20 米精度之内的快速定位。听后我们不禁要为中国科技的长足进步点赞。

未来我们还能做些什么？

通过以上这些事例，我们感受到了地球科学的魅力。那未来我们还能做些什么？其实地球科学"肩负"着很多的社会责任。如果我们把地球 46 亿年的历史浓缩成一天的话，我们人类出现的时间就是这一天中的最后一分钟，我们人类文明出现的时间就是这一天当中最后的几秒钟。但是在这短短的几秒钟时间里，人类已经创造了无数的辉煌，同时也对地球系统造成了不可逆转的影响，比如环境退化、城市扩张、资源枯竭、全球变暖、灾害频发、生物多样性减少，甚至有些科学家认为地球正在进入第六次生物大灭绝时代，很多无节制、不科学的人类活动给社会和生态造成了严重破坏。在这个交织着人类文明冲突、资源分配矛盾等多重挑战的复杂世界里，地球科学家还有很多事情可以做。

全球经济最发达的地区往往也是全球电力消费最多的区域——大规模用电必然伴随对铜资源的大量需求，而全球能源转型进程更进一步推高了铜资源的战略需求强度。在 2060 年的时候，我们对铜的需求量会是现在的两倍，所以地质学家还需要发现更多的铜矿才能支撑未来社会的发展。在 1957—1958 年国际地球物理年期间，美国斯克里普斯海洋研究所的查尔斯·D. 基林（Charles D. Keeling）开始了大气二氧化碳的长期观测，在夏威夷冒纳罗亚观测站获得了全球最长的大气二氧化碳浓度观测曲线（著名的基林曲线），为我们研究全球变暖背后的科学机理提供了科学证据。现在我们知道，节能减排是我们的责任，须减少温室气体排放，以可持续的方式进行消费和生产，管理地球的自然资源，在气候变化问题上立即采取行动，使地球能够满足今世后代的生存需求。地球科学家在这项任务中依然扮演着重要的角色，我们不仅要寻找新的关键替代资源，还要为实现温室气体近零排放目标提供科学支撑。所以从某种程度上来说，拯救世界，地球科学家任重道远。同样，人类社会还面临着各种各样的自然灾害，包括滑坡、地震、火山、磁暴、热带气旋、极端高温等，所以增强人类文明抵御自然灾害的能力也需要地球科学家的贡献。莱伊尔曾说过，"现在是理解过去的钥匙"，现在我们知道，只有了解过去才能预测未来。

大国的崛起之路需要海洋科技的保驾护航。马汉（Mahan）的"海权论"提出，谁能有效控制海洋，谁就会成为世界强国。后来人类发明了现代潜艇，再后来美国拥有了世界第一强的海军。在第二次世界大战期间，气象学教授斯塔格（Stag）领导的气象组实现了对海浪和海流的预报，帮助盟军成功登陆诺曼底，改变了世界的格局。即使在"冷战"期间，美国依然没有放弃对海洋的控制，发明了"阿尔文"号深潜器，倡导了国际大洋发现计划

（IODP），查明并验证了海洋深部生物圈和天然气水合物。这些案例告诉我们，只有突破海洋核心装备和关键技术，才能实现我国深海进入、深海探测和深海开发"三步走"的国家深海战略。

未来地球科学发展其实还有很多新担当。作为中国人，我们一定要以科技强国为己任，维护中华文明的永续发展。作为地球人，我们更要不断践行地球和人类命运共同体的理念，为地球的和谐可持续发展贡献我们的智慧。

从"阿波罗"到"嫦娥"探月

我们知道地球是太阳系中目前所知的唯一确认有生命的宜居星球。之所以宜居，是因为它有足够的水、大气、适合的气温，这些都是生命起源和持续的必要条件。科学家在太阳系画了一个宜居带，宜居带中有 3 个"孪生兄弟"——金星、地球和火星。尽管它们都在宜居带，但遗憾的是只有地球的年均气温最适宜。相较而言，金星是一个"失控"的星球，它的表面气温最高可达 462 摄氏度，火星则是一个"冰室"星球，表面年均气温为零下 63 摄氏度。地球宜居的另一个重要原因是地球内部有一个非常活跃的内核，内核的运行产生了磁场，磁场帮助地球阻挡了太阳风和太阳宇宙射线——太阳往外喷射的高能带电粒子。如果这些带电粒子喷射到地球上，任何生命都无法承受。地磁场阻挡了太阳风和太阳宇宙射线，也有助于保护大气层免受太阳风的直接冲击。这个活跃的地球内核保护了地球，使得地球成为太阳系中唯一宜居的星球。

月球不是一个宜居星球，因为它的表面几乎没有大气，稀薄状态接近真空；月球表面的环境极端恶劣，月表温差高达 300 多摄氏度；它没有地球那样的全球性偶极磁场，太阳风和太阳宇宙射线辐射非常强烈，因此宇航员到了月球一定要穿宇航服。此外，液态水不能在月球表面存在，不过在月球的南北两极有一些太阳永远照不到的地方，可能存在一些水冰。近年来，研究人员曾通过光谱学手段看到那里有水冰，但是还没有采集到实物，我国嫦娥七号的任务之一就是去月球南极寻找水冰。月球和地球之间其实相隔很远，平均距离约为38.4万千米；月球的直径是地球的四分之一；质量是地球的八十一分之一；平均密度只有地球的约60%，重力只有地球的六分之一，所以月球比地球小得多，能量也比地球散失得快。

潮汐锁定和月壤

由于潮汐锁定，月球永远以同一面对着地球，我们把这一面叫作正面。正面的月球图中大部分呈现黑色，而月球背面基本上呈现白色。背面略带黑色阴影的地方叫南极-艾特肯盆地，嫦娥六号的样品就来自这个撞击盆地。月球正面和背面在地形、地貌、地壳厚度和火山作用等方面都存在较大的差异，具有二分性。现在我们对月球二分结构的认识还非常浅显，但这是一个重大的科学问题。我们把月球表面暗色的地方叫作月海，白色的地方叫作高地，除此之外还有无数个陨石撞击坑。这些陨石撞击坑中直径大于300千米的有40多个，大于1千米的约有30 000个，而直径大于1米的约

月球正面，暗色区域为月海，白色区域为高地，还有密密麻麻的陨石撞击坑

有 3 万亿个。如果算上微陨石撞击坑，那就真的数也数不清了，这也是月球和地球不一样的地方。其实早期的地球上也有很多陨石撞击坑，但是因为地球是活动的，漫长的地质过程早已把这些坑抹平了。

嫦娥五号和嫦娥六号返回的样品均为月壤，它跟地球上的土壤是不一样的。地球上的土壤是通过水、微生物等的作用形成的，但是月球上没有水，也没有生物圈，所以月壤的形成机制跟地球土壤的形成机制完全不一样。由于月球没有大气圈，没有磁场，因此太阳风和太阳粒子可以直接轰击月球表面。月球表面长期受到陨石和微陨石撞击、太阳风粒子和高能宇宙射线引起的太空风化作用，以及昼夜温差变化导致的热胀冷缩破碎作用过程，使月球表面广泛形成一层月壤层。通常月海月壤的厚度为 4～5 米，而高地上的月壤可以达到十几米。月球上虽然没有水，但是它的矿物颗粒表面有一些太阳风中的氢离子，这些氢离子如果跟氧结合，就有可能会变成水，这也是未来人类在月球上建立基地时可以利用的一种资源。

认识地球和类地行星早期演化的钥匙

为什么要探测月球？因为它是认识地球和类地行星早期演化的钥匙。月球"保存"着地-月系最早一段时间的演化历史，月球的地质时钟大约在 30 亿年前停止了，所以它记录的所有地质现象都是 30 亿年以前的，而我们想要在地球上要找到一块 30 亿年以前的石头是非常难的。迄今为止，全球只有五六个地方找到了距今 40 亿年的岩石，只在澳大利亚杰克山（Jack Hills）找到了距今 44 亿年的矿物。正因为如此，我们更要研究月球，这是第一个科学价值。月球的第二个科学价值体现在其资源的开发利用潜力——这些资源经开采和利用后，可为地球的发展提供重要支撑。月球上有大量的物质资源，如丰富的钛和氦，这些都是人类发展所需要的。如果未来要探索火星，月球有可能变成一个"中转站"，我们可以在月球上建立基地，从这里再向太空深处进军。从历史的角度来看，探测月球其实是美苏军备竞赛的产物。美苏争霸期间，苏联在1957年10月4日发射了人类历史上第一颗人造卫星"斯普特尼克1"号（Sputnik-1），俄语名意为"旅行者"；1961年4月，加加林成为第一位进入太空的宇航员。这时美国着急了，1961年5月25日，肯尼迪总统在国会发表演说，提出美国将在60年代末把人送上月球，再把人安全带回地球。这在当时是一个近乎疯狂的想法，历史上把这个时刻叫作"斯普特尼克"时刻（Sputnik Moment），现在这个词被广泛用于形容在科技、军事或其他领域，当一个国家或组织意识到自己在关键领域落后于竞争对手时，所面临的巨大挑战和压力，以及由此产生的紧迫感和行动需求。后来美国有了"阿波罗"计划，但是他们为什么没有用月亮女神的名字，即"阿尔忒弥斯"，而用了"阿波罗"作为载人登月计划的名称？我对此一直感到不解，猜想可能是因为登月计划并不是去探索月亮本身，而是去探索月球表面和其他天体，因此用"阿波罗"这个名字更符合计划的目的和象征意义。从此以后，月球就非常热闹了，全球多国纷纷展开了一系列探月项目。2004年1月，嫦娥工程正式立项，拉开了中国月球与深空探测的序幕。

宇航员是如何登月的？

宇航员是通过飞船登月的。首先让宇航员乘坐发射器脱离地球，进入月球轨道，这时候需要达到约10.9千米/秒的地月转移轨道速度，才能够进入月球轨道。这种发射器就是火箭。美国拥有众多性能强劲的火箭型号，我国的长征五号运载火箭同样展现出卓越的技术实力。登月计划成功的关键是运载火箭工程的成功。嫦娥五号的发射曾因火箭问题被推迟了两次。月球探测器通常包括着陆器、上升器、返回器和轨道器。当宇航员乘坐探测器到达月球轨道时，着陆器把宇航员和上升器带到月球表面，轨道器和返回器则绕月球继续运行。完成月面考察任务后，上升器与着陆器分离，随后携带采集的样本和宇航员一起从月球表面起飞，进入绕月轨道，并与原先就在那里的轨道器和返回器对接，此时样本和宇航员会转移到返回器中，接下来返回器负责把宇航员和样本带回地球。

人类在月球上留下的第一个足迹。"阿波罗" 11 号的宇航员尼尔·奥尔登·阿姆斯特朗（Neil Alden Armstrong）说："这是我个人的一小步，却是全人类的一大步。"

"阿波罗" 计划带来的科学遗产

"阿波罗" 计划共从月球采回了 382 千克岩石样品，这些岩石样品被分成三类：第一类来自高地的斜长岩，是白色的；第二类来自月海的火山岩——月海玄武岩；第三类是与陨石撞击坑相关的角砾岩。对这三类岩石的研究获得了三大科学发现。第一个科学发现是大碰撞说：有一个跟火星差不多大的行星，约在 45 亿年前跟原始地球发生了撞击，形成了无数熔融状态的碎块，这些碎块慢慢冷却、吸聚后变成了月球。所以地球和月球从某种程度上来说是有联系的，具有亲缘性。第二个科学发现是岩浆洋假说：在月球形成初期，岩浆洋覆盖了整个月球，在岩浆洋冷却过程中，重的矿物如橄榄石、辉石下沉成为月幔，轻的矿物如斜长石上浮成为月壳，残余熔体形成克里普层，最终演化成现今月球的层圈结构。岩浆洋假说对理解月球的演化至关重要。第三个科学发现是找到了晚期强烈撞击事件的第一个证据——所谓晚期强烈撞击事件，是指于41亿年前至38亿年前，大量小行星撞击月球的事件，这些小行星在39亿年前撞击月球的频率达到峰值。前文提到的月球正面的月海盆地，大部分都是在39亿年前形成的。这些都是"阿波罗"计划给我们留下的科学遗产。

除了这三大科学发现以外，"阿波罗"计划还实现了人类在月球上行走的壮举，激励了几代人。在"阿波罗"计划实施50周年之际，《科学》(Science)杂志主编写了一篇名为《"阿波罗"时代的孩子》(A child of Apollo)的社论。文中提到，阿姆斯特朗成功登月给当时只有11岁的他带来了极大的震撼，这种坚持和追求梦想的精神激励了一代人崇尚科学、热爱科学，甚至投身到科学事业中去。我坚信，中国正在推进的嫦娥工程，必将激励更多青少年将个人理想融入国家科技创新事业，在星辰大海的征途上书写青春华章。"阿波罗"11号上使用的"阿波罗"制导计算机虽然仅有现代计算器的运算能力，却成功支撑了人类首次登月的壮举。"阿波罗"计划的实施倒逼了许多关键技术的跨越式发展，是科学和技术完美耦合的典范。

嫦娥工程及其对人类探月的独特贡献

2004年，中国的月球探测工程全面启动。我们知道，中国自古就有"嫦娥奔月"的宏愿。在中国古代，月亮又名蟾宫，传说中上面还有玉兔。将探月工程命名为"嫦娥工程"，寄予了人类对月球的美好遐想。嫦娥工程1～3期设计的绕、落、回三步走已经完美收官。嫦娥一号、二号率先完成绕月探测，构建了月球全球影像与资源图谱；嫦娥三号实现了人类探测器首次月面软着陆；嫦娥四号突破了地月通信瓶颈，完成世界首次月背软着陆；嫦娥五号、六号分别采集了1731克和1935.3克月壤样品，并成功将这些样品带回地球。特别值得一提的是，嫦娥六号是人类第一次从月背采样并带回地球的探测器。我是研究地球化学的，有样品是开展相关研究的前提，看到带回的样品，激动和自豪之情油然而生。乍一看，月壤就像一把土，很细，接下来研究人员要分析这些样品的年龄和成分，还有它们的物理和化学性质。

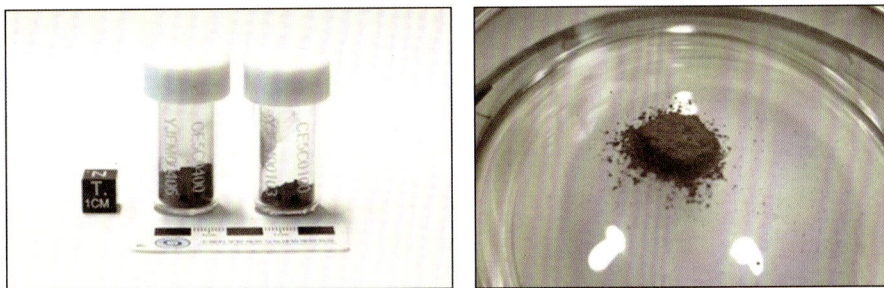

嫦娥五号带回的月壤样品

我国研究人员通过对嫦娥五号带回的月壤样品开展研究后，发现月球在20亿年前还有火山喷发活动，由此将月球最年轻岩浆活动时间修正为（20.30±0.04）亿年前。目前，对嫦娥六号带回的月壤样品的研究还在继续，而现阶段的研究成果刷新了人类对月球热演化机制和地质历史的认知：月球背面同正面一样有年轻的火山活动，但背面的火山岩成分与正面的火山岩成分有一些差异，这为理解月球的二分性提供了重要信息，当然我们需要开展更深入、更系统的研究，才能逐步揭示这些科学问题的本质。

千万不要低估人类探索未知的决心

"阿波罗"计划的成功虽令人振奋，但以现代技术视角审视，当时人类运用的科学技术其实相当有限，所以永远不要低估人类探索未知的决心。"梦虽遥，追则能达。愿虽艰，持则可圆。"嫦娥四号首次揭开了月背的神秘面纱，天问一号、神舟系列继续探究更加遥远的深空……中国的航天人在太空书写了一个个神话，"神舟"问天、"嫦娥"揽月、"北斗"指路、"祝融"探火、"天和"遨游星辰，未来嫦娥七号要到月球南极探测水冰，嫦娥八号要建设国际月球科研站基本型的重要组成部分，天问三号计划于 2028 年前后发射，到 2031 年实现火星样品返回地球。放眼未来，人类的下一次征程已经近在眼前。

在这张"旅行者"1 号从 60 亿千米外拍摄的照片中，我们的地球就是一个暗淡的蓝点（pale blue dot）。卡尔·萨根（Carl Sagan）博士在看到这张照片后感慨道，你所爱的每个人，你认识的每一个人，听说过的每一个人，都住在这里，因此所有居住在这个星球的人类，有责任更好地相处，并且珍惜和保护这个淡蓝色光点，因为这是我们人类所知无垠宇宙中唯一的家园。如果再近一点，从 38 万千米远处看我们的地球的话，是这个样子：我们看了大陆、海洋、冰盖，这是一个蓝色的星球，在太阳系也是绝无仅有的。看到这

"旅行者"1 号从 64 亿千米外拍摄的地球照片

从月球看地球

张照片，大家都能感受到地球的美丽。作为研究地球的广大科技工作者中的一员，我和大家一样，欣喜万分。

结　语

地球科学与探月工程是人类探索宇宙、认识自我的关键阶梯。从破解地球年龄密码，到发现月球 20 亿年前的火山活动，每一次科学突破都在拓宽人类认知的边界。如今，地球面临生态危机，深空探索充满未知挑战，这要求我们以更坚定的决心发展地球科学，在守护家园的同时，向着星辰大海不断迈进。探月工程不仅是科技实力的彰显，更是人类探索未知、突破极限的生动写照。未来，我们需传承先辈的探索精神，以科学为舟、以创新为帆，在守护地球与探索宇宙的征程中，书写人类文明的崭新篇章。

精彩问答 Q&A

1. 人类有可能钻穿地球吗？

目前人类钻探的极限深度是 12.2 千米，而地球的平均半径为 6 371 千米；而且地球内部的温度随着深度的增加如坐火箭一般直线飙升，核心温度甚至高达约 6 000 摄氏度呢！现有的材料、技术在这样的高温面前，就像小冰块遇到大火炉，根本扛不住。所以，想要钻穿地球，几乎是天方夜谭。

2. 如果不考虑成本，地月之间的太空电梯多久能建成？

地月之间相距约 38.4 万千米，因此建设太空电梯不太现实。在地月之间穿梭得靠宇宙飞船。人类早在 1969 年就实现了载人登月并安全返回，中国计划于 2030 年前实现载人登月。

3. 地质学家是如何确定各个地层的年龄的？

早期，科学家靠古生物化石来确定相对年代，就像根据古老生物留下的"时间脚印"来判断地层沉积的先后顺序。而现在，利用同位素地球化学技术就能精确测定地层的绝对年龄！这就好比给地层装上了精确的"时间钟表"，揭开了地质历史研究的神秘面纱。

4. 我们可以准确预测人类的灭亡时间吗？

星球的寿命可以通过能量消耗等因素来估算，就像计算一台巨大机器的使用寿命一样。但是生命灭绝的原因可复杂啦，自然环境变化、地外天体撞击等都可能是"幕后黑手"。目前科学界对生物大灭绝的机制还像雾里看花一样，不太清楚，还需要大家一起努力探索。

5. 地球每几十万年会发生一次磁极倒转，这是什么原因?

我们知道现在的南极和北极，但地质历史上的地磁极跟我们现在的地理磁极有时候是不一样的。磁极倒转发生时，地球总磁场和偶极子场的强度将显著降低，而多极子场将得到增强，在地球表面会出现多个随机分布的磁极。磁极倒转是地球科学研究中的一个未解难题，到目前为止我们还不知道是什么原因，期待未来有更多年轻人加入，来共解这个未解之谜。

6. 人类是怎么知道地核的样子的?

用地震波探测技术，地震波就像一群勇敢的探险家，在地球内部不同介质中传播，科学家通过分析它们带回来的"情报"，就能推断出地核的物质状态和结构特征，这就是地球物理学的神奇之处，能帮助我们揭开地球深部的奥秘。

7. 月壤看上去和我们的土壤很像，能种菜吗?

月壤就像一个缺乏生命元素的"贫瘠之地"，没有水、微生物和必要的营养元素，没办法像地球土壤一样让植物茁壮成长。不过，月壤中也蕴含着丰富的资源，如钛、氦-3等，对未来的国际月球科研站建设和深空探索来说，可是个"宝藏"。

8. 为什么在阿姆斯特朗登上月球之后，很长一段时间没有人类再登月？

"阿波罗"计划在完成 6 次登月任务后，出于政治、经济等多方面因素，就像跑累了的马拉松选手一样停下了脚步。而近年来，随着中国嫦娥工程等国际航天项目的蓬勃发展，太空探索重新成为全球瞩目的焦点，新一轮的航天竞争也在推动着人类向更遥远的宇宙空间大步迈进。

9. 关于金星，它可不可能是一个外星文明的产物？

到底有没有地外生命是一个很复杂的问题，人类一直在努力探索。其实美国在 20 世纪 70 年代发射了一个叫"旅行者"1 号的探测器，它除了开展科学探测以外，还携带了一张表面镀金、内藏金刚石唱针的铜质磁盘唱片。唱片的内容包括用 55 种人类语言录制的问候语和各类音乐，在"旅行者"1 号的旅行过程中播放。如果有外星人，当他们听到这样一个从人类文明带去的"问候"，肯定会回复我们。遗憾的是，到目前为止，我们还没有接收到任何来自外星人的信息。由于迄今为止我们还没有探测到地外生命，因此金星就不可能是外星文明的产物。

参考文献

［1］莱伊尔. 地质学原理［M］. 徐韦曼,译. 北京:北京大学出版社,2008.

［2］查尔斯·达尔文. 达尔文自传:汉英［M］. 汪莉雅,黄群,孙淼,译. 北京:中国科学技术出版社,2023.

［3］杰里米·哈伍德. 改变世界的 100 幅地图［M］. 孙吉虹,译. 北京:生活·读书·新知三联书店,2010.

光的极限探测：从"墨子号"
到引力波的空间探索

王建宇

王建宇，中国科学院院士、中国科学院上海技术物理研究所研究员，中国科学院大学杭州高等研究院院长；曾担任中国科学院上海分院院长，是我国首颗量子科学实验卫星"墨子号"的常务副总设计师和卫星总指挥；主要从事空间光电技术和系统的研究，主持国际首颗量子科学实验卫星系统的设计和研制，解决了星地量子科学实验中光束对准、偏振保持和单光子探测等多项核心技术难题，确保了星地量子密钥分发、纠缠分发和地星量子隐形传态等科学实验的完成；提出了超光谱成像与激光遥感相结合的探测新方法，解决了多维遥感探测中信息同步获取难题，主持研制了多种超光谱遥感系统；提出了空间远距离激光高灵敏度单元和阵列探测方法，实现了我国激光遥感的首次空间应用；获国家技术发明奖二等奖2项、国家科学技术进步奖二、三等奖各1项，中国科学院杰出成就奖2项，省部级科学技术进步奖一等奖6项等荣誉。

　　如果我抛一个问题给大家：光是什么？或许有人会觉得这个问题很幼稚，我们的生活中充满光，没有光就没有这个世界。但其实要从科学的角度讲清楚光到底是什么并不容易，甚至到现在对光的科学定义还是存在争论的。牛顿说过，光的本质是粒子，光粒子打到你眼睛上你就看到了，打到墙上光粒子会弹回来，而且光粒子通过棱镜以后，不同波长的光会走不同的路径，所以我们就看到了不同颜色的光。牛顿的说法解释了光一半以上的行为，但还有一些行为他解释不了。同时期另外一位科学家惠更斯认为光是一种波，因为光除了能反射、折射以外，还会衍射，比如我们透过肥皂泡能看到五颜六色的颜色，就是光的衍射、干涉引起的。惠更斯说，如果把光理解为一种波，就能很好地解释光的衍射。这两位顶尖科学家就光到底是粒子还是波争论了许久，且这一争论在科学界也持续了近 200 年。进入 20 世纪，爱因斯坦表示，大家都不要吵了，或许我们可以转变一下思维，说光既是粒子又是波呢？正是爱因斯坦的这个想法，解决了光到底是什么这个问题，也催生出了量子力学。现在我们知道光束由运动着的粒子流组成，这种粒子被称为光量子（以下简称"光子"），它有波粒二象性。它在某些方面表现出粒子的特点，比如它有速度、运动方向；但很多时候又表现出波的特点，比如它有波长、相位。爱因斯坦的理论把光的波粒二象性给统一了起来。

较长一段时间以来，大家说到爱因斯坦马上想到的就是他提出的相对论，其实爱因斯坦获得诺贝尔奖并不是因为提出了相对论，而是因为他在光和量子力学研究方面的贡献。1905年他提出了光子假说：光是由光子组成的光子流。这和牛顿的说法非常相似，光的能量集中在一颗颗光子上，也就是说光的频率确定以后，每一个光子的能量都是确定的，它不会因为光强变了而发生改变，光变强并不代表光子的能量增大，而是光子的数目增加。这是爱因斯坦通过光电效应实验得出的结果，也证明了光既是波又是粒子，光子要么被原子整个吸收，要么被原子或者分子整个放出来。再伟大的科学家也做不出半个光子，这些就是我们现在对光的认识。

从"墨子号"若干光子应用看空间量子科学

科学家是怎么应用光子的？到现在为止，科学界基于对光的量子性的认识已经有非常多的应用了，在空间领域的应用也有很多。首先我们来讲讲空间量子科学和"墨子号"是怎么应用光子的，或者说是怎么通过验证光子的方法来验证量子通信中的一些原理和特征的。

2016年8月16日，世界首颗量子科学实验卫星发射升空，意义非凡，我国在卫星量子通信上迈出了人类的第一步，也有人认为从地面到空间的转变开启了量子世界的一个新时代。为了便于大家理解，在此先对量子力学的一些特点做一个通俗而简单的介绍：量子力学有波粒二象性的特征；量子信息的基本单元是量子比特，其含义有别于经典比特。现在计算机中的所有信息都是以二进制方式表示的，也就是用0和1来表征的，它是确定的。而在量子力学里面提出了一个量子比特的概念，0 和 1 是不确定的。比如可以用抛硬币来形象地表示量子态，硬币落下时是正面朝上还是反面朝上都是不确定的，抛掷的过程在量子力学中相当于测量过程。量子力学有一个原理是它的 0 和 1 是可以叠加存在的，但最终是 0 还是 1 要经过测量来确定。一旦进行测量，这个状态就会从量子态"回归"到经典态，也就是说测量过程是不可逆的，测出来是 0 就是 0，是 1 就是 1，再也回不到原来的量子态。再比如说我们抛硬币的时候，可以重复 1000 次，正常情况下正面朝上和反面朝上的概率是相当的，这种现象就是所谓的量子态叠加。在这个原理的基础上，量子力学又提出了新的原（定）理：一个是测不准原理；另一个是不可克隆定理。

测不准原理是指，如果要对一个运动中的量子的位置进行准确测量，那么同时测量得到的速度、动量的数据的误差会无穷大；反过来要准确测量它的动量，则同时测量得到的位置的数据的误差就会无穷大。也就是说在量子力学中要同时准确测量运动中的量子的位置和速度、动量是不可能的。量子不可克隆定理是指，如果要通过测量一批量子态制备另一批量子态，无法通过复制来实现。在计算机领域复制是最基本的操作手段，复制过去的东西是一模一样的，但是在量子力学领域经过复制的内容，一定有部分的内容与原内容存在差异，这就是所谓的量子不可克隆定理。

量子密钥为什么不可破译？

我们通过"墨子号"，基于上述光子的量子特性做了一系列实验。第一个实验就是量子密钥分发。科学家说用量子做的密钥是不可破译的，这个说法曾遭到质疑，因为世界上没有什么东西是绝对的。这里给大家解释一下，量子密钥分发的安全性确实是有一定边界条件的。举个例子，甲乙双方进行密钥传输，用光子作为载荷。比如说甲方发了 1 万个光子过去，乙方出于各种原因只收到 1000 个，如果过程中有人窃听，且这些光子都被窃听者拿走了，很显然此时乙方就什么也拿不到。因为量子是不可分割的，再好的科学家也做不出半个光子，所以窃听者也不可能获取半个光子。反之，如果乙方拿走了光子，那么窃听者就拿不到光子。这就证明了被窃听者窃取的光子不"产生"密钥。窃听者表示：还有其他办法。窃听者可以把甲方发出的所有光子都收了，之后再复制一份发给乙方，乙方收到的所有光子窃听者都有，那不就可以破译密码了吗？这又引出量子力学的第二个原理：量子是不可克隆的，也就是说窃听者进行复制后，一定有部分的光子是不对的。此时只要从乙方收到的光子中取出一部分和甲方的数据做对比：如果一个都没错，那肯定没人窃听。当然错一两个，也是有可能的，因为信道的关系传输过程中会存在误差，但当差错率超过一定数值时，这个传输过程就极有可能存在风险，可能是被人窃听了，这样一来甲乙双方就不得不舍弃这一组密钥。这种被复制的光子不可能"产生"密钥[1]。以上给大家解释了量子密钥的安全性是有边界条件的，也就是说量子密钥在分发过程中，一旦有人窃听，就会被发现。这也体现了量子密钥可以安全分发的特性。那么这种绝对安全的密钥分发能不能通过空间分发到更远的地方？量子在地面传输时很多都是用光纤来分发的，光在光纤里面会衰减，传输到一定距离以后，它的安全性就降低了。但是通过卫星在大气层外分发密钥，就可以把密钥分发到地球上的每一个地方。所以我们利用"墨子号"做的第一项工作就是实现全球范围的量子密钥分发。

量子纠缠为什么能成立？

第二项非常有意思的工作就是量子纠缠。前文提到量子的状态是不确定的，如果是一对量子，不确定性更大。但是科学家发现，在一些特殊情况下产生的量子对存在纠缠现象：一个量子被测量以后，另外一个量子的状态就跟着被决定了。比如我将一副手套寄给了两个人，寄出以后我忘记左右手套分别给了谁，这副手套就相当于两个量子，当收件人没有拆开手套时，这两个量子的状态是不确定的，但只要有一个收件人拆开一看就可以确定另外一个人得到的是哪只手套。这个问题提出来以后，爱因斯坦对此提出了异议，说这和量子力学的理论不符，是遥远地点之间发生的诡异互动，这一定是量子力学理论不完备产生的问题。爱因斯坦相对论的定域性学派也因此形成，该学派认为对一个粒子的测量不会对另外一个粒子产生影响。而另一种观点叫量子力学非定域性，持这种观点的科学家认为在一定的特殊粒子对情况下，对一个粒子的测量会改变另外一个粒子的状态。这两个学派争论了很久。1935 年，爱因斯坦还在《物理评论》（*Physical Review*）上发表了一篇题为《量子力学是完备的吗?》的论文。他一直对这个观点持怀疑态度，认为量子力学是不完备的。为了解决这个问题，1964 年，有一个叫贝尔（Bell）的科学家推导出了一个不等式：如果用经典方法计算，这个不等式一定小于 2；但如果用量子的方法去计算，它最大的数值结果是 $2\sqrt{2}$。有了这个不等式，就可以用实验来检验。一直到 1972 年，有一个科学家在实验室里完成了这个实验，得到的最终数值确实大于 2，所以他认为贝尔不等式破缺或者量子的纠缠现象是存在的。但这还需要通过实验来证明它的普适性，也就是说在实验室里证明是对的，不表示在实际场景中也是对的，在 100 米实验条件下证明是对的，不表示在 1 千米条件下能重复这个实验，因为两次测量的距离不同，状态不一定一样。为此，国际上有了某种竞赛，看谁能把这个距离做得更远。我国则是要通过"墨子号"实现 1 000 多千米的量子纠缠分发，从而验证在

1000 多千米的范围内会不会有纠缠现象。

隐形传态：通过纠缠来传递信息

第三项工作就更有意思了，它就是所谓的隐形传态。量子是不可克隆的，不可克隆的系统是一个孤立的系统，那么不可复制的量子是如何与外界交换信息的？科学家认为，量子一定有自己的信息传递方法。20 世纪末，奥地利的科学家做了一个实验，提出了隐形传态的概念，认为如果纠缠现象存在，量子就可以通过纠缠来传递信息。这里我来科普一下传递过程。比如我有一个粒子 x，我要把 x 传递到卫星上，在制备纠缠对 a 和 b 以后，粒子 x 里面包含着要传输的量子态信息，并且与纠缠粒子 a 进行一个量子力学的联合贝尔基测量，测量完成后，测量时产生的量子态信息就会被不可逆地传输到纠缠粒子 b 上，而粒子 x 自身的量子态随机坍缩到 4 个贝尔态之一，也就是它和 a 的作用相当于和 b 的作用，这样一来 a 和 x 就没了，坍缩到经典态去了，粒子 x 的特征也就传递到 b 上了。所以粒子 x 的测量结果通过经典信道传递，接收端根据测量结果对 b 进行幺正变换，就能得到量子态 x 的结果，这就是量子隐形传态的过程。这个实验此前在地面上已经完成。我国科学家利用"墨子号"证明了把一个量子态从地面传输到天上（传输距离超过 1000 千米）是能实现的。以前网上有一个所谓的"大变活人"的说法，即如果能把人分解成量子态，就能瞬间把人转移到另外一个地方。当然这仅仅是一个美好的愿景，因为实现的过程太复杂了，除了物理过程，还有生物过程和化学过程。但是我们通过这次实验确实实现了把一个量子态从地面传送到卫星上去的目标[2]。

从最早描述光学实验的《墨经》到"墨子号"系列量子科学实验

我国首颗量子卫星为什么叫"墨子号"？这是有故事的。大家知道，墨子是我国古代圣贤中的"科技狂人"，他做了大量的科学实验。他在《墨经》里提到过一段话："景，光之人煦若射。下者之人也高，高者之人也下。足敝下光，故成景于上，首敝上光，故成景于下。在远近有端与于光，故景障内也。"这句话实际上描绘了光学最基本的一个实验——小孔成像原理——这也是我们初中物理教科书中的第一个光学实验。可以说《墨经》里的这段话是世界范围内最早描述光学实验的，所以可以说墨子是世界光学第一人。给卫星取名"墨子号"，一是纪念这位中国古代圣贤；二是想提醒我们，中国自然科学的一些基本而朴素的思想其实在很久以前就有了，体现了我们的文化自信。

"墨子号"卫星上天以后，我们利用天地系统（该系统由天上 1 颗卫星和 5 个地面站构成，其中 4 个地面站负责接收，1 个负责发射）开展的第一个实验是把光子向地面传输，将其作为保密通信的密钥；第二个实验是做纠缠分发，把一个个纠缠对往下分发；第三个是隐形传态实验，从地面把一个光子的状态传递到天上去。这些实验做得都非常成功。2017 年 6 月 15 日，我们的第一篇论文发表在《科学》（*Science*）杂志上，并作为该期杂志的封面文章。我们非常好地完成了 1 200 千米的纠缠分发，科研团队在 2019 年被美国科学促进会授予 2018 年度克利夫兰奖。我们其余两个实验的结果于 2017 年 8 月以论文形式发表：其中一篇发表在《自然》（*Nature*）杂志上，介绍了星地量子密钥分发的结果，证明了量子密钥可以通过天地系统传输到全球任何一个有地面站的地方；还有一篇介绍了天地之间的量子隐形传态，这个实验的结果也是非常圆满的，我们确实能够把量子态传输到卫星上去。

首次洲际量子保密通信实验取得重大技术突破

2017年9月底，在前期实验的基础上，再结合地面的量子通信网，我国科学家和奥地利科学家合作实现了世界首次洲际量子保密通信实验，这一工作成果入选2018年度国际物理学十大进展。这项工作有很多难点，如要利用激光来产生一个个光子，还要通过航天技术，完美地将它们结合形成天地一体的实验系统，也就是量子卫星系统。这个系统除了要有卫星常规的测控、通信链路以外，还要有7条天地之间由光连接的链路，才能完成实验。而光链路中真正参与实验的就是一个个光子。为完成这项工程，中国科学家攻坚克难，在多项关键技术方面取得了突破。

第一个难点是卫星在远离我们1000千米的地方，它相对于地球的运动速度大于7千米/秒。我们先要通过一束激光找到这颗卫星，完成天地之间的光捕获。然后，在天地之间要实现准确的光跟踪。这个技术其他国家此前也实现过，当时主要是为了做激光通信。我们现在要同时对准两条光路，这个难度非常大。当时我国科学家做了很多调研来确定天地链路该怎么建。我们了解到现在天文台观测的精度是非常高的，参考类似的技术，我们提出了捕获方案：根据卫星轨道预测，地面站发射一束激光上去，卫星收到地面站发出的信标光，就发一束绿光下来，如果天上卫星射出的光和地面上射出的光能对接上，就能够完成光的捕获，然后再把光束缩小（光束很大，能量就不够），这样就形成了跟踪。在这个过程中可以进行量子实验，此时一个个光子登场。第二个难点是光要射得非常准。射一束光的精度要求控制在3.5微弧度左右，这个精度相当于从上海射一束光到北京，光束要落在一个标准停车位的范围内。

只有达到这种精度才能完成这个实验。第三个难点是 7 个不同光源的光轴必须非常严格地在一条线上，光轴间的差异是亚微弧度量级的。第四个难点是只有光的发射角接近衍射极限，才能完成这个实验。第五个难点是光子的偏振，0 和 1 是并存的，但是光通过某些光学系统或者介质以后，它的偏振状态会发生变化，而且卫星是绕着地球运行的，因此卫星上的偏振和地面上的偏振的坐标系也是相对旋转的，所以我们就用一套技术把接收的偏振状态调整到发射时的偏振状态，并保证它是不变的。对系统偏振态保持的要求是 100 : 1，但我们的指标是要做到好几百比 1，这也是全世界第一次做到。第六个难点是这么高的精度，卫星需要一个绝对静止的平台，我们想了很多办法，最终实现了对卫星平台的静止控制。第七个难点是光的同步。在测量过程中，光必须严格地同步于它发射的时间，同步精度允许误差大概是 1 纳秒（10^{-9} 秒），用电的方法是做不到的，后来我们用光的方法可以达到几百皮秒（1 皮秒 = 10^{-12} 秒），要攻破这个技术也是比较难的。通俗一点说就相当于我从一架飞机上向地面抛硬币，地上放两个储蓄罐，投下的硬币要顺利进入任意储蓄罐的投币口，这里投币口就表征光的偏振状态，它有竖直方向的振动，也有水平方向的振动，错了就投不进去。第八个难点是对于单个光子的探测灵敏度。打个比方，如果月球上有空气，有人在上面划一根火柴，那么火柴的燃烧情况要被地面上的望远镜捕捉到，需要这样的灵敏度才能把这件事情做成。

从"墨子号"发射升空到现在已经过去近 9 年，它开创了很多先河。现在我国科学家在政策的支持下，正在开展新一代量子科学实验卫星的研究。下一代量子科学实验卫星要解决几个问题：第一，要提高抗光干扰能力，"墨子号"的实验都是在晚上做的，现在要求白天和晚上都能做实验；第二，原

量子科学实验（为了完成天地对接，天上有一束激光射下来，地上有一束激光射上去，在卫星整个过顶的时候，就能够完成整个量子科学实验）

来的卫星是绕着地球转，每天经过地面站的时间非常有限，只有几分钟或十几分钟，我们现在通过提高卫星高度，使其从低轨卫星变成中高轨卫星，每天卫星经过地面站的工作时间就可以达到小时量级，这样能获得的密钥量就有可能达到实用的程度；第三，我们原来的跟瞄精度为1微弧度左右，下一步我们就要做到0.5微弧度甚至0.1微弧度，现在我们在实验室里已经完成了0.1微弧度的指向和跟踪实验。估计3～5年后，我国新一代的量子卫星就会再次发射。

引力波的发现开启量子宇宙物理新纪元

事实上，引力波的探测也涉及光学极限探测。引力波的研究和爱因斯坦非常伟大的几个最前沿的预言有关系。他曾预言宇宙中存在 4 种力，其中 3 种都已经能够直接观测，但是引力波的直接测量在很长一段时间内无法实现，所以也催生了国际上物理学界研究的另一个分支——引力波探测。目前科学界对引力波的探测也是通过光学手段来进行的。引力波探测曾长期停留在理论预言，直到 2016 年 2 月 11 日，美国激光干涉引力波天文台（LIGO）宣布首次直接探测到了引力波。引力波的发现是一个划时代的标志，开启了量子宇宙物理新纪元。为什么现在还要从空间去探测引力波呢？因为整体来看，人们对宇宙的起源一直持怀疑态度。现在比较公认的观点认为：宇宙的组成中暗能量约占 70％，物质约占 30％。科学家认为，物质里面我们看不到的所谓暗物质占 85％左右，而我们能够看到的、碰到的由原子构成的物质只占约 15％。换句话说，目前只有不到 5％的宇宙能量是能够被看到的。由此，暗物质和暗能量被认为是 21 世纪物理学存在的两朵"大乌云"，也是现在的粒子物理和宇宙学标准模型没有办法解释的。于是科学家推测这可能和引力波有关系，假设我们应用引力波或者测量引力波能够像观察电磁波一样，或许这么多的暗物质和暗能量就不"暗"了，就能被看到。这方面如果有突破，无疑将引发 21 世纪物理学又一次革命性的突破。

宇宙引力波和电磁波到底有什么关系？我们做一个比较形象的总结：第一，引力波是非常弱的，它只有吸引力没有排斥力，而电磁波既有吸引力也有排斥力，并且电磁波的能量比引力波大概要强 10^{36} 倍。第二，所有物质和能量的剧烈运动都会产生引力波，而电磁波一定是带电物体的加速运动引起的。第三，引力波的波长远大于波源尺寸，它的波长非常长，而电磁波的波长一般比波源尺寸小，它的波长都很短。第四，引力波反映天体的整体运动，而电磁波反映天体表面的一些性质；引力波被看作天体发出的"声音"，所以有了引力波，宇宙可能不再是暗的了，而电磁波可用来构造天体的图像，我们现在看到的所有宇宙的图像都是通过电磁波探测来实现的。

为什么对引力波的探测要放在太空中进行？为什么电磁波能被探测到而引力波测不到呢？因为电磁波很容易被阻断、被物质吸收，只要吸收了电磁波，物质的某一个特征就会发生变化，这就是探测器的工作原理。而引力波几乎对所有物质都是可穿透的，所以通常人类根本感觉不到引力波的存在，也无从探测。这就从侧面解释了为什么对引力波的探测要放在太空中进行：因为引力波和电磁波一样，它也是有波长的，太空占有了绝大部分波段的引力波，它的波长要比在地面上的长得多，在太空中可以测到的概率也大得多。全球有好几个探测方案，比如欧洲航天局的空间引力波探测项目激光干涉空间天线（LISA）计划提出了一个 500 万千米的计划（探测时天上要部署 3 颗卫星，组成 3 个迈克耳孙干涉仪，卫星间距为 500 万千米），后来又调整为 100 万千米；中国提出的"太极计划"是一个 300 万千米的计划。最近欧洲把距离又调整到 250 万千米，估计 250 万千米到 300 万千米是比较合适的一个距离。

测量引力波需要使用两种技术。一种是激光干涉技术，即 3 颗卫星两两之间组成 3 个迈克耳孙干涉仪。引力波过来以后，根据爱因斯坦的广义相对论，它的空间会被压缩或者拉伸，而拉伸和压缩的程度是非常小的，只有通过高精度的激光干涉仪才有可能测量到。另一种是无拖曳航天技术，如果要对相距 300 万千米的两颗卫星在飞行过程中距离的变化进行测量，那么这两颗卫星必须屏蔽任何外力作用，完全做匀速直线运动。但是一颗在天上的卫星，不管怎样都会受到一定的干扰，所以必须有一种技术手段，把卫星在天上受到的力测量出来，然后用一个反方向的力把这个力的作用抵消掉。现在科学家都在计划让卫星形成一个很大的三角形，而且卫星要绕太阳轨道运行，以避免受地球重力和太阳光照变化的影响，如此来满足探测器温度变化小于百万分之一摄氏度的要求。

我国的"太极计划"是要通过发射 3 颗卫星组成等边三角形引力波探测星组。2019 年，"太极一号"发射升空后，同年还发射了一颗"天琴一号"卫星，这两颗卫星都具备探测引力波的能力。下一步是要到太阳轨道上去，尝试是否可以探测到一些比较强的引力波，"太极计划"预计在 2030 年前后全部完成。现在国际上通过迈克耳孙干涉仪测到的精度可达到约 10 皮米量级，"太极一号"测到了 100 皮米量级，还有大概一个数量级的提升空间；在加速噪声测量上，我们的测量精度还有 6 个数量级需要努力。

结　语

通过阅读，大家了解了光的原理，知道它就是由光子组成的。光子原来有很多科学争论，后来发现光子就是一种量子，具有波粒二象性。现在光子已经有很多应用了，比如说"墨子号"就充分利用光子进行了 3 个实验：量子密钥分发、量子纠缠分发、量子隐形传态。这里再跟大家分享一个启示，就是再伟大的科学家，他所说的话，也不一定都是对的。在这个问题上，爱因斯坦也没能正确地理解纠缠现象，所以说做科学研究不能迷信权威。引力波由于对任何物质都是可穿透的，因此很难被检测到，但是根据爱因斯坦的广义相对论，有了引力波就会引起空间的压缩和拉伸，这样就能够通过光学测量的方法来验证引力波的存在。当然这一测量困难重重，要在相距几百万千米的条件下，测量出几皮米变化的数据，才能检测到引力波，但目前科学家正在努力攻关之中，我想不久的将来，我们会听到更多有关光极限测量的好消息。

精彩问答 Q&A

1. 雷达探测是不是光的作用？

雷达是一种利用电磁波（微波波段）的空间目标探测仪器。与可见光相比，微波的波长较长，雷达把微波信号发射到天上去，如果天空中没有目标物体，发出的微波信号会因无反射体而无法被接收或探测到，如果碰到一架飞机，飞机的金属表面会反射微波信号，地面就会收到这个反射信号。总体来说，雷达的工作原理是：微波信号发出去后，如果没有目标则无反射信号，如果碰到目标则会收到反射信号。当然，现代雷达有不同的探测距离，最远的可以达到上千千米。现在不仅有电磁波雷达，也有光学雷达，就是所谓的激光雷达，因为激光发射的距离更远。虽然光学雷达的工作原理与其他雷达相同，但各有特点，无线电波雷达一般能"看"得比较远，光学雷达能"看"得比较准，它能够更准确地测定目标的位置。

2. 航天员与地面之间的通信是通过什么技术实现的?

　　航天员离地面很远,把他们的声音传回地面,这个就是电磁波的另外一个重大应用了。通信的本质是实现声音信号的远程传递。具体来说,首先把讲话者的声音信号调制成电信号,"藏"到特定的电磁波中,再随电磁波传播,我们有专门的电磁波连接通道,当接收方收到这些电磁波后就可以把声音信号重新检出来,再经过音频处理最终输出声音。这一过程与我们日常看电视机、收听广播时声音的传输原理是一样的。

3. 量子通信进入民用领域还有多久?

　　大概这也是大众比较关心的事。我国科学家在开展的密钥分发研究中,有一个跟京沪干线有关。该研究的参与方亦包括国家安全、金融、证券方面的职能部门,因为它们需要无法被破解的密钥。进一步的民用,比如说能不能扩展到每一台计算机、每一部手机?我想总会有这么一天,虽然时间难以预测,但是整个进展将会比我们想象的要快,现在据说已经有像手机大小的量子通信密钥产生终端了。

参考文献

　[1]　王建宇,张亮,文天成.光极限探测技术在空间通信中的应用[J].物理,2022,51(2):73 - 80.
　[2]　王建宇,钱锋.让光子在空间起舞:星地量子通信的原理与应用[J].科学(上海),2013,65(5):5 - 8.

无声处听惊雷：原子弹研制中的奉献与担当

柳襄怀

柳襄怀，原中国科学院上海冶金研究所（现中国科学院上海微系统与信息技术研究所）研究员、博士生导师，中国科学院离子束开放研究实验室原主任和学术委员会主任，国内5所高等院校兼职教授。柳襄怀于1961年9月毕业于复旦大学原子能系，主要从事材料物理及材料表面处理的研究和应用，承担国家自然科学基金课题及国家"863计划""973计划"项目，参加国家绝密项目"甲种分离膜的制造技术"攻关研究，成功研制我国第一批石英电子手表，负责并成功建立中国第一个向国内外开放的离子束开放研究实验室；发表科研论文近500篇，合作编著离子束专著2部；获发明专利6项；获中国科学院发明奖二等奖、中国科学院重大科技成果奖二等奖及2024年度中国老科学技术工作者协会科学技术奖等科研成果奖项；退休后，主要从事科普活动，做了众多科普报告，出版个人著作《科海情缘》《柳色青青》。

1964 年 10 月 16 日 15 时，一声巨响划破长空，茫茫戈壁滩上空升起巨大的"蘑菇云"，我国第一颗原子弹成功爆炸。全国欢呼，世界震动。2024 年是我国第一颗原子弹成功爆炸 60 周年，当年参加国家绝密项目"甲种分离膜的制造技术"攻关研究的全体人员，心中感慨万千，充满自豪。

1964 年 10 月 16 日 15 时，茫茫戈壁滩上空升起巨大的"蘑菇云"，我国第一颗原子弹成功爆炸

拓展阅读

甲种分离膜

铀-235是制造原子弹的一种原料，在天然铀中的含量仅占约0.72％。为获得制造原子弹所需的高纯度铀-235，必须从天然铀中进行高效分离、浓缩。气体扩散法是20世纪50—60年代唯一具有工业生产规模的铀-235分离方法。分离膜是气体扩散机的核心元件，当时仅美国、苏联和英国掌握分离膜的制造技术，且均被列为重大国防机密。

1962年春节后，中国科学院原子能研究所、中国科学院金属研究所、复旦大学的有关人员集中到中国科学院上海冶金研究所，组建了代号为"真空阀门"的研究室，进行"甲种分离膜的制造技术"攻关研究，由时任中国科学院上海冶金研究所副所长吴自良兼任研究室主任。研究室设立了三大研究组，分别由金大康、邹世昌和李郁芬领导，聚焦解决分离元件用粉末、成膜工艺、性能检测分析和表面处理研究等相关技术问题。中共上海市委专门成立了上海市分离膜元件领导小组，负责协调组织工作。

经过一年多的艰苦摸索和反复试验，研究组的攻关研究突破了粉末制备、成型烧结和抗腐蚀等技术难关，于1964年上半年按国家要求的时限完成了实验室工作。中试工厂生产了部分分离膜元件，送至扩散分离工厂生产使用。

1966年4月，经鉴定试验，我国自制的甲种分离膜性能超过苏联的产品。第二机械工业部决定正式采用中国科学院上海冶金研究所的攻关研究成果，在四川建立的大工厂进行分离膜大量生产。中国成为当时世界上除美、苏、英、法之外，第5个能独立自主制造和生产扩散分离膜的国家，使我国原子弹制造原料铀-235有了绝对可靠的保障。1984年，"甲种分离膜的制造技术"荣获国家发明奖一等奖；1985年又获国家科学技术进步奖特等奖。当年负责"甲种分离膜的制造技术"研究的吴自良院士，被授予"两弹一星功勋奖章"。

"只有一条路，自己动手，自力更生搞出原子弹！"

中华人民共和国成立初期，我国国力不强。面对美、苏的核威胁，毛主席高瞻远瞩，提出："为了防御，中国也要搞原子弹！"

铀-235是制造原子弹的必需原料。天然铀是铀-238、铀-235和铀-234的混合物，其中只有铀-235为易裂变核素，但它的含量只占天然铀中的约0.72%。为了制造原子弹，必须从天然铀中把含量极低的铀-235分离出来，再经过浓缩，丰度达到90%以上方可用于原子弹制造。

气体扩散法曾是世界上大规模工业生产浓缩铀的分离方法。这一技术的核心元件是铀同位素分离膜。当时只有美国、苏联和英国掌握制造分离膜的技术。苏联曾帮助我国在西北某地建立了一个浓缩铀工厂，并提供分离膜。可是，1960年风云突变，苏联撤回专家，停止援助，整个浓缩铀工厂即将停顿，中国刚起步的原子核工业面临夭折的危险。

没有铀-235，制造原子弹永远是天方夜谭。是放弃搞原子弹的计划，还是另找出路？中国面临艰难抉择。

当时的形势十分严峻。国际上，美国基于冷战思维多次公开宣称要对中国实施核打击，试图遏制中国核技术发展。在国内，此前经济失衡的局面尚未完全扭转，叠加严重自然灾害的影响，国家经济陷入困境，各项建设事业均面临巨大压力。

面对严峻的形势，毛主席高瞻远瞩，提出："只有一条路，自己动手，自力更生搞出原子弹！"

1962年11月3日，毛主席对原子弹研制和爆炸作了"要大力协同，做好这件工作"的重要批示，并成立以周恩来总理为主任的中央专门委员会。毛主席的批示，给广大核工业战线上的职工以极大的鼓舞和动力，原子弹研制工作在挤占其他项目经费的条件下得以继续。

这项任务一定要尽快完成

我国第一颗原子弹的研制是在极其艰难困苦的条件下，以大协作的方式完成的。其中，铀同位素分离膜的研制成功，为原子弹的成功爆炸提供了必需的原料保障。

在铀同位素分离膜断了供应，中国刚起步的原子核工业面临夭折的艰难局面下，国家领导人说："我们寄希望于中国自己的专家！"当时总的方针是，由第二机械工业部和中国科学院组织全国力量开展攻关研究[1]。

时任第二机械工业部副部长、中国科学院副院长钱三强奉命组织分离膜研制。早在1958年6月，钱三强在中国科学院原子能研究所举办的放射性同位素训练班的结业典礼上对学员们说："毛主席提出，中国要自力更生大搞原子弹。希望各单位积极响应。"他当场第一个点了复旦大学的名。在场的复旦大学老师立即表态说："复旦一定要参加原子弹研究和核科学技术人才培养。"复旦大学党委对此非常重视。在党委副书记王零同志的主持下，很快组成了由吴征铠教授领导的、有 30 多人参加的"五八中队"，在国内最早开展气体扩散法分离同位素研究。

1960 年 8 月，钱三强代表国家正式下达"甲种分离膜的制造技术"研制任务。他说："有人扬言，苏联专家走后，中国的浓缩铀工厂将成为一堆废铜烂铁！其中关键之一就是我们不会制造铀-235 的分离膜元件。这一技术是绝密的，不可能得到任何资料。"

1961 年 11 月，考虑到几个单位分头进行研制进度不快，一些关键技术难以独立解决，领导层决定将原先分散进行同位素分离膜研制的 4 个单位的参研人员集中到中国科学院上海冶金研究所，进行攻关会战。在一次秘密动员会上，钱三强说："这项任务一定要尽快完成。不能让我们的浓缩铀工厂因为没有分离膜元件而真的变成废铜烂铁。更不能让我们的原子弹因为没有浓缩铀而造不出来。"

接到任务后，时任中共中央华东局第一书记、上海市委第一书记柯庆施批示上海市科学技术委员会，要全力以赴，组织好协作研究。随后，上海市分离膜研制任务的领导小组和办公室成立，由第二机械工业部、中国科学院新技术局、中国科学院华东分院、中国科学院上海冶金研究所、中国科学院金属研究所、复旦大学以及上海市纺织局、冶金局等单位参加的大协作网形成，还部署建造了后续的中试生产工厂等。

时任中国科学院上海冶金研究所党委书记万钧带领金大康和邹世昌两位年轻研究员赴京，从钱三强那里接受国家绝密科研任务。钱三强说："请你们来，是因为党和国家已经决定，把研制铀-235分离膜的任务交给你们去完成。分离膜与粉末冶金和有色金属有关，你们是这方面的党员专家。任务紧迫，这项工作要尽快完成。"

接受任务后，中国科学院金属研究所、中国科学院原子能研究所、复旦大学及中国科学院上海冶金研究所等单位的60多名有关人员于1962年春节后集中到中国科学院上海冶金研究所，成立了代号为"真空阀门"的第十研究室，进行"甲种分离膜的制造技术"绝密攻关研究。为了加强党的领导，从部队和工厂调来了正、副两位党支部书记，还建立了保密室，专门负责攻关人员的人身安全及研究物件的保密保卫。

讨论甲种分离膜（前排左二吴自良）

分离膜由耐六氟化铀腐蚀的金属做成，上面有无数让气流通过的微孔，要求均匀而密集。扩散分离工厂中分离膜元件的用量很大，以万支计。钱三强说："扩散分离膜的孔径是纳米量级的，非常精细，它涉及众多学科，要解决一系列极为复杂的工艺问题，是一项综合性极强的技术工程。"

分离膜研制的复杂过程包括粉末制备、分离膜及分离膜元件制备、分离膜元件性能测试及表面处理、元件分离性能的运行鉴定等。因而，在"真空阀门"研究室主任吴自良领导下，研究室设立分别由金大康、邹世昌和李郁芬为组长的三个研究大组，分头进行研制。最后，由北京615研究所进行运行测试验收。

经过两年的艰苦奋斗，1963年底，"甲种分离膜的制造技术"实验室研发工作完成，并通过了运行鉴定，性能超过苏联产品的。在研发的同时，由上海冶金局建立的材料加工厂中试生产出了2700支甲种分离膜元件，提供给浓缩铀-235的工厂使用。1965年，"甲种分离膜的制造技术"项目通过国家鉴定。同年，在四川建设大工厂。工厂使用"真空阀门"研究室的攻关研究成果，采用上海中试工厂的生产工艺及规程，进行甲种分离膜的大批量生产。到1968年，共生产出400多万支分离膜元件。

"甲种分离膜的制造技术"的攻关成功，为我国第一颗原子弹及随后氢弹的成功爆炸做出了重要贡献，也使我国的浓缩铀-235工厂从此有了可靠的生产保障，保证了我国核弹的长期制造和存储，为我国建设和巩固国防工业做出了不可磨灭的贡献。

1983年，在北京开会时，钱三强对邹世昌说："你们的分离膜元件做得很好。现在我们国家的浓缩铀生产就是靠它。它的寿命比原来苏联人说的还长。你们应该申请国家奖。""甲种分离膜的制造技术"项目于1984年获国家发明奖一等奖，1985年获国家科学技术进步奖特等奖。

1999年9月18日，当年负责该项目的研究室主任吴自良院士被中共中央、国务院、中央军委授予"两弹一星功勋奖章"。他是上海唯一获此殊荣的科学家。

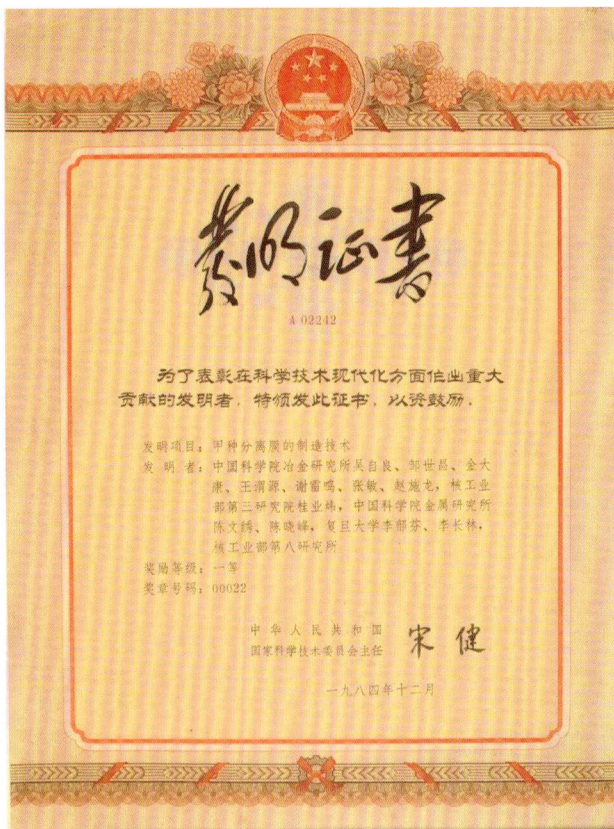

"甲种分离膜的制造技术"获得的荣誉

鸟笼报警器

"甲种分离膜的制造技术"研究，是在极其艰苦的条件下完成的。那时候研究条件十分有限，大热天里无空调、无电扇，研究人员常常汗流浃背。为了避免流下来的汗水打湿设备、弄坏机器，只好利用早晚时间加紧工作。分离膜的分离系数测量及分离元件的表面处理研究需要用钢瓶气体。大楼里没电梯，攻关人员就与复员军人一起，硬是用肩膀将大钢瓶扛上了四楼实验室。扛那么重的大钢瓶，有时真的把眼泪都压出来了。可是，为了我国的"蘑菇云"早日升空，再苦再累也都挺过去了。

不少研究工作需要接触有毒有害物质，给科研人员带来不少健康隐患。当时又没有很好的防护设备，但大家在顽强努力工作的同时，还想出了各种"土办法"来应对。例如，有一次，上级领导到研究室第一大组检查工作时，发现实验室里竟挂着一个鸟笼，小鸟正在笼子里啄食。领导好奇地问道："你们搞保密研究，怎么还养鸟啊？"研究人员回答说："我们工作中的粉尘和气体毒性都很大，这鸟笼就是报警器啊！"前来检查工作的领导很感动。又如，有些用于工艺实验或测试的气体也有毒，如果从容器或仪器中泄漏出来，就会伤害身体。科研人员就尽最大努力，严格检查系统设备，防止有毒气体泄漏；有些工作索性就搬到大楼的屋顶上去做。尽管采取了很多措施，有些同事仍没能避免毒气的侵害。

研究工作的最大困难是没有任何现成的参考资料。凭着对国家的高度责任感，怀着对科学的执着精神，我们从分析苏联的分离膜样品入手，探索膜元件的结构、组分及制造工艺，摸索调节元件分离系数的方法。经过千百次的反复实验，终于研制出了合格的分离膜元件，通过适当的表面处理方法，成功地控制了元件的分离系数，提高了元件的稳定性，达到了实用化的程度，为我国第一颗原子弹的成功爆炸及随后的氢弹成功爆炸做出了重要贡献。

有一种爱情叫国家机密

能参加这样的研究项目，是党和国家的高度信任，十分光荣，但也肩负着重大责任，必须严格保守国家机密。所有参研人员都必须进行严格的政治审查。那时进出实验室要登记，各实验室之间互相隔离，不允许任意串门，对任何人都不能谈及自己的工作，甚至连找对象也要经过组织的审查和批准。尽管如此，大家都听从组织意见，全心全意坚守在工作岗位上，直到最终完成任务。所有参加此项攻关研究的人员，从开始的 60 多人到后来的 100 多人，没有一个人中途主动离开岗位。

一位攻关人员史佩枋，由于在工作中时常接触泄漏的有毒有害气体，40 多岁就罹患肺癌过世了。几十年过去了，他的爱人却一直不知道他在研究所里是干什么工作的，心里不免有些不快和抱怨。直到看到纪念我国第一颗原子弹成功爆炸 50 周年时的报告和图片时，她悲喜交加，动情地说道："现在我明白了，一个优秀的保密工作人员，真不容易。隐姓埋名，无名无利，对家人有口难言，用生命去做国家安排的工作。你们都是国家的栋梁！"

复旦大学原子能系放化专业第一届毕业生（右一为史佩枋）

原先，上海市警备区准备派解放军到中国科学院上海冶金研究所（以下简称"冶金所"）保卫绝密攻关研究。冶金所党委书记认为这样做目标太大，决定由工厂调来的支部副书记徐惠英负责整个保密工作，由新建立的保密室执行安全保卫和保密任务。当时徐惠英在工厂的工资是90多元，调到冶金所后降低了30多元，但她毫无怨言，一心一意管好保密工作。更令人感动的是，她说："我们的绝密工作随时被敌特注视，有一定危险性。万一我出事了，或病故了，要将我的遗体捐献给医院做研究。"最后当她年迈病逝时，按照生前意愿，她的遗体真的捐献给了上海某医学院供教学研究之用。

研究室党支部书记汪泽，全心全意做好来自不同单位人员的政治思想工作和协调工作，贴心地解决大家的实际困难。得知冶金所有些攻关人员结婚后两地分居，就千方百计地将他们的爱人调来上海，解除了他们的后顾之忧。这在当年，是很不容易办到的事。而他自己的爱人在医院生孩子时，他却忙于工作，没有时间去看望和照料。

参加了国家绝密项目，不允许发表文章，不能参加学术会议。从复旦大学来的第三大组组长李郁芬教授，隐姓埋名许多年，为分离膜的研制和实用化解决了不少技术难题，业务水平很高。但她始终默默无闻，不为人知，以至于改革开放后老同学碰到她时，都吃惊地问："这些年不见你发表文章，学术会议上也见不到你，你到哪里去了？我们还以为你从地球上消失了呢！"[2]

研究室的攻关人员来自全国多个单位。为了早日完成攻关任务，许多人为国家舍小家，逢年过节都不回去与家人团聚。保密室的工作人员顾盘仁，连续两个春节都是在实验大楼里过的年。春节放假封门，唯独保密室不能离人。他24小时值守，保卫实验大楼在节日里的安全。他说："党教育我们，国家机密高于一切，丝毫不能懈怠！"

从放牛娃到"两弹一星"功臣

当年的"真空阀门"研究室主任、"甲种分离膜的制造技术"项目总负责人吴自良，在带领大家完成"真空阀门"会战任务的过程中，不仅以自力更生、自强不息的精神鼓励大家克服困难，夜以继日地勤奋工作，而且积极调动其他单位创造条件为甲种分离膜的研制做好保障。他协调上海市冶金、纺织、化工局各自系统下多家单位大力协同工作，向他们提出要求，帮他们解决问题，让他们纷纷贡献出自己的力量，共同保证了绝密攻关任务的胜利完成。例如，1964年以前，冶金所没有电子显微镜，进行表面结构分析有困难，他就让研究人员到岳阳路的中国科学院上海生物化学研究所去做实验。该实验室主任彭加木每次安排好工作后就退出，由专人负责操作，完成样品的分析测试工作。

工作中，刘远华等人需要使用仪器开展氟气腐蚀实验，对分离膜进行质量筛选。氟气有毒，实验时间较长，要实行三班倒工作。小组同志不顾疲劳和艰苦，全心全意努力工作。吴自良主任也好几次亲自前来参加实验研究，让大家很是感动。任务结束以后好多年，吴先生已经是"两弹一星"功臣和中国科学院院士了，见到刘远华等人时，都会与她们亲切交谈。绝密攻关中结下的友情，可见一斑！

吴自良先生小时候家境贫寒，当过放牛娃。国家解放时，他冲破美国政府的阻力，毅然回国参加国家建设，为国家的冶金、航空等领域的发展做了许多贡献。他说："能为自己的国家制造原子弹出力，是无上光荣的难得机

吴自良院士获得的"两弹一星功勋奖章"

会；让祖国不断强大，是自己自强不息的动力和源泉。"

吴自良院士在医院庆祝 90 岁生日时，他的老朋友严东生院士和邹世昌院士前去探望和祝贺。老人不断重复着一句话："国家给予的'两弹一星'荣誉，是当年同一战壕里的人们用青春和血汗换来的，不属于我自己。"他早早就将自己荣获的"两弹一星功勋奖章"捐献给了研究所，呈放在陈列室里展示。

夜以继日，殚精竭虑

制造分离膜的原料是金属细粉，制粉是制造分离膜最关键的工艺。时任冶金所党委书记慧眼识英才，力挺年仅 34 岁的中国粉末冶金专家金大康担任"甲种分离膜的制造技术"攻关研究的第一大组组长，开展粉末制备研究。钱三强曾交代说："这任务是绝密的，不能和任务外的任何人（包括配偶）谈及此工作。今后不能再署名发表任何文章，要从此隐姓埋名。对粉末冶金的同行就说改行了，不再参加粉末冶金方面的学术或学会活动。"金大康坚决和大家一起攻克难关，出色地完成了国家绝密攻关任务。

分离膜任务需要突破的首要问题就是粉末材料的选择和制粉方式的确定，使制得的粉末能够制成合格的分离膜元件，并且能小批量生产。这是第一大组必须完成的重大任务。1962 年，攻关进入关键阶段时，第一、第二大组日夜奋战，摸索着用各种新老方法和工艺条件制成多种原料粉末，做出一个又一个分离膜样品。但测试后，分离膜性能总差那么一点点。身为第一大组组长的金大康，此时虽心急如焚，但还是夜以继日，连续作战，经常凌晨一两点突然往冶金所跑，到四五点又回家躺一下。他的爱人很不解：为什么深更半夜还要往研究所里跑？他总是以担心钢瓶阀门未关好、实验室窗户还开着等理由进行搪塞。

那段时间，金大康和组员们放弃了一切节假日，以实验室为家。一个信念始终支撑着他们："外国人搞得出的，我们中国人也一定搞得出，并且要搞得比他们更好。"经过几千次反复实验、找规律、总结经验，1963 年初，第一大组的一个小组制成的原料粉末，终于使第二大组研制的分离膜性能达到了要求。1963 年中，各个大组的难题都被攻克了。三个大组攻关人员的通力合作，使甲种分离膜的研制任务终于圆满完成。试生产的元件经使用试验，性能超过苏联样品的，价格只有黄金的百分之一。

1964 年 10 月 16 日，中国首颗原子弹爆炸成功。金大康在喜悦之中得到了安慰。作为一名曾经是地下党的老党员，他一直遵循小时候父亲在杭州岳王庙前给他拍照时的训导：一生都要尽忠报国！

金大康从事科研工作 50 年，在国防军工和国家建设中屡有建树。他是中国共产党第十二次全国代表大会代表、上海市劳动模范，还曾担任冶金所党委书记。金大康始终不张扬、不炫耀，淡泊名利，忘私为公。在他过世后，在告别仪式厅上挂着中国科学院上海微系统与信息技术研究所（前身为冶金所）的一副对联：大道伟业求解放图国强勇于担当，慷慨献身克难关建殊勋不计功名。这 28 个字很好地概括了金大康光辉的一生。

金大康儿时和退休后在杭州岳王庙前拍摄的照片

毛主席的教导永记心间

1957年11月17日，毛主席在莫斯科大学作了著名演讲。他说："世界是你们的，也是我们的，但是归根结底是你们的。你们青年人朝气蓬勃，正在兴旺时期，好像早晨八九点钟的太阳，希望寄托在你们身上。"毛主席的话激励了一代又一代中国青年，他们在各条战线上为国家的社会主义建设和中华民族的振兴做出了重大贡献。参加"甲种分离膜的制造技术"绝密攻关的人员中，邹世昌和陈绍廉两位同志，当年也聆听了毛主席的演讲。他们一生都将毛主席的教导记于心间。

邹世昌当年随冶金所党委书记去北京接受"甲种分离膜的制造技术"国

家绝密攻关任务时只有 28 岁。他是"真空阀门"研究室的第二大组组长，负责成膜工艺并制成分离膜元件。在他的领导下，全组同志"昏天黑地"地艰苦奋斗，越过一道道关口，解决一个个难题，最终制造出分离膜元件样品。但是，焊接成型遇到了困难。

年轻时的邹世昌

当时我国能生产供应的焊头性能较差，达不到分离膜元件焊接工艺的要求。邹世昌想起在苏联留学期间，曾研究出一种高强度、高电导、热稳定性好的某合金新材料。他决定将这种材料加工成焊接电极，用于分离膜元件焊接。同时，又从中国科学院金属研究所请来焊接专家，与原来的焊接小组成员一起，共同进行分离膜元件的焊接成型试验，终于取得了成功，解决了一大难题。1963 年底，符合要求的分离膜元件终于研制成功，为我国第一颗原子弹成功爆炸做出了重要贡献。

邹世昌后来成为中国科学院院士，当了冶金所所长、中国科学院离子束开放研究实验室主任及几个国际会议的学术委员会委员，还曾是中国共产党第十四届中央委员会候补委员。他为冶金所的发展以及离子束事业的成长做出了重要贡献。1997年，从研究所所长岗位退下来时，他又接受委任担任上海华虹宏力半导体制造有限公司董事长，为集成电路产业建设及人才培养做贡献。在奋斗中，邹世昌院士始终铭记毛主席的谆谆教导。

当年同时在莫斯科大学聆听毛主席讲话的陈绍廉，在"甲种分离膜的制造技术"攻关中，担任第一大组一个粉末研究小组的副组长。后来，他被调到上海冶金局中试工厂任总工程师。该厂生产了一批分离膜元件，提供给浓缩铀-235工厂使用；再后来，他又担任核工业部某研究所所长，继续为原子能事业做贡献。退休后，陈绍廉被评为上海科技系统"老有所为"标兵人物。

欢送陈绍廉同志（前排中）去中试工厂进行技术指导工作

他们都为"真空阀门"默默奉献

当年，除了"真空阀门"研究室的100多位研究人员夜以继日地努力奋战在"甲种分离膜的制造技术"国家绝密项目攻关战线，冶金所全所人员都在自己的岗位上默默为"真空阀门"项目努力奉献。虽然大家不知道神秘的

"十室"到底是干什么的，但大家都明白这群人为国家承担了一项极其重要的任务，并自觉地成为他们的坚强后盾。

只要提出加工部件、维修设备，机电工厂和灯工室专门指定的工人师傅随叫随到，很快完成工作；分离膜样品需要做分析测试，分析室主任汪厚基一旦接到任务，就会立即让孟传奎等专门人员，随送随做，及时分析；食堂员工保证提供攻关人员的夜班食品；水电工人随时保证"真空阀门"室的水、电、气畅通；条件处保证用气钢瓶及时供应；攻关研究室秘书赵施龙负责编写每月的工作汇报，打字间的严珍娣专门负责打字成文。他们都为我国原子弹的成功爆炸做了大量的无私奉献。编外攻关人员王渭源登上两大国家奖金榜，是冶金所为"真空阀门"默默奉献的广大群众的杰出代表。

研究生毕业的王渭源，当年已经是老资格的助理研究员了。时任冶金所党委书记指名要他以"编外人员"的身份进室参加分离膜的研制工作。他担任第一大组一个粉末研制小组的组长。当第一、第二大组日夜奋战，分离膜性能总不能过关时，第一大组组长金大康虽心急如焚，但他毫不懈怠，日夜连续奋战，终于克服重重困难，带领自己的小组人员制成了一种球形的N金属粉末，使第二大组制作的分离膜性能达到了要求。此后分离膜元件所采用的原料就是该种N金属粉末。在国家需要的时候，王渭源为"甲种分离膜的制造技术"绝密攻关出了一份力，我国第一颗原子弹成功爆炸有他的一份功劳。

N金属粉末的研制，早在复旦大学"五八中队"时期就开始了。那时汪志达和姚宇明两人，抱着英汉词典和放大镜去上海图书馆查看保密微卡，获得了一些制备N金属粉末的有用信息。陈绍廉在北京也以同样的努力精神，获得了相似的有用信息。他们到冶金所第一大组后，相互介绍交流，继续从事这方面的研究，终于发挥了重要作用，为我国第一颗原子弹成功爆炸做了切实的贡献。

带着元件去北京

在研究过程中，为了获得准确的物理参数以确定正确的处理工艺，必须去北京615所进行元件分离系数的精确测定。我曾多次与携带武器的保密室同志一起，带着集体研制完成的分离膜元件样品，由研究所派专车送到上海北火车站，乘坐火车去北京。我的软席卧铺包厢前后有武装乘警护卫，到了北京车站后，由615所派专车接至该研究所。

那个年代，只有一定级别的高级干部才能享受专车接送和软卧包厢的待遇。我一个年纪轻轻、刚从大学毕业的大学生，享受此等特殊待遇，完全是

1965 年柳襄怀在天安门前的留影

保密工作的需要。一次去北京的途中，我坐在软卧包厢外面过道的座椅上欣赏窗外景色。乘警走过来，严肃地问我："你是哪个车厢的乘客?"我没说话，用手示意我的包厢。乘警明显流露出不相信的表情，再一次认真且严厉地对我说："我问你，你是那个车厢的?"这一次，我肯定地告诉乘警说："我就是住这个包厢的!"大概见我不慌不忙，不像是冒充的坏人，乘警只好走开了。

攻关研究室还曾派出几位同志去我国西北某地的浓缩铀工厂进行一个多月的参观考察。那个工厂是当年苏联援建的，所有设备及所用的铀同位素分离膜元件也由苏联提供。这是当年中国最秘密的核工业基地。美国的 U-2 侦察机曾拍到那个大工厂的照片，千方百计想炸掉这个扩散分离大工厂，彻底埋葬中国的核工业。苏联撤回专家后，这个扩散分离浓缩铀工厂靠我们自己的力量得以继续运行。当看到巨大的工厂车间内千万个级联机器中安装有我们自己研制生产的分离膜元件，正在顺利运转并源源不断地生产出浓缩铀-235 原子弹原料时，那种激动的心情，真难以用笔墨形容。

20 世纪 60 年代初期，为"蘑菇云"早日升空而奋斗的那段令人难忘的峥嵘岁月，给了大家一生的教益，那就是："要永远为我们的国家努力奋斗!"[3]

参考文献

[1] 张劲夫. 请历史记住他们:关于中国科学院与"两弹一星"的回忆[J]. 科技文萃,1999,7:27-40.

[2] 张建松. 当年代号"真空阀门":记研制我国第一颗原子弹"心脏"的"隐姓埋名人"[J]. 新华月报,2021,19:99-103.

[3] 中国科学院上海分院. 柳襄怀×欧欣:微光[EB/OL]. [2023-05-20]. https://mp.weixin.qq.com/s?__biz=MzA4NzQ2NTc0Nw==&mid=2653763005&idx=1&sn=19bb61e5489f908a53b901cfc3a2ed8d&chksm=8be09fc1bc9716d7b4c8b7436a3a1d1cfa8ea87ef471bfd61078b6da519c2eb1085ca8cdfd08&scene=27.

中华民族共同体：藏在染色体里的
民族融合史诗

李　辉

李辉，复旦大学生命科学学院教授、博士生导师，现代人类学教育部重点实验室第二届主任，民族研究院副院长，大同市中华民族寻根工程研究院院长，亚洲人文与自然研究院（澳门）院士，中国人类学民族学研究会常任理事，中华民族共同体研究会常务理事，上海人类学学会常务副会长；主要研究现代人类学，从脱氧核糖核酸（DNA）探索人类起源与文明肇始，追寻中华民族与中华文化的生物学起源；被《科学》（Science）以"复活传奇"为题专版报道；曾应邀在联合国总部作报告；在《自然》（Nature）、《科学》和《美国国家科学院院刊》（PNAS）等期刊发表论文300多篇；出版《Y染色体与东亚族群演化》《人类起源和迁徙之谜》《茶道经》《伤傣话：世界上元音最多的语言》《自由而无用的灵魂》等科学、哲学、史学、文学专著数十部。

中华民族共同体虽然是当代提出的概念名称，但其实早在中华文明起源之初就萌发了。末次冰期结束以后，中国出现了五个农业区，聚合成了五个考古区系：湖广、中原、辽西、齐鲁、江浙。这五个考古区系陆续兴起并产生原始政权，在后来的群体记忆中可能演化成了伏羲、神农、黄帝、少昊、颛顼的传说。遗址骨骸和当代族群的基因分析证明中国各语系族群与不同考古文化高度相关，各族之间也存在大量遗传类型和词汇语素的共享。综合遗传学、考古学、语言学、神话学、民族学等领域的证据，我们认为发源于这五个区系的上古政权的原始族群在不断互动中形成了中华民族共同体，其中部分人口迁到边远地区成为不同语系的少数民族，中部地区的多数人口融合形成汉族。所以中国各民族实际上源于上古的中华民族共同体。中华民族共同体是先有实体，后有名称的。

中华民族的起源，也就是中华文明的上古史部分，因为时代久远而材料稀少，从不同的学科视角往往看到大量差异，特别是不可能有文字材料，而科学研究更是极其缺乏，所以在学术界争议非常多。对于一件事物，真相的认知具有复杂性，不同争议观点可能反映证据的阶段性特征。目前对上古史的认知必然存在诸多需要完善之处。我们如何接近真相？需要系统梳理科学逻辑和科学证据。上古史的科学逻辑是人类进化和社会发展的客观规律，科学证据必须综合遗传学、考古学、语言学、民族学、神话学等所有相关领域的数据。把所有证据运用逻辑思维串起来，没有不可解释的证据，这样的假说才能称为科学假说，才可能最接近真相。

对于中华民族起源的认识，要基于全球现代人起源的科学研究进展。首先，基因、语言、体质、考古等多方证据的综合分析都证实，全世界的现代人约 20 万年前起源于非洲，大约 7 万年前因为多峇巨灾的推动而扩散至其他地区。在多峇巨灾引发的末次冰期中，现代人类扩散到了世界各地，适应不同地理气候条件而陆续形成了 8 个地理种。全球现代人的基因都非常接近，在自然界中构成紧密的人类命运共同体。我们知道，在全世界范围内，文明与民族的起源都是 1.2 万年前末次冰期结束以后的事件，与 7 万年前现代人走出非洲的自然史无关。

在认识中华民族在人类命运共同体中的起源过程之后，我们需要研究中华文明如何在中华大地上起源。虽然目前关于中华民族和文明的起源研究不断深入，但是在民众中甚至在相关学界还是存在两种极其错误的观点：一是文明西来说，有观点认为中华文明起源于古巴比伦，甚至古埃及，很晚的时候才从西北传入中国。二是中华民族多源说，认为中国各民族有很多独立起源，各民族的来源不同，中华民族的概念是近代构建的，这一观点在社会科学界几乎成为主流。实际上这两种观点既缺乏科学依据，又严重影响民族团结。

大量研究证明，中华文明的主体由中国本土孕育，并且传承有序，虽然与其他文明发生过交流互鉴，但这只是对中华文明的部分补充。中华民族的同源性始终是主流，各个民族的形成伴随着不断重组，因此形成了"你中有我"的遗传基因与语言文化形态。外来的成分从来没有在中华民族的形成过程中占过主流，都是中华民族的少量补充"血液"。

东亚族群和语系起源的聚合假说

对于东亚人群起源和民族形成过程，在 20 世纪 90 年代到 21 世纪最初十年的相关研究中定出了大框架，但是缺乏细节。基因组数据说明东亚人主要源于非洲，极小部分来自欧亚大陆的早期智人（尼安德特人和丹尼索瓦人）。21 世纪第二个十年以来，由复旦大学牵头的团队详细推演了现代人进入东亚，以及各民族类群起源迁徙的时间和路线，开拓了东亚人群史前人口史精细分析的新领域。

通过采集东亚数十万样本基因组，分析其 Y 染色体、线粒体等的多态性后，我们发现东亚人群起源整体呈现"两阶段两路线"特点[1]。东亚现代人是由不同时期进入东亚的至少两批现代人混合而成的。第一批约 7 万年前沿海岸线走出非洲，约 5 万年前进入东亚，在现代东亚人群中比例较小，而在大洋洲比例较高。这一批现代人迁徙属于早期扩散。第二批约 5 万年前从西亚扩张，并于约 4 万年前进入东亚，形成现代东亚人的主体。四五万年前从西亚的人口扩张是世界早期主要的人口扩张[2]。两批人进入东亚的路线分别有东西两条主线。

第一批，部分人群于约 5 万年前从缅甸沿着青藏高原边缘的河谷进入东亚西部，这是第一条主线。另一条主线从中南半岛沿着冰川期海岸线进入东亚东侧，并一直北上抵达东亚北部。

第二批，约 4 万年前进入东亚的两条主线分别是云南—四川、广西—广东，其后代构成了现代东亚人口的主体。其中云南—四川线的人群涉及孟—

高棉、苗瑶、汉藏三个语族的起源。苗瑶和汉藏语族的早期人群都起源于孟—高棉语族的祖先。广西—广东主线进入中国的人群奠定了现在侗傣—南岛语族的主体人口，成为中华民族的另一支来源[3]。在迁徙过程中，东南亚和东亚之间的丛林形成了遗传过滤效应，使得东亚人群的遗传、体质和生理病理特征得以特化。东亚人群最特异的体质特征包括直发、铲形门齿、纤细汗毛、增多的汗孔，都是外胚层总控基因 EDAR1 上的一个突变造成的，这一突变发生于三四万年前。这种有利于大量排汗散热的机制，应该源于东南亚湿热气候的自然选择，也促使东亚人的身体对环境变化更敏感，从而可能激发了中华文明崇尚天人合一的鲜明特点。

早期狩猎采集人群的迁徙并没有形成民族，而是形成了大量文化关联疏松的散在部落。我们深入研究了"新石器转型期"的遗传结构变化，发现民族是冰期结束农业起源以后，由散在人群向农业核心聚合形成的。民族是人口与文化稳定积累的产物。文化的稳定积累需要建立在足够的人口基础上，而人口的大规模增长依赖于农业生产。冰期的寒冷气候不支持农业的起源，所以只有冰期结束以后，自然资源才能大量增长，从而促进人口的初步增长。人口初步增长后，人类发明了农业并稳定地传承，从而进一步刺激人口大量增长，在农业核心区域聚合形成了早期的原始民族群体。充分的剩余时间使得磨制石器出现，并渐渐形成了具有相对完善的社会规则的早期国家雏形。

按照语言谱系，中国现代各个民族可以归为若干语族，主要是汉藏、苗瑶、侗傣［新名仡傣（Kra-Dai）］、阿尔泰（满蒙为主），以及相关的南亚、南岛、印欧等。苗瑶和侗傣因为与汉藏关系紧密，也会被归入汉藏。这些语族中，中国的主体民族系统——汉藏语族，起源于华北桑干河和滹沱河流域的粟作农业形成的早期磁山—裴李岗文化。最早的驯化小米发现于北京郊区

4 万年内的人群扩散与 8 000 年内的民族聚合模式图（O1 与 O2 是中国主要的两种 Y 染色体单倍群，O2 之下有 3 个主要的扩张节点以希腊字母 α、β、γ 命名。5 个早期族群的来源自西南按顺时针方向分别是高庙文化、仰韶文化、红山文化、龙山文化、良渚文化，另外 3 个小的类群来自后续的王湾三期文化、陶寺早期文化和陶寺中期文化）

永定河边上的东胡林遗址。汉语族与藏缅语族经历了两次分化[4]：①7 000 多年前南下黄河流域的人群后来形成仰韶文化，成为藏缅语族的起源；约 6 200 年前部分人群北上西辽河流域，形成红山文化，成为汉语族的起源。②约 5 300 年前红山文化人群南下，迫使仰韶文化部分人群西迁成为藏缅语族，而中原混合的人群成为初具规模的汉语族。

处于汉藏语族北方的满蒙族群，虽然不以农业为主，但是在早期汉语族先民北上的影响下，聚合形成了文化共同体。这一群体可能最早源于东北的细石器文化，以及在此基础上发展的早期玉器文化。特别是黑龙江的小南山文化等都可能与其有关。但是东北地区的早期文化多样性很高，存在多个族群系统的起源，例如芬兰-乌戈尔语族可能起源于辽西的赵宝沟文化。赵宝沟文化被红山文化覆盖，可能是芬兰-乌戈尔语族人群北迁的原因。而汉语族也在来自桑干河流域以南的人群和遗留的赵宝沟文化人群的混合中形成，所以汉语体现出明显的汉藏语和芬兰-乌戈尔语混合的形态[5]。

更北方的匈羯语族，在东西方人群扩张的影响下产生聚合。这个族群的核心 Y 染色体类型是 Q，是东亚人群的祖先四五万年前离开西亚以后，在青藏高原西侧分道北上进入北亚的分支，也就是过去说的蒙古人种北支。但是在长期的发展过程中，族群与从缅甸进入东亚的南支发生大量遗传交流。通过基因组进化分析发现这一类群大约在 1.6 万年前在西伯利亚发生过一次急剧的扩张，可能与气候回升过程中西伯利亚出现大片草原以及大规模狩猎人群的形成有关。而气候继续回升使得这一环境不再，人群四散迁徙，其遗传扩张影响了整个欧亚大陆和美洲大陆，也影响了东亚大多数族群[6]。

5 300 年前汉语族人群南下，影响了湖广地区的苗瑶祖先群体和江浙地区的侗傣祖先群体，并发生了大规模的人口融合。我们研究发现，广布于中国台湾地区、东南亚和太平洋的南岛语系人群与侗傣语系人群同源于江浙地区。精细谱系分析发现南岛祖先离开江浙地区的时间为 5 900 年前，当地马家浜文化结束，部分统治阶级在来自长江以北的大汶口文化的驱使下南迁。这为我国台湾岛，远一点的菲律宾、马来西亚、印度尼西亚、太平洋岛屿数亿人口找到了源头。而汉语族祖先的到来，使得马家浜文化之后的崧泽文化终结，在当地混合形成了良渚文化，这正是侗傣语系壮侗语族族群的起源。而崧泽文化统治阶级的西迁可能形成了侗傣语系仡黎语族群体[7]。崧泽时期南方最发达的是凌家滩文化，很可能是一个原始政权中心。凌家滩文化有苗瑶文化的背景，这可能与仡黎语族兼有侗傣语和苗瑶语特征有关。而壮侗语族兼有侗傣语和汉语的特征，也可能与良渚文化的混合起源有关。

大约5 300年前，中国境内的五个考古区系大多发生了文化变革。东北的红山文化大规模南下。中原的仰韶文化大体西迁，覆盖西北的大地湾文化变成马家窑文化。南方中心的凌家滩文化被摧毁。江浙的崧泽文化发展为良渚文化。湖广的大溪文化"灭亡"，屈家岭文化开始。只有山东的大汶口文化基本稳定。这说明中国发生了一场全国范围内的巨大政治变革，来自东北的力量几乎影响了全国。这种变革在中国人群的遗传结构中也可以观察到。这可能与传说中蓟地的轩辕黄帝的兴起有关，也与汉族成为中华民族融合核心有关。

以往认为民族的形成主要是不断分化的过程。通过遗传谱系分析我们发现，各个民族之间共享的基因类型非常普遍，而这些共享类型的分化时间大多在新石器时代的民族形成期，所以证实民族类群主要是聚合形成的，族群之间的交流融合多于分化，中国各民族的形成过程伴随着不断的人口重组。

聚合与派生中形成的中华民族共同体

文明和民族是分不开的，文明是民族文化的积累和升华。中华文明的形成恰恰是中华民族共同体形成的产物，或者说两者互为因果，协同发展。对遗传学、语言学、考古学、历史学、神话学、民俗学等领域的综合证据进行分析，可以清楚地看到中华文明的主体完全根植于中国，是本土自生的。在冰期结束的过程中，中国南方萌发了世界最早的农业，湖广地区的人群开始驯化水稻，江浙和燕云的农业也随后迅速发展。这奠定了中华文明的基础。

同时，中华文明海纳百川，在千百年的发展中与其他文明交流互鉴，很好地促进了中华文明的发展。但如果因为部分的交流互鉴而提出所谓的"中华文明西来说"，则是非常荒谬的，各个学科领域都有明确科学证据予以反驳。遗传学的证据非常清晰地显示中国人群的主体基因谱系都是本土起源的，在盛冰期结束前数万年已进入中国，在 5 000～7 000 年前就完成了文明起源过程中的家族父系谱系扩张。经谱系分析年代计算，现代人群中累计少于 8% 的各种外来成分，都是晚于距今 4 000 年的[8]。这就证明，在外来人口进入之前，中华文明就已经起源。而文明的起源点，应该就是父系谱系的扩张原点，因为父权社会中财富积累和继承决定了父系谱系的扩张。我们通过古代人骨 DNA 检测，发现最早的一个扩张原点是湖南的水稻起源地[9]，长江中下游地区的水稻驯化可能是世界上最早的农业起源。这证明中华文明起源于本土最早的农业人群，而不可能是西亚文明的衍生文明。

中华民族的主体起源于中国，那么在中国境内是否由数个族群完全独立起源的呢？现在学界流行一种"多元一体"理论过度异化而来的"中华民族多源说"。"多元一体"理论应该指的是农业和文化的起源有多元素，而后发展成一体化的民族集团，并不是民族有多个起源，更不是各个族群起源不同。对于"中华民族"和"中华民族共同体"的认识，有一个"名"和"实"谁先谁后的问题。社会团体可以先有"名"再构建"实"，而自然事物基本上应该是先有"实"体再据此赋予一个"名"称。我们有大量遗传学数据可以证明中华民族"实"先于"名"。很多民族学研究者认为，中华民族这一"名"，是民国初期提出的，是基于反侵略、反殖民的需求构建起来的，从而才开始有中华民族的"实"体，甚至有人认为中华民族的实体至今仍在构建中，这是非常唯心主义的观点。部分学者认为汉族叫作"汉"族，必然是汉朝以后的事情，历史考证显示五胡十六国时期外族压迫才使中原人群自称"汉人"，因此认为汉族是晋代以后形成的。这就把主观认识的"名"凌驾于客观存在的"实"之上了。从历史唯物主义的角度看，汉族是一个有稳定的文化和遗传传承的族群，无论被叫作华人、夏人、唐人或者其他什么，只要稳定地传承发展汉语，以天人合一等思想的"道"为族群文化标记，以三皇五帝为共同的血缘认同，这一群体就是汉族。所以无论是秦始皇，还是周文王、尧、舜、禹，实际上都属于汉族，都不可能被排除出汉族的范围，不然历史逻辑就荒诞了。这样的道理很简单。举个更近的例子，云南的德昂族过去被叫作崩龙族，如果按照某些以"名"为准的观点，在改名之前德昂族就不存在了？实际上改名前后德昂族没有任何变化，所以"名"没有害"实"，谁都不能否认德昂族已经存在了上千年。

中华民族和中华民族共同体也是一样的。中华民族共同体虽然是在当代的习近平新时代中国特色社会主义思想中提出的，但这一名称的提出是基于这一实体的客观存在。我们很容易从人类学的角度证实这一点。中国各民族之间有大量共享谱系和同源谱系，远大于域外人群，中华民族有共同的遗传背景。中国目前的 55 个少数民族都与汉族有共享遗传世系，人口越多，共享成分越多，例如藏族、蒙古族、维吾尔族都有很高比例的汉族主体的 Y 染色体 O－M134 类型。中国各语系、各民族都是在较晚的历史中分化形成的，在新石器时代早期的转型中，没有民族概念的散在狩猎采集人群渐渐聚合成了中华民族的雏形，没有现代式的民族分化和文化隔离。由于各地领导家族之间的利益冲突，部分人群迁到了边缘地区，从主流人群中分离出来，渐渐形成了少数民族；而留在中部地区的主要人群融合形成了汉族。这才有了民族的分化。所以中华民族是先融合再分化形成的。中华民族从人群的角度分析，既有融合形成的主体特征，也保留着多元文化交融的印记。考古中看到的文化区系只是次要的地方特色，是民族形成之前的族群初步聚合。中华民族因为先有"实"体，才能被命"名"，"实"在"名"前，是被广泛接受的基础。

对上古族群结构开展精细研究的基础，在于对中国人群父系 Y 染色体遗传谱系的精细研究和遗传精准估年方法的建立。精确的遗传估年可以定位遗传谱系中特殊事件的发生年代，从而解答相关历史问题。Y 染色体是男性特有的遗传材料，所以在家系中男性间直系传承，不受混血影响。家系中 Y 染色体序列的传承是相对稳定的，是用来分析突变率，构建人类进化分子钟的最佳材料之一。对 Y 染色体进行全序列分析可用以寻找新的单核苷酸多态性（SNP）位点，计算突变率。为进一步节约、合理利用资源，复旦大学的分子人类学团队改进了原有测序方法，利用 DNA 标签序列来区分不同样本来源，再合并样本，自主设计序列捕获诱饵阵列获得 Y 染色体片段，并用 Solexa 进行高通量测序，提高了 Y 染色体测序效率，极大降低了成本，已达到世界最前沿水平。以此方法，我们对多个有记录的大跨度深结构家系进行 Y 染色体全序列分析，得出的 Y 染色体点突变率为 $2.02\times10^{-8}\sim3.8\times10^{-8}$ 突变/代，这是迄今最准确的突变率。利用 Y 染色体的分子钟从后代的基因序列多样性估算祖先人物的生活时间，结果误差从原来的大于 1000 年缩小到小于 50 年，为遗传学应用于历史研究并开创历史人类学领域提供了一种十分有效且可信的研究方法。

利用这一技术，复旦大学的分子人类学团队在中国人群的大规模分析中，发现了中国人群 Y 染色体非重组区的近 2 万个新的 SNP 位点。用这一系列高质量序列重构了中国人群相关的 Y 染色体 C、D、N 和 O 的精细演化树，并重新计算了 Y 染色体主要分支节点和相关东亚族群的分化时间。团队在演化树上观察到，约 6 000 年前，Y 染色体 Oγ - F11、Oβ - F46、Oα - F5 三个个人节点出现了迅速扩张，这三个人分别在数代内产生了上千个后代，其后裔在现代中国人中超过 40%，成为中国人的三个超级遗传祖先[10]。在三个大节点之后，还有三个迅速扩张的相对较小的节点。这六个人的直系后代占现今中国 Y 染色体的 70% 以上。这应该是文明早期国家形成和领袖产生的一种迹象，也就是中华民族形成的第一个阶段。与超级祖先相关的时间、地点及古史传说中的帝王、考古发现的早期大型陵墓都吻合。三个超级遗传祖先的年代估算结果分别为距今约 6 800 年、6 500 年、5 400 年。有些学者认为不应该把传说中的上古人物与遗传谱系和考古遗址对号入座，这种观点并不符合科学逻辑。首先，上古传说虽然因为流传太久而出现版本多样性，但不能简单否定其历史背景的真实性，而是需要科学验证，与遗传学和考古学对照就是一种科学验证。其次，历史真相必然能够从各个角度检验且都能得到对应的结果。不能"对号入座"，可能就不是历史真相，可能是某些学科角度的观察发生了严重扭曲。实际上我们观察到的中华民族上古史和现代中国各族的共同上古史，在遗传学、神话学、考古学、语言学、民族学等领域都能完美对应。尤其是三个最早的超级祖先，是现代汉族群体的核心成分，也是中国其他各个族群的主要类型，他们的起源发现于不同的考古区系。

（1）距今约 6 800 年，是中国已发现的第一座城市始建的年代，在稻作起源的湖南沅江流域澧县发现了城头山古城。我们突破了南方人骨腐败程度高的技术难点，检测了城中年代最早、规格最高的墓葬主人的基因组，发现其 Y 染色体正是中国三大谱系中的第一个 Oγ - F11 的早期类型。结合这一古城所属的高庙文化出现的大量"凤鸟""八角星"图案等文化特征，这一个体与传说中的中华人文始祖"伏羲"高度吻合[11]。

（2）距今约6 500年，在河南濮阳西水坡遗址留下了一个巨大的陵墓，属于仰韶文化鼎盛时期。这一墓葬中围绕墓主人用蚌壳摆塑着天象，东侧是青龙，西侧是白虎，北侧是北斗，南侧是南方七宿的动物造型，象征着墓主人的崇高地位，疑似传说中的"神农"。后续通过检测墓主人的基因组，可以确认其是否为第二个谱系的源头。通过对仰韶文化中年代略晚于西水坡大墓的贵族墓葬进行检测分析，我们发现这些墓主的基因组主要归属于第二个谱系。基于这一谱系在时间序列上的延续性特征，可合理推断：西水坡大墓的墓主极有可能同样属于该谱系。

（3）距今约5 400年，在辽宁、河北、内蒙古交界处的辽宁建平县牛河梁山岗上，红山文化先民开始建造金字塔形的积石冢、神庙和祭坛，已发现的16个积石冢排布成轩辕星座的造型。我们检测了最早且最大的积石冢墓主遗骸的DNA，发现其为第三个谱系的源头。这一遗址始于红山文化的鼎盛期，出现了大量龙凤玉雕，与传说中的"轩辕黄帝"高度吻合[12]。

更重要的是，这三个考古区系和遗传谱系及其代表的族群文化，与现代民族群体的文化也有明显传承关系。高庙文化的高级陶器上往往用点刻方式刻画大量图案，主要是巨目曲喙凤鸟、八角星、建木、夔龙造型。其中八角星是现存水书《连山》中的八卦造型，在今天的苗瑶族群中广泛使用。这些造型反映了典型的苗瑶族群文化，也大量融入汉族文化。

仰韶文化的彩陶纹样中最典型的是太阳、双鱼、螺纹、网纹、太极、花朵等，这是现在的藏缅族群的典型文化符号。例如藏族的传统图案吉祥八宝，在仰韶文化彩陶中都能找到可能的源头。藏缅族群传统的文化习俗圆圈舞，在仰韶文化的后续——马家窑文化彩陶上也清晰地绘制着。所以我们有理由相信，仰韶文化-马家窑文化是藏缅族群的源头；同时太极、中国结等文化也完全融入了汉文化中；牡丹也长期被视为中国人最喜欢的"国花"。

藏族的吉祥八宝图案在代表仰韶文化的彩陶中都能找到可能的源头

汉族虽然融合了大量远古族群的文化要素，但是其文化核心应该来自红山文化。红山文化以大量玉器的使用为特征，玉器的代表造型是龙和凤、玉瑁冠冕、玉鳌玉龟、熊头燕子、终葵砭刀……这些造型元素对后世中华文明产生过影响。红山文化分布于燕山以北，与传说中的轩辕黄帝部族发源地一致。《山海经·北山经》所述的"北次三经"即太行山至大兴安岭一线，牛河梁遗址正是北次三经中的轩辕坟所在。而轩辕黄帝无疑是汉族公认的最重要的祖先，所以汉族主体起源于东北是遗传学、语言学、考古学和神话学证据都可以对应一致的。

　　以上三个文化和族群的扩张是中华民族最早的起源。此外山东一带的后李-北辛-大汶口文化区系和江浙一带的上山-马家浜-崧泽-良渚文化区系也是关键的源头。在红山文化扩张之后，大约 4 500 年前大汶口文化开始向西扩张，与中原融合形成龙山文化，可能代表了少昊时代的开启，成为汉族人口的主要来源之一。从遗传谱系上看，大汶口文化的大量谱系来自高庙文化，如果高庙文化是太昊伏羲氏族群，那么少昊与太昊有传承关系也是合理的。大汶口文化是否派生出历史上的东夷族，是否有现代民族作为主要后裔，目前还有待研究，一般认为东夷族后来完全融入汉族。瑶族称与高辛帝有关，高辛就是帝喾，帝喾、帝舜都是来自山东少昊一脉，苗族、瑶族之分或与太昊、少昊相关。

　　良渚文化起源于 5 300 年前的大变革，族群于约 4 500 年前北扩。此后大汶口文化遗址中出现了良渚贵族的遗存。这可能就是传说中颛顼时代的开始。较早的良渚文化和较晚的进一步融合的石家河文化，都以夸张的人头像造型为典型特征。而"顼"字就是"玉首"。约 4 400 年前，颛顼时代可能被帝喾时代取代[①]，颛顼族群分两个方向迁徙，中原部分迁到西北覆盖马家窑文化形成齐家文化，江浙部分的统治阶级南迁到两广的石峡文化而后发展成侗傣族群。良渚文化遗骸和现代侗傣族群中大量检出的 Y 染色体 O1 - M119 类型证实了这一发展关系。齐家文化与良渚文化一样，以大量使用玉琮、玉璧为显著特征，而疑似齐家文化统治中心的陕北石峁古城甚至出土了大量直接来自良渚文化的精美玉器。约 4 000 年前石峁人群的南下迁徙，可能就是夏朝的重要起源线索，同时也是汉族人群的主要构成成分之一。

---

① 传世文献对于早期历史的时间误差比较大，战国的文本对此事件的时间就有若干不同版本。民国初年学界曾对此有过探讨。文中所写时间是目前有考古证据支持的一个年份。

中华民族共同体的上古起源

　　这一系列研究，拨开了中国上古史的迷雾，可以证实中华文明与其他三大文明一样有六七千年的历史，而不是西方某些研究者用双重标准宣称的只有三千年历史。对历史学界和考古学界部分人所持的否定中国上古史、否定三皇五帝真实性的观点，也是有力的反驳，为重建中国上古史奠定了科学基础。基于对中国上古史的科学重建，中华民族共同体的起源也就非常清晰了。中国的五个农业区既形成了五个考古文化区系，也形成了数个语系的源头。这五个区系陆续兴起和扩张，构建了原始政权，对应了中国传说中最早的上古帝王：伏羲、神农、轩辕、少昊、颛顼。此间部分人群迁到偏远地区，渐渐成为少数民族甚至外国民族，而大部分人口融合成为汉族。在历史发展中，中华民族持续不断地发生语言、文化和基因的交流。这就是为何中华各族之间存在大量的语言、文化、基因的共享。中华民族共同体的起源实际上与早期民族的聚合形成是同步的，甚至可以说中国各民族都起源于上古时期的中华民族共同体。

　　我们构建的精细的基因分子钟也可以研究不同历史时期家族的变迁和人物间的关系。通过对现代家系与古代人物遗骸 Y 染色体进行比对，我们确定

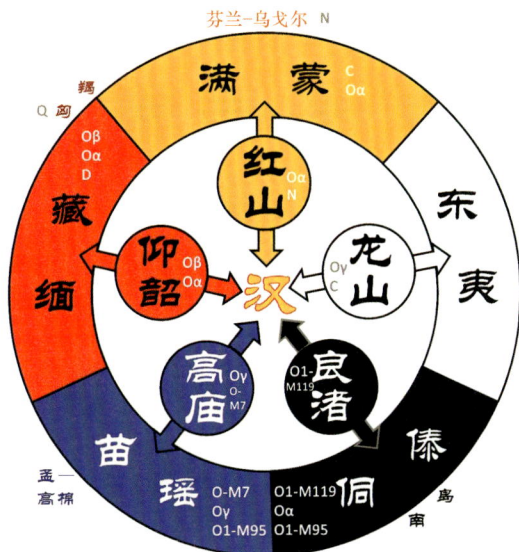

中华民族共同体形成模式——融合与派生

了汉、魏、晋、宋、金、元、清等皇室家族的血统起源，解答了大量历史谜团。例如，通过对曹操后代家系的遗传学梳理，确定了曹操的基因标记和身世，证实曹操的父亲是从家族内过继的，而不是异姓收养，解决了历史学遗留一千多年的问题。有一些现象是历史上没有记载而且不可能知道的，但是通过基因的分析却能突破普通人的认知，发现历史真相。例如，我们的基因研究发现辽代的耶律氏的 Y 染色体类型 N‐M128 来自西周的黎国君主，金代部分完颜氏样本与晋代王羲之所属的琅琊王氏有关。中华民族共同体内的交流强度是超乎想象的。

结　语

我们的研究开创了用分子生物学手段研究历史疑难问题的历史人类学领

域。历史学的研究，以往只能通过对传世文献的梳理、考古发现的比较研究来推进，其模式为"文本→文本"，解析精度和客观性都有限。而精细遗传学分析的介入，创建了"文本→科学证据→文本"的历史人类学新模式，使得历史分析的精度大大提高，进一步打破社会科学与自然科学之间的界限。这正是"中华民族共同体"研究的重要守正创新。随着人类学各分支领域的深化发展，尤其是大数据运算与人工智能技术的赋能支撑，一系列系统性、全面性的研究方法应运而生——基因组学、表型组学等组学研究已成为人类学的核心发展方向。这种以组学为纽带的研究范式，通过整体观的构建打破了学科壁垒，使不同领域的学术视野得以重叠交织，进而推动多维度证据的协同聚焦。在此过程中，历史的脉络逐渐从模糊走向清晰，那些曾被视作"无法分辨"的上古史细节，正依托跨学科的技术手段被逐一解析。正是这一学术背景的革新，推动中国早期历史研究真正步出"疑古时代"，曾经笼罩在"三皇五帝"身上的传说迷雾，正随研究的深入而愈发消散，历史真实性逐渐显现。

参考文献

［1］ Wang C C, Li H. Inferring human history in East Asia from Y chromosomes ［J］. Investigative Genetics, 2013,4(1):11 - 21.

［2］ Wang C C, Ding Q L, Tao H, et al. Comment on phonemic diversity supports a serial founder effect model of language expansion from Africa ［J］. Science, 2012,335(6069):657.

［3］ Li H, Wen B, Chen S J, et al. Paternal genetic affinity between Western Austronesians and Daic populations ［J］. BMC Evolutionary Biology, 2008,8:146.

［4］ Wang L X, Lu Y, Zhang C, et al. Reconstruction of Y-chromosome phylogeny reveals two neolithic expansions of Tibeto-Burman Populations ［J］. Molecular Genetics and Genomics, 2018,293:1293 - 1300.

［5］ 李尧,王晓斌,刘慧.随园文心　李葆嘉先生七秩同乐文集[M].南京:河

海大学出版社,2021:148－161.

［6］Huang Y Z, Pamjav H, Flegontov P, et al. Dispersals of the Siberian Y-chromosome haplogroup Q in Eurasia ［J］. Molecular Genetics and Genomics, 2017, 293(1):107－117.

［7］Sun J, Wei L H, Wang L X, et al. Paternal gene pool of Malays in Southeast Asia and its applications for the early expansion of Austronesians ［J］. American Journal of Human Biology, 2020,33(3):e23486.

［8］Xu D, Li H. Languages and genes in Northwestern China and adjacent regions ［M］. Singapore: Springer Singapore Pte. Limited, 2017.

［9］Yu X E, Li H. Origin of ethnic groups, linguistic families, and civilizations in China viewed from the Y chromosomes ［J］. Molecular Genetics and Genomics, 2021,296(4):783－797.

［10］Yan S, Wang C C, Zheng H X, et al. Y chromosomes of 40% Chinese descend from three Neolithic super-grandfathers ［J］. PLoS One, 2014,9(8):e105691.

［11］贺刚.湘西史前遗存与中国古史传说[M].长沙:岳麓书社,2013.

［12］郭大顺.红山文化[M].北京:文物出版社,2005.

从"粑粑"到"治病良方"：
揭秘变废为宝的新"魔法"

王新军　秦环龙

王新军，苏州市立医院（南京医科大学附属苏州医院）助理研究员，从事难治性重大慢病表型组学大数据分析及"菌-肠-器官轴"粪菌移植（FMT）干预机制研究；以第一作者/通讯作者身份在《肠道微生物》（Gut Microbes）、《分析化学》（Analytical Chemistry）、《科学通报》（Science Bulletin）等高水平期刊发表SCI论文9篇，获授权国家发明专利8项；主持国家自然科学基金1项，省部级课题2项，作为核心技术骨干或子课题负责人参与完成国家重点研发计划、上海市战略性新兴产业项目等国家重大攻关课题7项。

秦环龙，苏州市立医院（南京医科大学附属苏州医院）教授、主任医师；国家重点研发计划首席科学家，国家卫生健康突出贡献中青年专家，入选国家"百千万人才工程"；担任中华医学会肠外肠内营养学分会候任主任委员，中国人体健康科技促进会肠道微生态与肠菌移植专业委员会主任委员，工信部肠菌移植产业创新平台主任；主编著作5部，参编著作9部；申请国家专利36项，获授权10项；主持国家自然科学基金重点项目2项；发表SCI论文120余篇，总影响因子超过1200。

随着社会老龄化加剧、年轻人工作压力增大，人们罹患的肠道疾病的种类和治疗难度正发生着显著改变：药物干预性肠道病变增多，慢病合并消化道病变显著增加，70 岁以上老年人合并消化道病变比例高达 32%，肠道外病变如阿尔茨海默病、帕金森病、抑郁症合并便秘比例高达 90%。新的"不治之症"，如孤独症、炎症性肠病等在肠道疾病中的比例越来越高。然而不幸的是，传统的药物治疗方案没有迅速适应现代化社会肠道疾病谱的改变，出现大量难治性的患者；并且由于抗生素等现代化药物的使用，新的肠道疾病（如免疫治疗相关肠炎等）陆续出现[1]。因此亟须寻找安全、有效、可负担、易实施的新型治疗方案。

肠菌理论引领 21 世纪医疗技术变革

早在公元前 4 世纪，"西方医学之父"希波克拉底（Hippocrates）就提出"万病始于肠"的科学理念。最新研究表明，绝大部分慢性疾病，包括便秘、腹泻、肥胖、抑郁、脂肪肝、孤独症、心血管疾病、阿尔茨海默病等，都与肠道菌群失调相关[1,2]。肠道菌群通过参与宿主的饮食代谢，产生多种调控分子，如短链脂肪酸、胆汁酸、激素等，调控人体远隔脏器，影响宿主的营养吸收、免疫响应、脂肪存储、大脑兴奋性、血糖水平。当人体肠黏膜屏障缺损时，肠道菌群还可以直接易位到远隔脏器引起局部炎症，并且参与肠道肿瘤的远端转移。因此，挖掘肠道菌群与疾病之间的本质联系，通过修复肠道菌群的健康稳态来改善疾病症状，已成为 21 世纪临床治疗的颠覆性策略。

事实上，早在我国古代东晋时期，葛洪所著的《肘后备急方》中便已有肠道菌群治疗伤寒的详细描述，即"若已六七日，热极，心下烦闷，狂言见鬼，欲起走，……又绞粪汁，饮数合至一二升，谓之黄龙汤，陈久者佳"。现代医学靶向肠道菌群大规模治疗疾病的临床实践则始于最近 10 年，这种疗法被称为"粪菌移植"（fecal microbiota transplantation，FMT），是将健康人粪便中的功能菌群经一定的方式移植到患者肠道内，从而调控肠道微生态平衡、重建肠道菌群，达到预防和治疗肠道内外疾病的目的。目前该疗法已应用于超过 80 种疾病的临床治疗，尤其是对一些应用传统治疗方案无效的疾病（如复发性艰难梭菌感染等）可以发挥奇效，是一项安全、有效的新技术[2,3]。

国内 FMT 疗法的临床应用始于 2010 年前后，历经 15 年重大/复杂疾病实践，累计治疗超 10 万例患者，推动其从争议走向规范。FMT 疗法的响应规律也逐渐被揭示：急性肠道炎症优于慢性肠道炎症，功能性肠道疾病优于器质性肠道疾病，肠道疾病优于肠外疾病，具有肠道症状的肠外疾病优于没有肠道症状的肠外疾病。具体来说，FMT 治疗复发性艰难梭菌感染的有效率可以超过 90％；治疗便秘和肠易激综合征等功能性肠道疾病的有效率约为 65％；治疗炎症性肠病等器质性疾病的有效率约为 58.4％；治疗帕金森病等伴有肠道症状的肠外疾病的有效率约为 48.3％；治疗没有肠道症状的肠外疾病的有效率仅为 40.4％[1]。通过对 8 547 名患者进行 5 年随访，证实 FMT 不良反应多为短期的、自限性的，主要是腹泻、恶心、呕吐、因鼻肠管放置引起的不适症状[3]。因此，FMT 是一种安全、有效的"绿色"治疗方案，并且其应用领域在世界范围内迅速拓展，正在引领 21 世纪医疗理念和诊疗技术的变革。

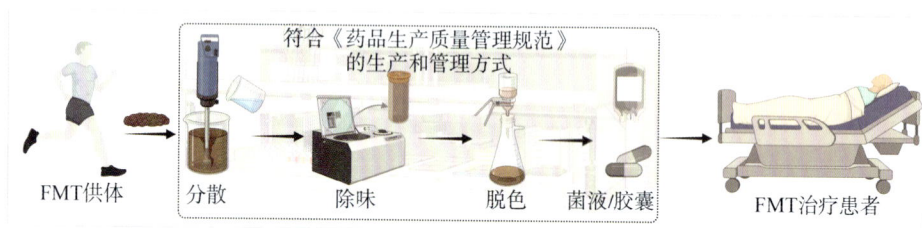

FMT 治疗疾病的流程示意图

揭开 FMT 疗法的神秘面纱

FMT 疗法由供体、受体、治疗方案三部分构成，其中有效供体的筛选是决定 FMT 成功的关键因素。目前国际上对于 FMT 供体的筛选经过了三个阶段的理念革新：第一阶段，FMT 供体的筛选标准只有疾病史和用药史；第二阶段，在上述基础上进一步增加了对生活史的筛选；第三阶段，进一步增加了个人史和血液/粪便的实验室检测。我国作为 FMT 疗法的发源地，对于供体的筛选标准遵循"五步六维度"的规则，比国际标准更为严格和规范，需要综合考虑供体的心理、生理、个人史、稳定性、持续性、食物耐受性共 6 个方面的健康状态[4]。按照目前的国际标准，供体筛选只考虑年龄、身体质量指数（BMI）、疾病史、用药史等因素，FMT 应用的有效率只有 42.8%，不良事件发生率高达 30.7%，甚至包含严重的死亡事件；但是严格遵守"五步六维度"的筛选规则，FMT 应用的有效率可以提升至 68.7%，不良事件发生率可以降低至 20.1%，且只有轻度到中度的自限性症状[4]。这些健康供体是健康菌群的重要来源，对于患者失调菌群的矫正至关重要。

那么，哪些患病人群可以通过 FMT 恢复肠道稳态并且改善疾病症状呢？目前，临床指南及专家共识推荐利用 FMT 治疗复发性或难治性艰难梭菌感染。除此之外，针对消化系统疾病（如炎症性肠病、肠易激综合征、功能性便秘、肝硬化等）、神经、精神系统疾病（如癫痫、孤独症、抑郁症、帕金森病、肌萎缩侧索硬化症等）、代谢性疾病（如糖尿病、肥胖症、脂肪肝、高脂血症等）、免疫系统疾病，过敏性疾病以及移植物抗宿主病等，FMT 疗法均显示出较好的响应性。此外，FMT 还可以作为肿瘤免疫治疗的增敏增效剂，提高患者对免疫检查点抑制剂疗法的治疗响应[1]。

但是，需要特别注意的是，FMT 疗法并不适用于所有情况，当患者存在以下禁忌证时，极不推荐盲目使用 FMT 疗法：①伴有脓毒症、消化道活动性出血、肠穿孔等肠屏障严重受损的患者；②暴发性结肠炎或中毒性巨结肠患者；③因严重腹泻、显著纤维性肠狭窄、严重消化道出血、高流量肠瘘等无法耐受 50% 热卡需求的肠内营养的患者；④先天或获得性免疫缺陷病患者；⑤近期接受高风险免疫抑制或细胞毒性药物治疗者；⑥成人中性粒细胞＜1 500/毫米³ 或儿童中性粒细胞＜1 000/毫米³ 的患者；⑦怀孕或哺乳期女性。

明确了供体和受体特征，接下来如何将健康供体的菌群移植给患者呢？目前国际上主要的移植途径有 4 种：鼻肠管途径、口服途径、肠镜途径和灌肠途径。对于营养不良的患者，或者病变同时累及小肠和大肠的患者，首推鼻肠管途径[1,3]。对于不能耐受鼻肠管的患者，例如老人和儿童，推荐使用口服胶囊进行 FMT 治疗。对于病灶局限于结肠且 FMT 单次疗效较好的患者，推荐使用肠镜途径进行治疗。对于病灶局限于直肠或乙状结肠的患者，推荐

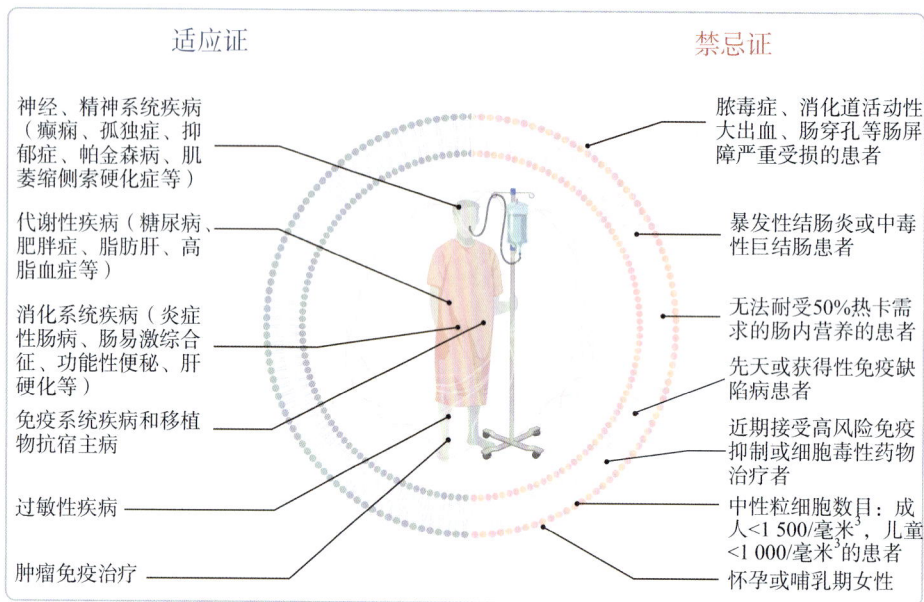

FMT 疗法的适应证和禁忌证

使用灌肠途径进行治疗。通常情况下，推荐住院患者选择鼻肠管途径进行 FMT 治疗，巩固治疗的患者通过口服途径进行 FMT 治疗。

现代化工艺推进 FMT 疗法标准化发展

FMT 主要通过菌液或其冻干后封装的胶囊进行移植，而现代化工艺可以让这些移植物的生产制备更加标准化和规范化。

用于 FMT 移植的健康菌群采用可溯源的新鲜粪便制备，由供体在特制的马桶上采集，以确保菌量、活性、菌群来源的可溯性，并且避免尿液和污水的污染。随后，将样本迅速冷却至 4 摄氏度，送至符合《药品生产质量管理规范》（GMP）标准的生产车间，6 小时内完成肠道菌群提取，过程中严格保持厌氧环境以确保菌群的活性。

健康菌群的提取采用全自动智能肠菌分离设备。通过将不少于 100 克的粪便与生理盐水混合加入该设备，实现全过程的自动搅拌、过滤、分离。整个处理过程均在密闭控制单元内完成，从而避免外源性细菌污染，最终生成符合治疗要求的菌液。每批次菌液都随机抽取 5% 进行冻存留样，用作治疗后的追溯。

制备的菌液经 4 摄氏度离心，加入脱脂奶粉联合甘油作为冻干保护剂，利用冻干技术从菌液中提取活性菌粉，采用耐酸羟丙基甲基纤维素胶囊进行封装，确保活性菌群可以在肠道中释放，避免胃酸的破坏。

每次制备的菌液和胶囊在 FMT 应用前均随机抽样进行致病菌检测、活菌计数、微生物组基因测序分析，确保移植物中艰难梭菌、弯曲菌、沙门菌、志贺菌、产志贺氏毒素大肠埃希氏菌及虫卵、囊泡、寄生虫、孢子、诺如病毒、轮状病毒和新冠病毒等病原学检测阴性，多重耐药基因检测阴性。移植所用菌液的细菌活性不低于 80%，并且活菌数不低于 5×10^8 个/毫升；胶囊封装的细菌活性不低于 70%，并且活菌数不低于 1×10^9 个/克。

上述标准化的 FMT 移植物制备流程均已被写入《肠道菌群移植临床应用管理中国专家共识（2022 版）》和《上海市菌群移植技术管理规范（2021 年版）》，帮助 FMT 技术在国内安全、高效、便捷、可控地推广应用。

定植拮抗是 FMT 应用的"瓶颈"问题

肠道菌群被誉为人体的"隐藏器官"，因此肠菌移植技术在一定程度上可以视为"器官移植"，不可避免地伴有定植拮抗的问题，因此如何精准地将健康菌群移植给所适用的患者是当前 FMT 临床应用的重要技术难题。

微生态学研究结果表明，肠道微生态群落的初始形成和干预后的恢复力强弱都取决于菌株定植于肠道的先后顺序[5]。也就是说，患者肠道的已有菌群（也叫作原籍菌）会通过多种途径抑制供体的健康菌群在受体肠道内定植。当前 FMT 疗法的菌株定植率普遍不足 50%（部分艰难梭菌感染病例 FMT 菌株定植率可能高于 50%），并且随着疾病的复杂程度增加、微生态失调程度加剧，供体健康菌群的定植效率显著降低。

原籍菌影响供体菌定植的主要机制是生态位抢占，表现为原籍菌和供体健康菌在肠道营养和生存空间上的竞争。在开展 FMT 治疗之前，患者的原籍菌便已经在肠道生态位中建立优势地位，特别是其可以优先占据黏液层中的黏蛋白附着位点，并利用其上的唾液酸修饰基团作为碳源进行生长；而新移植的健康菌群无法第一时间获得这些附着位点，导致移植菌群只能停留在肠腔，并且随着肠蠕动逐渐排出体外。需要特别强调的是，抗生素治疗并不是非常推荐的去除原籍菌的方法，一方面是因为这种治疗方案对于黏膜菌群并不敏感，另一方面是其会显著破坏"肠道食物链"，导致双歧杆菌等"初级生产者"不可逆地减少，进而导致移植的健康菌群因缺少"食物"而更加难以定植。

除了生态位的抢占机制外，患者的原籍菌还可以通过改变肠道微环境来阻止供体移植菌的定植，这种机制被称为生态位抑制。与生态位抢占不同，生态位抑制主要通过原籍菌诱导的宿主免疫响应驱动。例如，产生短链脂肪酸的菌可以通过刺激肠上皮细胞释放抗菌肽，降低移植菌群的活力并抵制其定植。此外，原籍菌还可以直接下场，通过细菌间相互作用直接杀死移植菌群。例如，机会致病菌粪肠球菌可以分泌肠毒素选择性地杀死邻近的乳杆菌。

幸运的是，随着临床大队列研究的开展，肠道菌群之间的定植拮抗规律逐渐被揭开。目前比较公认的两条规则是"远亲近斥"和"全有或全无"。"远亲近斥"规则体现的是遗传发育距离相近的菌株拥有极为相似的营养和空间，因此优先占据生态位的原籍菌会排斥移植的健康菌；而遗传发育距离较远的菌株倾向于占据"肠道食物链"的不同环节，因此更有机会获得定植优势。"全有或全无"规则体现的是定植拮抗以菌种为单位进行，如果来源于供体的某个菌株可以定植，那么该菌株的相同种菌株都可以在患者肠道内定植；反之，若该菌株无法在患者肠道内定植，则其相同种的菌株都无法定植。这些规律的发现为大数据模型的开发奠定了理论基础，通过先进的供体-受体匹配算法可以精准地为患者找到合适的健康菌群，提高健康菌群在患者肠道内的定植率，进而改善疾病症状。

大数据平台辅助 FMT 精准应用

为了实现 FMT 供体和受体的精准匹配，我们建立了 FMTdb 数据库（gift2disease. net/FMTdb/），收录了数千名患者接受 FMT 治疗前后的临床特征和肠道菌群微生物组学测序数据，以及近万名健康人群和各类疾病人群的肠道菌群数据[1]。通过最新的宏基因组分箱算法，可以实现菌群数据的菌株水平注释，有助于解析各类疾病患者区别于健康人的菌群失调模式。基于该算法，我们已经成功建立 18 种疾病的肠道菌群分类模型。这些分类指征可以作为 FMT 预后响应的关键指标，用于供体-受体的精准配型。

FMT 供体-受体的精准配型可以通过两种机器学习模型实现，一种是基于大型临床队列开发的随机森林模型，另一种是基于 FMT 预后相关因子开发的层次分析决策模型。随机森林模型的优势是可以根据原籍菌对移植菌的定植拮抗规律预测患者接受 FMT 治疗后的菌群组成和丰度，然后根据预测结果确定接受 FMT 后"健康菌"和"疾病菌"的稳态指数，稳态指数越高表示菌群健康程度越高，进而用于选定最优供体。层次分析决策模型则是利用与 FMT 预后正相关的因子作为决策参考，对所有移植菌群与患者的匹配度进行打分，从而快速找到患者最适宜的健康菌群。

在大数据平台的辅助下，部分疾病的 FMT 疗法供体-受体的匹配成功率可以高达 90%，并且随着数据库所收录病例数量的增加，全新的 FMT 治疗响应规律以及菌群分子分型结果将陆续提出，最终提升 FMT 在各类疾病治疗中的总有效率。

FMT 疗法的发展新机遇

肠道菌群是人类唯一可以共享的"器官"，随着微生态理论和技术的不断革新，FMT 将在新时代肠内和肠外疾病治疗中发挥越来越重要的作用。尽管目前国内外的临床研究已经取得了众多卓越成就，但在智能医疗的大背景下，仍然存在一些技术难题需要持续攻坚，从而使 FMT 疗法更加精准化、规范化、科学化。

移植物生产工艺的改进

目前 FMT 移植物主要有菌液和冻干菌粉两种，在 FMT 应用中均已被报道发生过呕吐等不良事件，因此强调产品生产工艺中需要高效的脱色和除味步骤。并且，现有 FMT 产品在体积和移植途径方面对于婴幼儿患者群体并不友好。为了应对这些挑战，需要开发尺寸更小且不影响菌群活性的新 FMT 产品。在这方面，3D 打印技术似乎是一个可行的解决方案，它可以制备更小、更可控的 FMT 滴丸或胶囊，有助于提高 FMT 的适用性。此外，复合细菌或孢子成分的加入也将是一种极具价值的改进方案，可以从根本上提高 FMT 移植物的可控性和批间一致性，从而为患者提供更有针对性和更有效的干预。

FMT 个性化精准治疗方案定制

FMT 治疗疾病的有效性在不同个体间存在显著异质性，这表明存在与各种病理和疾病特征相关的普遍性生态失调特征。利用更高分辨率的分析方法和定量检测技术可以识别这些特征。在此基础上，深入解析菌群的相互作用，绘制完整的原籍菌定植拮抗网络，结合改进后的移植物制备体系，有望实现对特定患者的个性化菌群精准干预。

工程菌和噬菌体的 FMT 应用

针对定植拮抗问题，一个可行的解决方案是分离、培养和定向改造患者的肠道菌群，通过类似水平基因转移等菌群互作的常规途径，赋予患者肠道菌群独特的生物学功能，从而起到治疗疾病的作用。由于分离的菌群来自患者自身，因此这种工程菌几乎不会面临定植拮抗的问题，它可以精确修复肠道微环境，从而为供体细菌提供更多的定植生态位。同样，噬菌体疗法也是以占据生态位的患者原籍菌为靶点，在开展 FMT 前特异性地消除阻碍供体细菌定植的因素，最终提高供体健康菌群在患者肠道中的定植效率。

结　语

FMT 在标准化、个性化和疾病特异性方向的研究进展，为其临床应用拓展了空间。然而，要实现 FMT 的精准、有效和广泛应用，仍需解决四大核心问题：其一，供体与受体的菌群匹配模式需要精准阐明。其二，明确 FMT 治疗重大慢性疾病的共性与特性机制。其三，移植微生物的定植机制存在空白。其四，供体差异导致疗效的异质性。

21 世纪是肠道微生物组的时代。深入了解肠道菌群稳态失调与各类肠内和肠外疾病的因果关系，开展大队列、多病种、纵向时间序列临床研究，开发精准化、个性化、规范化治疗方案，将成为提高人民健康水平的重要策略，助力"健康中国 2030"伟业的实现。

参考文献

［1］Tian H L, Wang X J, Fang Z X, et al. Fecal microbiota transplantation in clinical practice: present controversies and future prospects ［J］. hLife, 2024, 2 (6):269 – 283.

［2］Wang Y, Zhang S, Borody T J, et al. Encyclopedia of fecal microbiota transplantation: a review of effectiveness in the treatment of 85 diseases ［J］. Chinese Medical Journal, 2022, 135(16):1927 – 1939.

［3］Tian H L, Zhang S Y, Qin H L, et al. Long-term safety of faecal microbiota transplantation for gastrointestinal diseases in China ［J］. The Lancet Gastroenterology & Hepatology, 2022, 7(8):702 – 703.

［4］Zhang S Y, Chen Q Y, Kelly C R, et al. Donor Screening for fecal microbiota transplantation in China: evaluation of 8483 candidates ［J］. Gastroenterology, 2022, 162(3):966 – 968, e1 – e3.

［5］Debray R, Herbert R A, Jaffe A L, et al. Priority effects in microbiome assembly ［J］. Nature Reviews Microbiology, 2022, 20:109 – 121.

核磁共振："演奏"物质内部的隐秘"乐章"

陈　云　孔学谦

陈云，上海交通大学转化医学研究院博士研究生，目前从事细胞钠、钾离子磁共振相关研究；对"黑科技"充满好奇，坚信核磁共振一定可以在生命科学领域发现前所未见，实现前所不能。

孔学谦，上海交通大学长聘教授，浙江大学兼聘教授；从事核磁共振方法和应用的研究，建立了固体核磁界面测量方法，推动了固体核磁共振和核磁共振微成像技术在化学、材料、生物医学等学科中的新应用；在国际知名期刊《科学》（Science）、《自然》（Nature）等发表学术论文 100 余篇，著有《固体核磁共振原理》；获得国家杰出青年科学基金、优秀青年科学基金资助；曾担任国际多孔介质磁共振会议大会主席。

闭上眼睛，试想我们拥有了一种神奇的力量：无须触碰，就能透视大脑内部隐秘的神经活动，目睹蛋白质如何巧妙折叠成精确的三维形态，甚至观察到细胞内分子间的"亲密"互动。这不是科幻小说的情节，而是核磁共振（NMR）技术带给我们的现实奇迹。

核磁共振，一个在化学、生物学、医学等多个学科领域内发挥关键作用的技术，正以其独特的方式，让我们得以深入物质的微观世界，探索生命的奥秘。它不仅是技术层面的重大突破，更是人类智慧的体现，让我们能够以一种非侵入性的方式，观察和理解物质的微观结构以及生命的复杂性。

那么，核磁共振技术为何如此强大？它的前沿应用都取得了哪些令人惊叹的成就？未来，这项技术又将如何发展，为我们带来哪些新的惊喜？让我们带着这些好奇和期待，一起深入探索核磁共振的世界。在这里，我们将以团队的具体研究课题为例，一起揭开核磁共振神秘的面纱，一睹其在现代科学中的辉煌成就，并展望它在未来科学探索中的无限可能。

核磁共振的原理

核磁的产生

从名字上看，核磁共振由两部分组成："核磁"与"共振"。为了更好地理解其含义，我们先来看看核磁是如何产生的。大家都知道，原子由带正电的原子核和带负电的核外电子组成，而核磁的"核"指的就是原子核。原子核内部包含着带正电的质子和不带电的中子，这些粒子都在不停地快速旋转，因此我们可以认为整个原子核在不停地快速旋转，而这种旋转被称为自旋，你可以把它想象成一个不停旋转的陀螺。运动的物体具有动量，而旋转的物体也有一种特定的动量，叫作角动量。由于原子核带有正电，根据安培定律，这种旋转的带电粒子会产生磁矩，而这就是核磁中"磁"的含义。因此，我们可以把原子核看作一个微小的"磁针"，这正是核磁共振现象的基础。

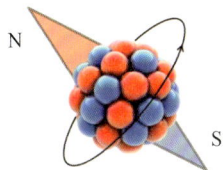

原子核自旋磁矩示意图

宏观磁化矢量的产生

如果只有一堆"小磁针"而没有外加的磁场，那么每个"小磁针"在方向上是完全无序且随机的，所以日常生活中绝大部分的物质在宏观上都不具有磁性。但如果此时在外部施加一个磁场，那么物质内部的这些"小磁针"就会纷纷沿着外加磁场的方向重新排列。然而，原子核的行为与普通"小磁针"略有不同。由于原子核自身的特性，它们在磁场中的排列会呈现出两种状态：一部分原子核的排列方向会与外加磁场的方向一致；另一部分则与外加磁场的方向相反。因为与外加磁场方向一致的原子核处于较低的能量状态，它们的数量通常更多。这两种状态的原子核在数量上存在细微差异，最终带来了宏观上的磁性，也就是所谓的"宏观磁矩"。而我们所测量到的核磁共振信号，就是宏观磁矩与外加磁场之间相互作用的体现。为了能检测到更强的核磁共振信号，我们往往需要一个非常强的外加磁场，通常是地球磁场强度的十几万倍。那么如何产生这样一个强磁场呢？你可能会想到使用一个巨大的磁铁，这是一种很自然的想法。但是普通磁铁的磁场强度远远达不到我们所需要的，因此我们得采用一些非常规的手段，即使用电磁铁，利用电流可以产生磁场的原理，通过超大电流来生成足够强的磁场。由于电流强度非常大，如果此时线圈存在电阻，就会产生大量的热，不仅会造成能量损失，还会带来安全隐患，因此我们还需要借助超导技术，将线圈的电阻降为零，以便维持高强度的电流。

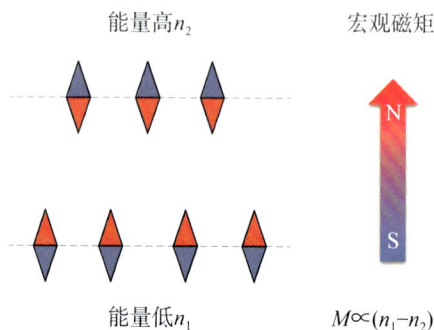

能量高n_2　　　　　宏观磁矩

能量低n_1　　　　　$M \propto (n_1 - n_2)$

自旋能级分布和宏观磁矩的示意图
（n_1 代表能量低的原子核数量，
n_2 代表能量高的原子核数量，
M 代表宏观磁矩的强度）

拓展阅读

超导线圈的"低温世界"

为了维持线圈的超导状态，我们需要将线圈维持在一个非常低的温度，低到接近绝对零度（零下273.15摄氏度）。要达到如此低的温度，我们首先需要设计一个大罐子，然后将超导线圈浸泡在液氦中（液氦即液体状态下的氦气）。液氦的沸点为零下268.93摄氏度，正好适合为超导线圈提供所需的低温环境。为了减少液氦的挥发，我们会在液氦的外层加入一层液氮进行保护。除此之外，还会有一些真空层，这些真空层可进一步隔绝热量传递，从而减少液氦和液氮的挥发，帮助维持超导线圈在超低温环境中的稳定性。

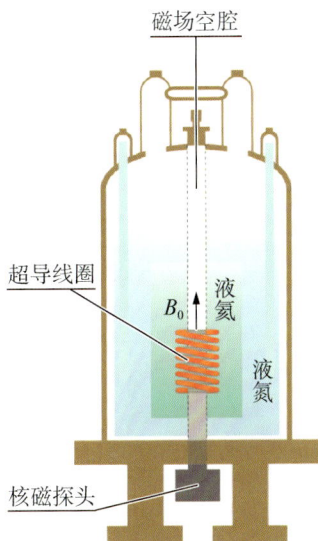

超导磁体示意图[1]

（B_0为磁场强度，箭头代表磁场方向）

射频脉冲及信号采集

我们已经了解宏观磁化矢量是如何产生的，并知道了核磁检测的信号正是宏观磁化矢量与外加磁场相互作用的结果，那么接下来要探讨的就是宏观磁化矢量如何与外加磁场发生相互作用，其中也包括了核磁共振中"共振"

的含义。

核磁共振信号的检测过程有两个关键步骤。首先，核磁共振仪器中的线圈会施加一个射频脉冲，用来操控原子核的状态。为了产生有效的作用，施加的射频脉冲的频率必须与原子核的自旋频率相匹配，即达到所谓的"共振"。之所以称为射频脉冲，是因为线圈产生的脉冲的频率在射频波段。其次，原子核在接收到外加的射频脉冲后，会产生一个射频信号并反馈给线圈，通过线圈接收到的射频信号，再经过后续的数据分析和处理（通过傅里叶变换将时域信号转换为频域信号），我们就能够获取研究对象的微观信息。

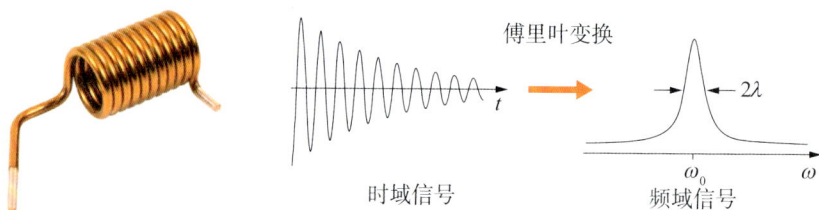

射频线圈和射频信号转换示意图

小贴士 Tips

核磁信号与电磁波

我们检测到的核磁信号，本质上是一个电磁波，而电磁波按照频率从低到高的排列顺序，可以分为无线电波/射频电波、微波、红外线、可见光、紫外线、X射线和伽马射线。不同波段的电磁波所产生的效应是不一样的。以可见光为界，频率高于可见光的波段（如紫外线、X射线、伽马射线），能量较大，能够产生电离辐射，这种辐射一般会对生物组织造成伤害；而频率低于可见光的波段（如红外线、微波）主要产生热效应，不会引起电离。对核磁共振而言，它产生的波是在射频波段，频率范围在兆赫至吉赫之间，同我们日常使用的手机以及无线电广播的波段比较接近，所以它的热效应非常弱，对我们而言是完全没有辐射的，是一种非常安全的探测技术。

脉冲序列与不同的微观信息

在核磁共振研究中，为了获取同一研究对象不同方面的微观信息，如同一原子核的键的连接情况或不同原子核的分布情况等，我们一般通过组合不同的射频脉冲来实现。由不同的射频脉冲形成的组合称为脉冲序列。

为了更好地理解这个过程，我们可以将核磁共振波谱仪比作一架钢琴，而实验的操作者就像是钢琴演奏家，脉冲序列则似不同歌曲的曲谱。施加一个与原子核频率匹配的射频脉冲，就像是准确按下钢琴的琴键；原子核在接收射频脉冲后反馈的信号，就像是琴键被按下后发出的声音；我们对这些反馈信号的分析处理，就如同大脑处理听到的曲调，辨识出是哪一个音符。通过不同的脉冲序列，我们可以得到研究对象的各种微观信息，就像不同音符的组合可以演奏出一首又一首美妙的歌曲。因此，通过巧妙设计脉冲序列，科学家们就可以"演奏"出物质内部的隐秘"乐章"，从而揭示微观世界的奥秘。

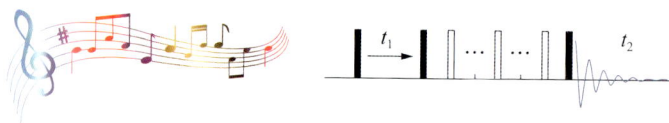

乐谱和脉冲序列的比较图
（黑色和白色方框代表脉冲，t_1、t_2 为脉冲序列中的信号采样时段，
蓝色波浪线代表时域信号）

核磁共振如何揭示分子内部的微观世界？

当我们面对一个复杂的分子时，如何利用核磁共振来区分其中处于不同化学环境的同种原子呢？其实，每个原子核都被电子所包围，而这些电子会产生屏蔽效应，屏蔽掉原子核感受到的一部分磁场。由于不同的电子环境产生的屏蔽效应不同，因此每个原子核实际感受到的磁场强度（称为有效磁场）也会有所差异。这些差异会导致核磁共振信号不同，而这些信号的差别就是我们所说的化学位移。

除了化学位移之外，核磁共振还有很多不同的特征，例如偶极耦合、四极相互作用、弛豫等，它们反映了分子内部的多种相互作用机制。每一种特征的背后都有复杂的物理原理，这些特征加起来共同描绘出一个分子内部的微观世界。

从这些特征可以看出，核磁共振不仅能探测原子核本身，还能揭示原子核周围的电子结构对它的影响，以及原子核之间的空间关联等。正是因为核磁共振能够探测分子内部的多种相互作用，我们才能获取到分子微观结构极为精细的图像。

核磁共振的前沿应用

蛋白质结构解析

蛋白质在生命活动中起着至关重要的作用，其多样的功能主要依赖于组成蛋白质的氨基酸种类和数量，以及蛋白质自身的三维结构。因此，解析蛋白质的结构一直是生物化学研究的一个重要方向，核磁共振技术在此方面发挥着重要的作用，解析过程大致可以分为以下几个步骤。

首先，测量蛋白质的一维核磁共振波谱，以初步判断其中大致包含的氨基酸种类。然而，由于蛋白质通常由成百上千个氨基酸组成，且每种氨基酸的结构非常相似，因此一维谱图往往非常复杂，信号峰形重叠严重。在这种情况下，单靠一维谱图难以确定氨基酸的具体排列顺序，更无法得知蛋白质的三维结构。因此，为了解决一维谱图信号重叠的问题，接下来会测量二维核磁共振波谱。通过增加一个维度，我们可以区分出原本在一维中重叠的信号。例如，在第一维检测氢的信号，第二维检测碳或氮的信号，通过分析这两维信号之间的关联性，我们就能获得原子之间的键连信息，从而有效区分重叠的信号。因此，通过一系列核磁共振实验，我们可以获得蛋白质中原子与原子之间的空间距离、化学键角等信息；然后将这些信息作为约束条件，并结合分子动力学模拟，从而解析出整个蛋白质的三维构型和基团链段的详细排列，最终揭示蛋白质的完整三维结构。

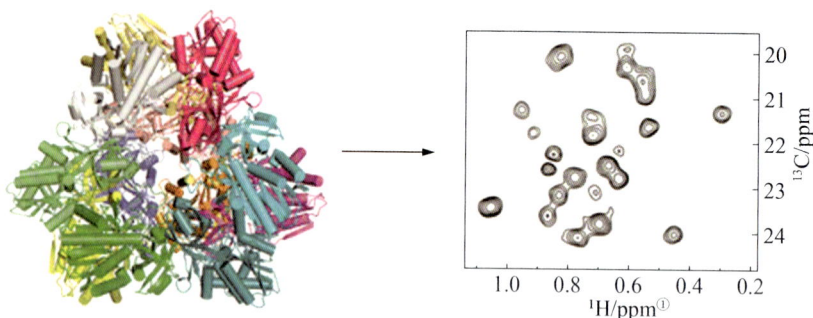

蛋白质三维结构（左）和二维核磁共振图谱（右）示意图[2]
（右图中的圈圈代表通过化学键关联的^1H和^{13}C信号）

小贴士 Tips

二维核磁共振：分子结构的"全景拍摄"

一维核磁共振（1D‑NMR）能告诉我们分子中不同的组成部分，但难以展示这些部分之间的关系。相比之下，二维核磁共振（2D‑NMR）不仅可以告诉我们分子中不同的组成部分，还展示了它们之间的种种联系，包括它们的空间关系、化学键的连接方式等，为理解分子的三维结构提供了更丰富的信息。用一个形象的比喻，我们可以把一维核磁共振当作一个简单的城市数据表格，上面只列出了有哪些城市，但我们无法直观了解各城市之间的联系。而二维核磁共振更像是一张地图，上面不仅标注了有哪些城市，而且城市之间的距离远近、连接情况等都十分详尽。

---

① ppm 在国内为非法定计量单位（$1\,ppm = 10^{-6}$），为了和国际化学界的常用习惯一致，本书核磁共振的化学位移单位保留 ppm 的用法。

分子动力学模拟：探索分子的微观世界

在我们的日常生活中，物质以各种形式存在，最常见的三种状态是固态、液态、气态。但你有没有想过，所有这些物质的基本组成部分，即原子和分子，是如何相互作用和运动的？为了探究这些微观世界的秘密，科学家们开发了一种强大的工具——分子动力学（molecular dynamics，MD）模拟。

分子动力学模拟是一种在计算机上运行的"虚拟实验"，通过它，科学家们可以观察到分子在各种条件下的运动和行为。想象一下，你有一台可以让你看到每个原子如何移动的显微镜，它不仅能观察，还能预测原子运动未来的变化，而分子动力学模拟就是这样的一台"显微镜"。

那么分子动力学模拟是如何工作的呢？简而言之，可以分成以下三个步骤：①初始准备：首先，我们需要建立一个分子系统的虚拟模型。这个系统可以是水分子、蛋白质分子，甚至是更加复杂的材料。然后，再设置一些初始条件，比如温度、压力和分子的初始位置。②计算与模拟：计算机会利用牛顿运动方程来计算这些分子在一段时间内的运动轨迹。这个过程就像拍摄一部关于分子的"微观纪录片"，每个原子的运动都被精确地记录下来。③分析结果：模拟结束后，研究人员可以分析这些数据，揭示材料的结构、能量状态，以及分子之间的相互作用等信息。通过分析，科学家可以预测物质在不同条件下的行为，例如温度升高会如何影响蛋白质的稳定性等。

正是由于有了分子动力学模拟，我们可以在不做实际实验的情况下，预见物质的行为，节省了大量的时间和资源，因此分子动力学模拟在现代科学研究中有着广泛的应用。它不仅帮助科学家理解分子的运动方式，还可以用来设计新材料、开发新药，甚至预测气候变化对海洋生态的影响。

除了核磁共振以外，还有别的方法可以解析蛋白质的结构，如电子显微镜/冷冻电镜、X 射线衍射等，这些技术各有优势，但核磁共振的优势在于它能够解析溶液中蛋白质的结构，这意味着核磁共振能提供更接近蛋白质在真实生理条件下的三维结构，而其他方法解析的都是固态蛋白质结构。因此，核磁共振是研究蛋白质结构的一个不可或缺的重要工具。

电池工作原理探究

为了提升电池的性能，我们需要对电池内部发生的化学反应有深刻了解，而核磁共振技术恰好是我们的有力"帮手"。通过原位核磁共振技术，我们可以将一个正在运行的电池直接放入仪器中，实时监测电解液在电池运行过程中的变化情况。我们会发现，随着电池的运行，电解液会不断发生氧化还原反应而逐渐分解。电解液的分解影响电池寿命的原因非常复杂，因此深入研究电解液的分解过程尤为重要。核磁共振能够帮助我们识别出电解液中哪些组分在分解、分解的步骤是什么，以及分解的速率是多少。

了解了电解液分解的过程后，我们接下来的重点是研究分解后产生的固体电解质界面。固体电解质界面对电池性能有着关键影响，其化学成分也非常复杂，因此对它的研究同样非常重要。我们可以将不同循环圈数的电池进行拆解，取出其中的固体电解质界面进行研究，观察不同循环圈数下固体电解质界面的化学组成变化。由于化学组成复杂，我们同样需要借助二维谱图。通过分析这些谱图，我们可以了解在不同循环圈数下，固体电解质界面化学成分的种类和比例的变化情况，从而揭示其变化的过程，为我们优化电池性能提供重要依据。因此，核磁共振在研究电池性能方面也发挥着重要的作用。

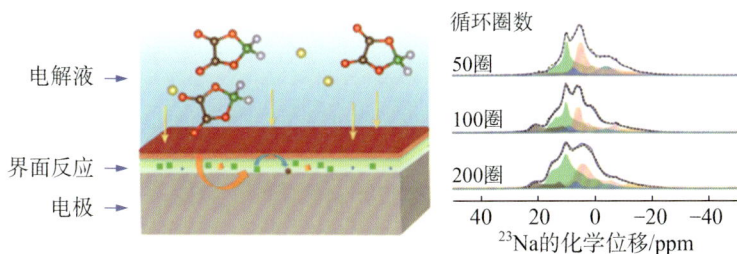

钠电池界面反应（左）和核磁谱图（右）示意图[3]
（右图为不同电池循环圈数下，界面产物对应 ^{23}Na 的核磁共振图谱）

拓展阅读

探秘固体电解质界面的奥秘[3]

随着科技的发展，蓄电池电动车的使用在我们的生活中变得越来越普及，而对该类车辆而言，电池是至关重要的核心部件。电池的结构可以简单分成三部分：正极、负极以及位于正极和负极之间用来传导锂离子或钠离子等电解质的隔膜。电池的每一部分对电池的性能、容量、稳定性、寿命等都有很重要的影响。电池在运行的过程中，内部发生了一系列复杂的化学反应，比如电解质在隔膜中的移动、正负极发生的氧化还原反应等。对钠离子电池而言，固体电解质界面的稳定性在不同的循环阶段会发生变化。虽然在初期可能不太稳定，但随着循环的进行，界面的组成逐渐有助于结构的稳定和离子的有效传导。然而，在循环的后期，界面的变化可能会再次影响电池的稳定性。因此，探究和优化这一界面对于延长电池寿命和提升其性能至关重要。

量子点结构研究

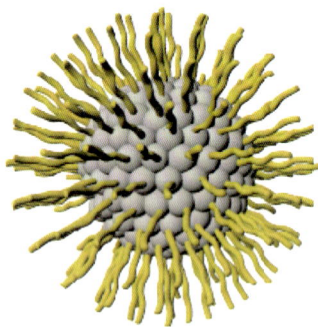

量子点示意图
（包括灰色的无机内核和黄色的有机配体）

量子点是一种由无机内核和内核表面的有机配体组成的纳米颗粒。在量子点的研究中，量子点表面有机配体的结构以及配体间的相互作用等一直都是非常重要的课题，表面有机配体的结构对量子点的整体稳定性、发光性能等都有着重要影响。然而，常规的检测手段（如电子显微镜），往往只能观察到量子点的无机内核，却难以捕捉到表面的有机配体，因此无法很好地解决这些研究问题。

核磁共振在这一领域展现出独特的优势。通过对不同量子点颗粒进行测量，再结合量子力学计算，发现不同量子点表面的有机配体结构存在显著差异。例如，在一种表面上，两个氧原子与一个金属原子相连，形成螯合结构；而在另一种表面上，两个氧原子各自与一个金属原子相连，形成桥式结构[4]。

这些不同的配位方式意味着有机配体与无机内核之间作用强度不同，从而直接影响量子点的稳定性。通过核磁共振提供的这些关键信息，科学家可以更深入地理解量子点的结构和性质，这不仅有助于提升量子点的稳定性，还为开发新型量子点材料提供了重要的理论基础。

不过聪明的你可能会好奇，量子点的表面能否同时存在多种配体呢？答案是肯定的。随着配体种类的增加，研究的难度也随之上升，因为这涉及不同配体的分布情况、配体之间的相互作用等一系列复杂的问题。令人惊喜的是，核磁共振技术同样可以帮助我们解决这些问题。

首先，针对不同配体的分布问题，我们通常会猜测两种可能的情形：一种是配体完全随机分布，另一种是同种配体在表面集群分布。要研究这些分布情况，核磁共振提供了一种既简单又巧妙的方法——测量配体之间的耦合强度。耦合强度与配体间的距离密切相关：距离近的配体，耦合强度较大；距离远的配体，耦合强度较小。因此，通过测量耦合强度，我们可以判断出不同配体在量子点表面的具体分布情况。最终的研究发现，对于两种长短链的配体来说，它们往往呈现出集群分布。

接下来是配体之间相互作用的问题，核磁共振同样提供了巧妙的检测方法。我们通过观察配体的运动来间接衡量它们之间的相互作用强弱。对于一个拥有十几甚至二十几个碳原子的碳链来说，其运动可以简单分为三类[5]：一部分碳链处于静止状态，另一部分处于受限运动状态，最外围的部分则处于相对自由的运动状态，可以在较大范围内转动。通过核磁共振，我们可以分析这些不同运动状态的碳链的比例，从而了解配体间相互作用的强弱。具体来说，不同的运动方式会在核磁共振谱图上表现为不同的峰形，因此，分析这些峰形的比例就可以解决这个问题。

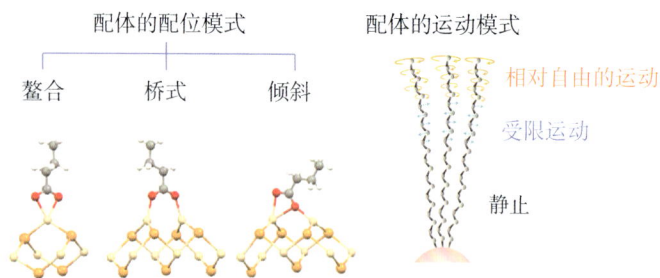

量子点表面配体的配位模式[4] 和配体的运动模式[5]

利用核磁共振对量子点微观结构开展深入研究，其根本目的是优化材料体系，从而合成出性能更优异的材料。正所谓"结构决定性质，性质主导功能"，建立微观结构与宏观性质及功能之间的构效关系是化学研究的底层逻辑和出发点。

拓展阅读

量子点：纳米科技的明珠

量子点是纳米材料的一种，2023 年的诺贝尔化学奖颁给了研究量子点的科学家，可见其重要性。那么量子点到底是什么呢？它又有着什么特殊的性质和功能呢？

量子点是一种由无机内核和内核表面的有机配体组成的纳米颗粒，直径通常为 2～10 纳米。量子点的独特之处在于它们具有"量子限域效应"，这个效应意味着量子点的发光波长与其粒径大小密切相关。简而言之，量子点的大小直接影响它们发光的颜色。这种特性使我们能够通过精确控制量子点的尺寸来调节它们的发光波长范围，甚至可以产生非常纯净的单色光。

由于这一特性，量子点在显示、照明和发光等领域有着广泛的应用。一个典型的例子是量子点电视，这种新型电视具有非常宽的色域和极高的对比度，被认为是该类产品未来重要的发展方向。

核磁共振的未来发展

超极化技术——助力提升核磁信号强度

目前，核磁共振技术的一个主要瓶颈在于灵敏度较低。要理解这一问题，我们需要从核磁共振的基本原理谈起。

前文提到，在有外加磁场的情况下，原子核会出现两种不同的排列状态，原子核在两种不同排列状态下的数量差异，称为原子核自旋的极化。与外加磁场方向一致的原子核能量较低，但两个能级之间的能量差非常小，两种状态下的原子核的数量差异也极为小，通常在 10^{-4} 量级，这意味着核磁共振信号本身就非常弱。换言之，原子核的极化程度小，是限制核磁共振灵敏度的核心因素。

为了解决这一问题，自然就得从增强原子核极化程度的角度入手。其中一种有效的方法是利用电子的极化来增强原子核的极化程度。我们可以将电子与原子核进行类比：在外加磁场的情况下，电子也会呈现两种排列状态，从而形成电子极化。具体操作过程可以简单理解如下：首先，外加磁场使电子产生极化；其次，通过微波辐射，使电子从一个能级跃迁到另一个能级，产生"共振"效应。这个共振效应将电子的极化转移到与之相互作用的原子核上，就好比电子在"教"原子核如何排列，从而使更多的原子核对齐磁场方向，增大了两种状态下原子核数量的差异，从而大大增强了原子核的极化程度，这就是所谓的"超极化"。那么，为什么要通过电子来增强原子核的极化程度呢？这是因为电子的磁性比原子核的强约1000倍，因此电子形成的极化远远强于原子核的。通过这种超极化技术，核磁共振信号可以增强几十甚至上百倍，从而极大地提高了检测灵敏度。

通过超极化技术增强原子核的极化程度，能够让那些原本信号极其微弱，甚至难以检测的同位素也成为核磁共振研究的对象。此外，信号得到增强还意味着可以显著缩短实验时间。例如，在常规条件下，只能在有限时间内获取一维谱图的信号，而经过超极化处理后，同样的时间可能就足以获取一个完整的二维谱图。超极化技术还可以大大减少实验资源的消耗。在低浓度条件下，原本难以获得信噪比良好的数据，而借助超极化技术，这一问题也迎刃而解。因此，超极化技术不仅拓宽了核磁共振的应用范围，还能有效节约实验时间和资源，是核磁共振未来发展的重要方向之一。

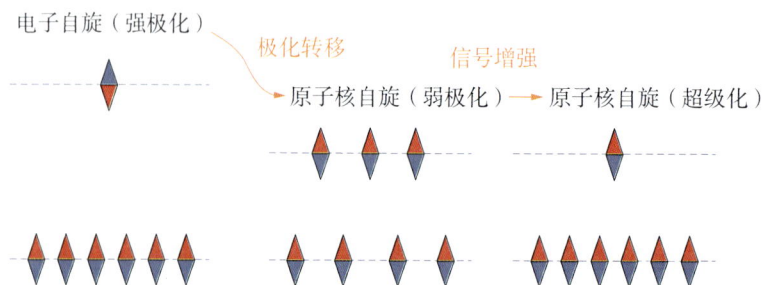

超极化原理示意图。将电子自旋极化转移给原子核，使原子核自旋成为超极化状态，进而增强核磁共振信号

钠离子磁共振成像——捕捉人体神经活动

磁共振成像（MRI）作为一种非侵入、无辐射且能够提供丰富信息的诊断工具，已经在临床上广泛应用。它的成像原理的核心在于仪器内的梯度线圈。简单来说，为了生成一张图像，我们需要知道每一个原子核所在的位置。梯度线圈的作用是在不同方向（通常是 x、y、z 三个方向）施加梯度磁场，使三维空间中每一处的磁场强度都不相同，从而使不同位置的原子核产生不同的共振频率，这就像是给不同区域的原子核赋予了独特的"频率地址"。通过后期的数据处理，我们可以定位各个区域的原子核位置，从而重建出身体内部的二维切片图像，甚至通过多个切片图像生成三维结构图。

临床上使用磁共振成像主要检测的是人体内的水分子，具体来说是水分子中的氢原子。人体的含水量非常高，尤其是在软组织中。此外，氢原子核的极化程度也较大，这两点使得其磁共振信号较强。由于不同组织的含水量和水的状态存在差异，因此磁共振可以利用这些差异来区分不同的组织及其内部的微结构。既然不同的组织可以被区分开，那么同一组织的不同状态（如正常生理状态和病理状态）自然也可以通过磁共振来区分，从而实现疾病的诊断。

在磁共振成像中，一个非常重要的应用领域是功能性磁共振成像（fMRI）。这项技术目前广泛应用于脑科学研究。功能性磁共振成像是一种非侵入性的神经影像技术，能够实时跟踪大脑活动，因此在探索大脑的认知功能和诊断脑部疾病方面发挥着重要作用。其中，最常用的方法是采集血氧水平依赖（BOLD）信号[6]。

BOLD 的原理如下：神经元活动会消耗大量的葡萄糖和氧气，但神经元本身无法储存这些物质，所以需要血液持续供应。因此，活跃的神经元区域会吸引更多的血液流经。虽然神经元活动会增加耗氧量，但血流量的增加通常超过了氧气的消耗量；在活跃的神经元区域，氧合血红蛋白的浓度会增加，脱氧血红蛋白的浓度则会降低。此外，氧合血红蛋白是弱抗磁性物质，而脱氧血红蛋白是顺磁性物质，后者会影响局部磁场，加速横向磁化矢量的衰减，从而降低磁共振信号。因此，在神经元活动的区域，由于脱氧血红蛋白的浓度较低，磁共振信号反而更强。通过测量这些信号的变化，我们可以间接判断大脑中哪个区域正在活跃。

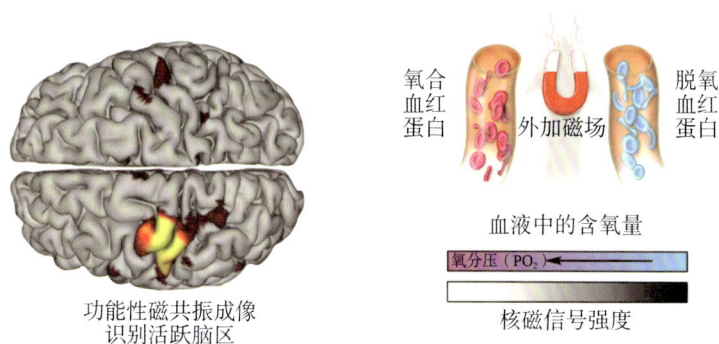

氧合血红蛋白　外加磁场　脱氧血红蛋白

血液中的含氧量

氧分压（PO₂）

核磁信号强度

功能性磁共振成像
识别活跃脑区

功能性磁共振成像原理示意图

我们可以看到，这么重要的一项技术背后的原理其实说不上复杂。而这并不是个例，科学史上很多重大发现或进展背后的原理都不是晦涩难懂、"生人勿近"的，但它难在知识的迁移和融会贯通。如果能把一个大家都知道的知识运用在谁都没想到的方面并大放异彩，这就是创新，这就是重大突破。

当然，BOLD 也有自身的局限性。由于大脑反应非常迅速，通常在毫秒量级，而血氧浓度的变化却在秒量级，因此 BOLD 测得的信号与实际大脑活动之间存在时间差和滞后性。如何实现在一个更快的时间尺度内捕捉大脑的活动成为许多不同研究领域的追求目标。有些研究者采用插入电极的方法来直接测量大脑信号，这种方法虽然可以实现对大脑信号的快速捕捉，但具有侵入性，并且只能检测局部信号。磁共振成像是一种非侵入的全景式检测方式，因此如何提高磁共振的时间分辨率成为未来发展的另一重要方向。而钠离子磁共振（^{23}Na MRI）是有望实现这一目标的技术。人体内含有一定量的钠离子，如我们每日摄入的食盐（氯化钠）中的钠。此外，钠离子同样具有磁共振信号。而最重要的一点是，钠离子与神经活动的关系非常密切，神经信号的传递依赖于钠离子和钾离子的跨膜运输，所以在时间分辨率上，钠离子磁共振是优于基于水分子或含氧量的间接检测方法的。因此，如果我们能够实时探测钠离子的快速变化情况，就有可能捕捉到神经活动的即时情况。当前，已经有研究实现了通过钠离子磁共振监测细胞内外钠离子浓度及其跨膜交换的变化情况。因此，利用钠离子磁共振成像实时监测神经活动，并实现大脑活动的毫秒级监测，在未来是有可能实现的。

精彩问答 Q&A

1. 磁共振与核磁共振有什么区别吗？

一方面，磁共振与核磁共振虽然听起来相似，但它们各自涵盖的范围有所不同。简单来说，磁共振是一种更为广泛的概念，不仅限于原子核的磁共振，还包括电子的磁共振，例如电子顺磁共振（EPR）或电子自旋共振（ESR）。因此，当我们谈论磁共振时，它可能指的是核磁共振，也可能指的是其他形式的磁共振现象。

另一方面，在医院里，核磁共振通常会被简称为"磁共振"，这是为了避免一些患者"谈核色变"，因"核"字产生误解，担心核磁共振具有放射性或不安全。实际上，核磁共振与放射性毫无关系，它是一种非常安全、完全没有辐射的技术。

2. 在医院里做过核磁共振的人都认为声音比较响，为什么会有这种声音？

声音主要来自梯度场的切换和射频线圈的激发振荡，当线圈中的电流变化时，线圈金属丝受到的洛伦兹力也相应变化，从而产生振动，发出声音，这是正常现象。由于产生图像必须得有梯度，因此就目前的技术发展来说，这种噪声还是不可避免的。

3. 要实现钠离子磁共振目前需要解决的关键问题是什么？

实现钠离子磁共振面临的主要挑战是信号灵敏度。钠离子在人体中的含量远低于水分子的含量，而且它的旋磁比也低于氢原子的，所以钠的信噪比约为水的千分之一。因此如何提升它的信噪比或者说灵敏度，是我们目前要解决的关键问题，同时这也是我们研究团队未来在上海交通大学做超高场磁共振成像实验的重要原因之一，因为我们希望能通过更强的磁场来获得更好的钠离子信号。当然除了强磁场外，还有很多可以优化的方面，比如说线圈的设计、接收通道的数量等。如果能够把钠的信噪比再提升几十倍至上百倍，将大大扩展其在医学成像中的应用潜力。

4. 核磁共振在不同的尺度，应用有何不同？

在亚纳米尺度，核磁共振主要用于获得核磁共振波谱，这种技术主要通过频谱来区分不同的分子，所以也可以认为是化学尺度或者原子分子尺度上的应用。而在毫米尺度和亚毫米尺度，核磁共振主要用于核磁共振成像，用于区分空间分布结构。

两者在尺度上差了至少 6 个数量级，因此把前者的化学分辨率和后者的空间分辨率优势结合在一起也是核磁共振领域努力发展的方向。这个目前已经实现了，也就是核磁共振波谱成像。通过该技术，我们不仅可以获得某个区域的图像，还能了解该区域内的化学组分信息。而在成像方面，目前通过高场强和脉冲序列的设计已经能将分辨率提高到微米级，但还未完全达到细胞尺度。因此，我们希望能通过技术的不断改进，早日实现细胞级别的成像。

5. 是否有可能提出单细胞尺度的核磁共振技术？

随着科学技术的飞速发展，单细胞尺度的核磁共振技术已经在某些方面取得了一定的进展。例如，已经有研究能够在单个卵细胞上进行核磁共振测量，因为卵细胞相对较大，直径可达几百微米甚至接近毫米，因此可以使用非常小的线圈，将单个卵细胞放置其中进行测量。

不过还是希望能在人类身上实现类似的技术，直接获取人体内每个细胞的详细信息。但目前要实现该技术仍然面临诸多挑战，主要限制因素包括核磁共振的空间分辨率和灵敏度等。

6. 在蛋白质研究方面，核磁共振除了解析结构外还有别的应用吗？

在蛋白质研究方面，过去的核磁共振主要关注蛋白质三维结构的解析。但随着科技的进步，未来它可能更多地用于研究蛋白质的功能及其在活体内的实际动态变化。例如，蛋白质在活体内如何与药物相互作用，具体是蛋白质的哪些部分与药物结合，药物又是如何改变蛋白质的状态等。这种深入研究不仅限于解析静态结构，更在于理解结构在不同条件下发生的局部变化，从而揭示蛋白质的功能机制。

此外，核磁共振还可以用于量化蛋白质在活体内的运动情况，尤其是那些快速运动的链段。为了更全面地揭示蛋白质的复杂行为和功能，可以将多种技术结合在一起开展研究，例如利用电镜解析蛋白质的三维结构，然后在此基础上使用核磁共振研究特定链段在活体中的特殊功能。

7. 能否预测一下核磁共振如何与人工智能技术进行结合？

核磁共振与人工智能技术的结合有着巨大的潜力，特别是在处理复杂数据和提升技术性能方面。

在波谱方面，核磁共振波谱常用于分析复杂样品，如蛋白质和代谢产物等。然而，这些样品的谱图往往非常复杂，每个峰的归属既困难又容易引发争议。虽然可以通过二维谱解析等核磁共振方法解决部分问题，但这些方法非常耗时，光是一个样品，可能就得花上几天进行细致解析。更何况大多数情况下，我们面对的是大量的样品，因此传统方法可能显得力不从心。如此，人工智能就可以大显身手了。利用类似指纹识别的技术，人工智能可以快速解析这些复杂的谱图，大大加快数据处理的速度。

而在成像方面，人工智能同样可以发挥重要作用。它不仅可以提高图像的分辨率，还能帮助我们在更短的时间内获取感兴趣区域的精细结构图像，这对于后续的病理分析非常有帮助。

除了数据解析，人工智能还可以在核磁共振的脉冲序列设计等方面发挥重要作用。通过优化脉冲序列，人工智能可以进一步提升核磁共振的能力、拓展应用场景，使其在科学研究和医学诊断等领域发挥越来越重要的作用。

参考文献

［1］孔学谦. 固体核磁共振原理［M］. 北京：高等教育出版社，2023.

［2］Amero C, Schanda P, Durá M A, et al. Fast two-dimensional NMR spectroscopy of high molecular weight protein assemblies［J］. Journal of the

American Chemical Society, 2009,131(10):3448 - 3449.

[3] Gao L, Chen J, Chen Q L, et al. The chemical evolution of solid electrolyte interface in sodium metal batteries [J]. Science Advances, 2022,8(6): eabm4606.

[4] Zhang J, Zhang H B, Cao W C, et al. Identification of facet-dependent coordination structures of carboxylate ligands on CdSe nanocrystals [J]. Journal of the American Chemical Society, 2019,141(39):15675 - 15683.

[5] Cao W C, Pang Z F, Zhou X Q, et al. Calibrating ligand-ligand interaction on nanocrystals via the dynamic volume of chain segments [J]. Cell Reports Physical Science, 2023,4(1):101207.

[6] Ogawa S, Lee T M, Nayak A S, et al. Oxygenation-sensitive contrast in magnetic resonance image of rodent brain at high magnetic fields [J]. Magnetic Resonance Medicine, 1990,14(1):68 - 78.

抗性淀粉：控糖减重新选择

李华婷

李华婷，上海交通大学医学院附属第六人民医院研究员、医师，博士生导师，优秀青年科学基金获得者；长期致力于糖尿病及代谢相关疾病分子机制与干预的研究，以第一/通讯作者身份（含共同）发表论文50余篇，其中，近5年以通讯作者身份（含共同）在《自然医学》（Nature Medicine）、《细胞代谢》（Cell Metabolism）、《自然代谢》（Nature Metabolism）、《科学转化医学》（Science Translational Medicine）、《先进科学》（Advanced Science）等国际权威期刊发表论文22篇；入选全国博士后管委会"香江学者计划"、上海市青年科技启明星计划、上海市教育委员会"晨光计划"和上海市浦江人才计划等；获得国家重点研发计划、国家自然科学基金重大研究计划等项目和课题资助；获得国家自然科学奖二等奖、上海市科技进步奖一等奖等省部级奖项3项。

近年来，某些知名公众人物通过科学管理实现显著体态改变常常引发大众的广泛关注，"减肥"一词多次冲上"热搜"，同时更多的人也逐渐意识到健康管理的重要性。不过，面对如今五花八门的健康管理方式，很多人依然困惑：什么才是科学的健康生活方式？"管住嘴，迈开腿"这句俗语，精简地概括了健康生活方式的核心——健康的饮食和适量的运动，正是我们抵御疾病的"盾牌"。究竟怎样的饮食才能有效改善代谢问题？在众多饮食策略中，一种新兴的成分——抗性淀粉（RS）——逐渐被发现对代谢健康有积极作用。抗性淀粉这个名字听起来平平无奇，但它在近几年迅速成为健康研究的热门话题。这种特别的淀粉不易在小肠被消化，反而溜进大肠"闯荡江湖"，在肠道中与微生物一起搞出"化学反应"，帮助控制血糖、减重、保护肠道。相比于其他淀粉类成分，抗性淀粉有点"特立独行"，它不仅可以提供能量，更是扮演了守护代谢健康的"隐形卫士"的角色。在生活方式病（现代文明病）逐渐增加的今天，抗性淀粉为我们提供了一种新的健康管理途径——通过改变饮食结构来维持健康体重、优化血糖、改善肠道健康。现在让我们从头到尾深入探究这个"幕后英雄"的来龙去脉，看看它是如何登上健康舞台的。

膳食新星——抗性淀粉

碳水化合物是人体主要的能量来源，一般分为单糖、寡糖（低聚糖）和多糖三大类。在中国传统饮食结构中，最重要的碳水化合物来源就是多糖中的淀粉。根据在人体消化系统中被分解吸收的速度，淀粉可细分为快消化淀粉、慢消化淀粉和抗性淀粉。

快消化淀粉能迅速在小肠上部被分解吸收，导致血糖水平急剧上升，这对于需要严格控制血糖水平的糖尿病患者来说并不友好。这类淀粉常见于一些高度加工食物，如精白米和精制面粉制品。相对而言，慢消化淀粉在小肠中的消化速度较慢，引起的血糖反应也更为温和。这类淀粉广泛存在于全谷物和杂粮中，对糖尿病患者来说，是更为理想的膳食淀粉选择。而抗性淀粉是一种在小肠中不被消化吸收的特殊淀粉类型，它能够完整地通过小肠，在进入大肠后被肠道微生物菌群发酵，产生短链脂肪酸等有益物质，增加饱腹感、降低食欲、减少热量的摄入，从而降低脂肪组织的质量，提高胰岛素敏感性，进而达到控制体重的目的。

抗性淀粉的"明星之路"始于 20 世纪 80 年代[1]，当时科学家惊奇地发现，有些淀粉不在小肠被消化，而是一路跑到大肠才被分解。于是人们开始研究，发现抗性淀粉分为五类，各有"绝技"。RS1：被植物细胞壁"包裹"得严严实实，消化酶根本进不去。RS2：天然未糊化的淀粉颗粒，像青香蕉和生土豆中的淀粉，其致密结晶结构能抵抗 α-淀粉酶的分解，只有微生物才能搞定它。RS3：煮熟冷却后"回生"的淀粉（形成抗性结构），常见于冷米饭和土豆沙拉中。RS4：经过特殊加工的化学改性淀粉，耐消化。RS5：和脂质形成稳定的"抗消化"复合体。多样的"出身"让抗性淀粉成了满足不同健康需求的理想膳食"帮手"。

抗性淀粉与代谢之间究竟有何关联？2021 年在《自然代谢》上发表的一项研究探讨了不同种类碳水化合物对小鼠生长指标的影响[2]。在这项研究中，研究人员使用 4 种不同比例的碳水化合物饲料对小鼠进行饮食干预，结果发现，以抗性淀粉为主要碳水化合物来源的小鼠体重和体脂显著降低，同时胰岛素敏感性（身体对胰岛素的反应）也得到了改善，这表明抗性淀粉可能对健康代谢具有积极作用。2018 年《美国临床营养学杂志》(American Journal of Clinical Nutrition) 发表的另一项研究进一步揭示了抗性淀粉对糖尿病前期患者代谢的影响[3]。这项随机、双盲、安慰剂对照的临床试验将糖尿病前期患者分为两组，一组每天摄入 45 克抗性淀粉，另一组摄入等热量的玉米淀粉，试验持续 12 周。研究结果显示，抗性淀粉组患者的糖化血红蛋白水平较对照组有显著下降，全身炎症反应也有所减轻。这些发现不仅揭示了抗性淀粉对改善人体代谢的潜在益处，也为开发新型健康饮食模式提供了新的思路。

抗性淀粉的神奇效果：调节代谢，从"肠"计议

抗性淀粉与减重：肠道菌群的"大调控"

肥胖是一种全球慢性疾病。《2025 世界肥胖地图》的数据显示，2025 年中国成年人口中，超重［身体质量指数（BMI）$\geqslant 25$ 千克/米^2］和肥胖（BMI$\geqslant 30$ 千克/米^2）率将分别达到 41% 和 9%。相关数据显示，全球肥胖成年人口将从 2010 年的 5.24 亿激增至 2030 年的 11.3 亿，增幅高达 116%，这将显著增加 2 型糖尿病、心血管疾病等慢性病患病风险，已构成全球公共健

康危机。基于过往研究中报道的抗性淀粉的代谢益处，我们希望能进一步探索抗性淀粉是否对超重和肥胖人群具有长期稳定的有益影响，帮助减轻这类代谢性问题带来的疾病负担。

为此我们开展了一项针对超重和肥胖人群的抗性淀粉干预临床试验[4]，采用随机、对照、交叉设计，37 名受试者被随机分为两组。受试者先分别接受 8 周的抗性淀粉与等热量的对照淀粉干预，4 周的洗脱期后，两组受试者交换，再分别接受 8 周的对照淀粉与抗性淀粉干预。结果显示，8 周的抗性淀粉干预结合等热量平衡膳食（根据受试者的身高和体力活动量计算总热量摄入，每天在 1 600～1 700 千卡，且符合《中国居民膳食指南（2022）》对平衡膳食的要求），有助于超重和肥胖受试者减轻体重（平均减少 2.8 千克）和改善胰岛素敏感性。

为了探究抗性淀粉发挥作用的机制，我们对受试者肠道菌群的变化进行了一系列代谢组学和宏基因组学研究。宏基因组数据分析表明，抗性淀粉的减重获益与其引起的肠道微生物群组成变化有关，其中，青春双歧杆菌（*B. adolescentis*）丰度的增加与受试者的肥胖和代谢改善显著相关。青春双歧杆菌单菌干预小鼠实验结果显示，青春双歧杆菌可以保护小鼠不因饮食而引起肥胖。研究表明，青春双歧杆菌的这种干预作用是通过改变肠道微生物产生的代谢物水平来实现的。它还能增加与肠道屏障完整性相关的蛋白表达，这有助于修复肥胖导致的肠道屏障损伤。修复肠道屏障可以降低脂多糖的水平，有助于减轻全身的循环炎症反应。同时，青春双歧杆菌还能提高血管生成素样蛋白 4（ANGPTL4）的水平，抑制脂质的吸收。此外，通过给无菌小鼠同时补充抗性淀粉和青春双歧杆菌或单独补充抗性淀粉的实验，我们发现肠道微生物在抗性淀粉发挥作用的过程中至关重要，且该作用部分通过青春双歧杆菌介导。这表明微生物靶向治疗在代谢性疾病治疗中具有明确的益处，并指出微生物的优化是未来代谢性疾病治疗的潜在方向。

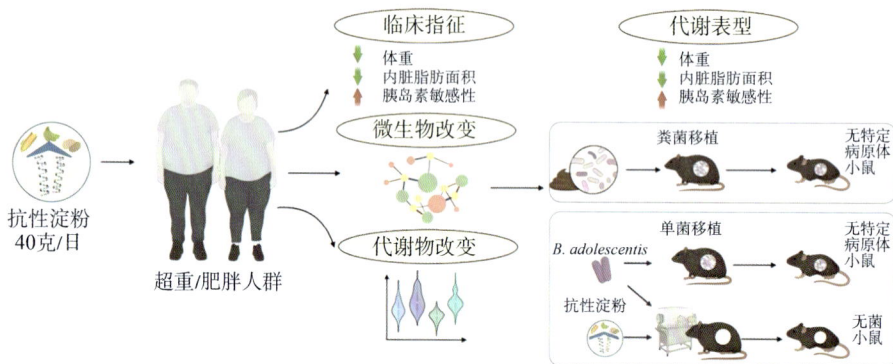

抗性淀粉干预重塑肠道微生物群有助于减轻体重

拓展阅读

肥胖饮食管理

"管住嘴，迈开腿"是对减重智慧的精练总结。"管住嘴"意味着选择恰当的膳食模式，这对于提高减重效率至关重要。对于膳食方案，富含优质蛋白和低脂肪的食品一直是减重的理想选择。优质蛋白指的是富含人体必需氨基酸的蛋白质，它们不仅能被身体高效利用，而且需求广泛，如鸡蛋、牛奶和瘦肉等。在低脂饮食的实践中，烹饪方法的选择尤为关键。低脂饮食应避免高油脂的烹饪方式，如煎、烤、炸和炒，而推荐使用水煮、凉拌和焯烫的方法。关于减重期间碳水化合物的选择，市场上一直存在多种观点和方法，如"断碳""生酮""低碳"等，其实古代智慧"五谷为养"已提供宝贵指导意见。正如《中国居民膳食指南（2022）》所述，把全谷物和杂粮作为碳水化合物的主要来源，同时减少精制谷物的摄入。全谷物、杂豆类以及富含纤维的水果和蔬菜不仅含有丰富的天然抗性淀粉，还提供了人体必需的优质蛋白质和维生素，这对于肥胖人群的代谢健康尤为有益。

抗性淀粉与肝脏：为脂肪肝开辟新"食"代

非酒精性脂肪性肝病（non-alcoholic fatty liver disease，NAFLD）是一种代谢性疾病，全球患病率高达 25％，随着病情的不断恶化，会进一步发展为脂肪性肝炎，甚至演变成肝硬化和肝癌，并引发许多并发症，对患者的健康生活构成巨大威胁。我们开展了一项针对 NAFLD 人群的随机、双盲、平行对照临床试验[5]，发现抗性淀粉干预可通过调节肠道菌群来降低 NAFLD 人群的肝内脂肪含量，提升患者健康水平。

在这项临床试验中，200 名 NAFLD 受试者接受了 4 个月的抗性淀粉（40 克/日）或等能量的对照淀粉干预，并配合平衡膳食。通过对比干预前后的临床指标，我们发现抗性淀粉干预可使患者肝内的甘油三酯含量显著降低（相对降低 39.42％），且这种改善作用独立于体重的降低。同时，受试者的肝内炎症、血脂、胰岛素抵抗（身体对胰岛素的反应减弱）、全身炎症水平等均得到显著改善。这说明抗性淀粉干预可有效减少 NAFLD 患者的肝内脂质沉积并促进代谢相关参数的改善。

通过宏基因组和代谢组数据分析干预前后肠道微生物和代谢物的改变，发现粪便拟杆菌（*B. stercoris*）和支链氨基酸可能是抗性淀粉发挥作用的关键菌和关键代谢物，两者的降低与 NAFLD 临床指标的改善呈正相关。进一步通过人-鼠粪菌移植、粪便拟杆菌单菌干预和体外细胞实验对抗性淀粉引起的肠道微生物变化进行因果关系验证，结果显示抗性淀粉干预可使与肠道屏障相关的蛋白基因表达增强，循环中内毒素水平降低，并证明粪便拟杆菌可通过促进内毒素和支链氨基酸的产生加重 NAFLD 进展。以上证据表明，抗性淀粉可通过抑制关键菌粪便拟杆菌的丰度，减少其带来的内毒素和支链氨基酸的增加，从而改善肝内脂质沉积和肝内炎症。

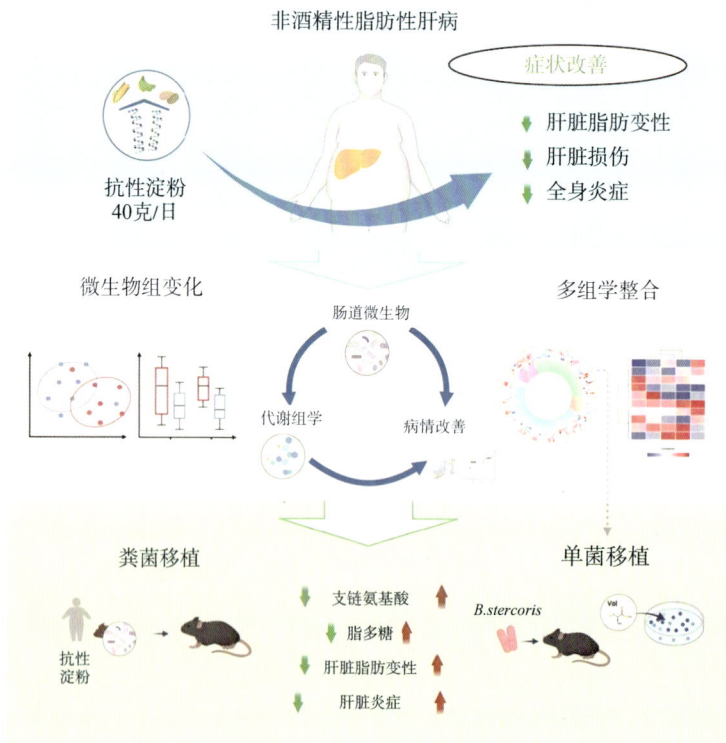

抗性淀粉干预通过改善肠道稳态来缓解 NAFLD 症状

抗性淀粉与血糖管理：温和控糖的得力"助手"

国际糖尿病联盟（IDF）发布的 2025 年全球糖尿病地图显示，2024 年全球约 5.89 亿成年人（20～79 岁）患有糖尿病，预计到 2050 年，这一数字将攀升至 8.53 亿。此外，长期的高血糖状态还可能导致心脏、血管、神经、肾、眼等多器官的慢性损害和功能障碍。随着糖尿病逐渐向年轻群体蔓延，如何有效治疗和预防这一疾病正受到越来越多的关注。

在抗击糖尿病的策略中，生活方式干预至关重要，尤其是饮食管理。对 2 型糖尿病患者而言，优化碳水化合物的摄入是治疗过程中不可或缺的一环。患者应采用"优碳饮食"，即优质碳水化合物结构饮食：减少精制碳水化合物的摄入，增加慢消化淀粉和天然抗性淀粉等膳食纤维的摄入。具体而言，这要求患者减少精制谷物，增加全谷物和富含纤维的蔬菜的摄入。

已有研究表明抗性淀粉干预能够增强糖尿病高危人群的胰岛素敏感性，并维持血糖稳态[6]。具体来说，抗性淀粉干预能够对 2 型糖尿病小鼠模型产生积极影响，包括改善胰岛素抵抗、氧化应激，以及降低炎症标志物[7]。这一发现不仅证实了优碳饮食在血糖管理中的重要性，也为未来的糖尿病干预策略提供了宝贵的科学依据。

解锁抗性淀粉的健康秘诀：如何智慧饮食？

抗性淀粉存在于很多天然食物中，比如全谷物（全麦、燕麦、藜麦），青香蕉，青木瓜。在加工食品领域，米线、粉丝和土豆粉等在经历了加热糊化与冷却的处理后，它们的抗性淀粉含量也显著高于精制的白米和白面。在摄入抗性淀粉配合高脂饮食时，需警惕脂肪供能比例超过 45％可能会干扰肠道微生物的平衡和抗性淀粉的发酵过程。在烹饪过程中，建议减少水分的使用，这有助于促进部分淀粉的糊化和结构转变，从而促进抗性淀粉生成。而烹饪后的冷却步骤是提升抗性淀粉含量的关键，冷却有助于形成更稳定的抗性淀粉结构。以烤土豆为例，这种烹饪手法在减少水分的同时，通过冷却过程，能够保留土豆中的天然抗性淀粉，但需注意控制油脂的使用，以免影响抗性淀粉的发酵效果。

抗性淀粉也存在于大米中。市场上有两种高抗性淀粉大米，一种是通过现代生物科技——转基因技术，精心培育而成的高抗性淀粉大米。另一种则是通过巧妙调整大米的加工工艺，提升米粒中抗性淀粉含量的蒸谷米。在蒸谷米的加工过程中，米粒的外层得以保留，首先经过浸泡、蒸煮至半熟，再经过干燥、加工和冷却，从而提升了抗性淀粉的含量，以丰富其在饮食中的营养价值。蒸谷米的血糖生成指数较低，有助于稳定血糖水平。

总的来说，抗性淀粉有益健康，但过量摄入可能会引起胃肠不适，出现如腹胀、腹泻等现象。因此，补充抗性淀粉时，需要根据自身胃肠功能情况，循序渐进地增加摄入量，使肠道适应，以免引起不适。与其他膳食纤维相同，每个人对抗性淀粉的反应可能不同，应注意观察身体的反应，并根据需要调整摄入量。抗性淀粉只是健康饮食的组成部分之一，应搭配其他类型的碳水化合物、蛋白质、脂肪以及丰富的水果和蔬菜一起摄入，以确保营养均衡。

抗性淀粉的未来：突破科学与日常生活的界限

抗性淀粉不仅是当前营养学研究的热门领域，其应用潜力也引发了食品工业和健康管理领域的广泛兴趣。随着研究的不断深入，科学家们希望通过以下几方面实现抗性淀粉在健康管理中的更多应用。

高效天然来源的发现与开发

随着科学家们对抗性淀粉作用机制的深入了解，越来越多的天然食物资源被研究和开发。例如，薯类、未成熟的谷物和坚果等已经被证实富含抗性淀粉。未来，科学家可以通过育种技术培育出更多富含抗性淀粉的作物，以进一步满足人们日常饮食中的代谢健康需求。

优化抗性淀粉的食物加工技术

传统食品加工方法，如蒸煮、冷却等会影响抗性淀粉的形成。研究人员希望在未来探索出更多适合抗性淀粉的食品加工技术，使其结构更加稳定，从而在加工食品中保留更多的抗性淀粉。例如，在冷却工艺上可以采用逐渐冷却的方式，帮助形成更稳定的抗性淀粉分子结构，以满足大众对健康饮食的需求。

量身定制的抗性淀粉补充剂

由于每个人的代谢情况和健康需求不同，未来的抗性淀粉补充剂可能会根据个体的体质和代谢状况进行定制。这样，抗性淀粉的摄入将更加精准，以实现特定健康目标，如控制血糖、减轻炎症或改善胰岛素敏感性。这类精准健康管理的补充剂可能通过配方改良或与其他膳食纤维复合，以满足个性化需求。

抗性淀粉在代谢健康中的更多作用：
从肠道健康到整体免疫力提升

抗性淀粉不仅对代谢健康有帮助，研究发现它还有助于肠道和免疫系统的健康。肠道是人体最大的免疫器官，与整体健康息息相关，而抗性淀粉对肠道健康的积极作用也为其在免疫力提升上的潜在正向影响提供了基础。

肠道健康的守护者

抗性淀粉在大肠中被发酵，生成的短链脂肪酸，特别是丁酸，能够提供肠道上皮细胞所需的能量，维持肠道屏障的完整性。强健的肠道屏障可以有效阻止病原体的入侵，降低炎症的发生频率，对整体健康有深远的影响。

提高免疫系统的抗病能力

抗性淀粉通过肠道菌群对免疫系统产生的调节作用已经引起科学界的广泛关注。抗性淀粉发酵后产生的丁酸等代谢产物，有助于调控免疫系统的反应，使其在对抗病原体时表现出更好的抗病能力。对于免疫力较弱的群体，如老人、糖尿病患者等，长期摄入抗性淀粉可能有助于改善其免疫和健康状态，降低罹患感染性疾病的风险。

结　语

生活方式干预，尤其是饮食干预，逐渐成为代谢性疾病治疗的常用手段。该疗法不仅能帮助患者改善健康状况、提升生活质量，甚至在某些情况下能够逆转疾病的进程。"民以食为天""人是铁，饭是钢"，这些谚语凸显了饮食在人们生活中的核心地位。然而，不同的饮食习惯会对健康产生截然不同的影响。科学地选择膳食模式，即是选择了健康的生活方式。随着科学膳食模式的不断发展，抗性淀粉的发现为追求健康代谢的人们开辟了新的道路。

抗性淀粉的研究为治疗代谢性疾病提供了一个崭新的思路，且这种干预方式是有效、经济且可持续的，长期科学摄入含有抗性淀粉的天然食物，有利于人体代谢健康。作为一种新兴的天然代谢"助手"，抗性淀粉值得被更多人认识和了解。

参考文献

［1］Englyst H, Wiggins H S, Cummings J H. Determination of the non-starch polysaccharides in plant foods by gas-liquid chromatography of constituent sugars as alditol acetates ［J］. Analyst, 1982, 107(1272): 307 – 318.

［2］Wali J A, Milner A J, Luk A W S, et al. Impact of dietary carbohydrate type and protein-carbohydrate interaction on metabolic health ［J］. Nature Metabolism, 2021, 3(6): 810 – 828.

［3］Peterson C M, Beyl R A, Marlatt K L, et al. Effect of 12 wk of resistant starch supplementation on cardiometabolic risk factors in adults with prediabetes: a randomized controlled trial ［J］. American Journal of Clinical Nutrition, 2018, 108(3): 492 – 501.

［4］Li H, Zhang L, Li J, et al. Resistant starch intake facilitates weight loss in humans by reshaping the gut microbiota ［J］. Nature Metabolisms, 2024, 6(3): 578 – 597.

［5］Ni Y Q, Qian L L, Siliceo S L, et al. Resistant starch decreases intrahepatic triglycerides in patients with NAFLD via gut microbiome alterations ［J］. Cell Metabolism, 2023, 35(9): 1530 – 1547, e1 – e8.

［6］Wang Y, Chen J, Song Y H, et al. Effects of the resistant starch on glucose, insulin, insulin resistance, and lipid parameters in overweight or obese adults: a systematic review and meta-analysis ［J］. Nutrition & Diabetes, 2019, 9(1): 19.

［7］Liu X, Ma Q Y, Feng Y X, et al. Potato resistant starch improves type 2 diabetes by regulating inflammation, glucose and lipid metabolism and intestinal microbial environment ［J］. International Journal of Biological Macromolecules, 2024, 281: 136389.

癌症：基因突变引发"细胞叛乱"，靶向治疗如何平乱？

卢　敏　宋花歆　肖淑君

卢敏，上海交通大学医学院附属瑞金医院上海血液学研究所研究员、博士生导师、书记；组学与疾病全国重点实验室课题组组长、副主任、书记；第八、第九届中国病理生理学会实验血液学专业委员会青年委员会主任委员；主持国家自然科学基金杰出青年、优秀青年科学基金项目、重点项目、国家重点研发计划、海外高层次人才引进计划等 30 余项项目。近年来，卢敏在上海交通大学医学院附属瑞金医院获得 p53 突变体抑癌功能恢复剂三氧化二砷（ATO），利用 ATO 首次在人体内实现 p53 靶向治疗并取得初步疗效，且该 p53 恢复剂是国际公认的唯一有效恢复剂。这些研究成果发表在著名的国际期刊《细胞》（Cell）、《癌细胞》（Cancer Cell）、《自然综述：细胞分子生物学》（Nature Reviews Molecular Cell Biology）、《自然综述：肿瘤》（Nature Reviews Cancer）、《癌症发现》（Cancer Discovery）、《科学转化医学》（Science Translational Medicine）上。该 p53 恢复剂获英国 TP53 信托机构（TP53 Trust）、国际抗癌基金会（Anticancer Fund）等国际抗癌组织推荐，并启动了 5 项临床试验。p53 恢复剂专利进入十余个国家并完成了高水平企业许可转化。卢敏被认为是抑癌蛋白靶向治疗领域的开拓者。

宋花歆，上海交通大学医学博士，上海交通大学医学院附属瑞金医院上海血液学研究所助理研究员；主持中国博士后科学基金特别资助、面上资助、国家资助博士后研究人员计划、上海市"超级博士后"激励计划等项目；2015年至今专注于p53靶向治疗领域的基础和临床研究，以第一作者身份在《科学转化医学》《癌细胞》《自然综述：肿瘤》和《癌症发现》等期刊上发表论文。

肖淑君，上海交通大学生物学博士，上海交通大学医学院附属瑞金医院上海血液学研究所助理研究员；主持博士后创新人才支持计划、中国博士后科学基金面上资助、上海市"超级博士后"激励计划等项目；获上海交通大学优秀博士学位论文、上海市优秀毕业生等荣誉；2017年至今专注于p53靶向治疗领域的基础和临床研究，以第一作者身份在《癌细胞》《自然综述：肿瘤》和《癌症发现》等期刊上发表论文。

癌症是什么？癌症就是身体里面出现不死的、疯狂生长的异常细胞——癌细胞。

癌细胞是怎么来的？癌细胞是人体内正常细胞发生癌变形成的。

正常细胞为什么会发生癌变？答案是基因突变。人体内有两种与癌症发生相关的基因，如果这两种基因发生突变，就可能发生癌症。第一种是癌基因（oncogene），这是一种促进癌细胞生长的"流氓基因"，这类基因发生突变以后，其促肿瘤功能将进一步增强，进而引发癌症；第二种是抑癌基因（tumor suppressor gene），这是一种抑制癌细胞生长的"警察基因"，这类基因发生突变以后，会失去抗肿瘤功能，进而引发癌症。

癌症会遗传吗？癌细胞不会在人与人之间传染，也不会由上一代遗传给下一代。但是"易患癌体质"往往是遗传自上一代的。比如有一类癌症患者，60岁前注定有80%的概率会罹患癌症，这是由于他们的抑癌基因 *TP53* 发生先天性突变，而这个突变遗传自他们的父亲或母亲。

"神奇的药丸"（magic pill）是指针对基因突变研发出的具有精准性、高有效性、低毒副作用的药物，即靶向药物。当某个基因发生突变时，就需要精准使用针对该基因突变的靶向药物，因此靶向药物又被称为精准药物。比如针对癌基因 *EGFR* 的突变，科学家研发出 EGFR 靶向药物；针对癌基因 *BRAF* 的突变，科学家研发出 BRAF 靶向药物；针对抑癌基因 *TP53* 的突变，科学家还在努力研发 p53 靶向药物。

抗肿瘤的靶向药物有很多，大概有 100 种。但这些靶向药物全都是针对突变的癌基因的，目前全球还无法研制出针对突变的抑癌基因的靶向药物。

被誉为"靶向药物的圣杯"的 p53 靶向药物是什么？我国科学家在研发 p53 靶向药物上有什么贡献？判断一种抗癌药物是否有效的标准是什么？靠谱的癌症科普资源有哪些？很多有趣问题的答案，本文将为您一一揭晓。

癌症是什么？

癌症，或称恶性肿瘤，是一种危害全球人类健康的重大疾病。我国每年新发癌症患者约 400 万；男性和女性中致死率排前 5 位的癌症均为肺癌、胃癌、肝癌、食管癌、结直肠癌。每个人一辈子大概有 40％的概率会患癌，随着人类寿命的进一步延长，未来人们患癌的概率还会进一步增加。

癌症是由正常细胞恶化成癌细胞造成的一种疾病。癌细胞有很多特征，比如失去对细胞生长和分裂的正常调控，这会导致细胞异常、疯狂地增殖和扩散，永远不会发生衰老和死亡。正常细胞在生命周期的特定阶段会自发地进入死亡程序，以保持组织结构的稳定和健康。然而，癌细胞却能够逃避死亡，在生物体内无限制地生长和扩散。此外，癌细胞还具有其他一些重要特征，包括具有血管生成、侵袭和转移能力等。

这些特征共同作用，使得癌细胞能够在机体内形成恶性的、不停繁殖的、永远不会死的肿瘤，最终对机体造成严重危害。尽管目前在癌症治疗方面已经取得了一些阶段性进展，如手术切除、化疗、放疗、靶向治疗和近年来兴起的免疫治疗等，但仍然存在很多挑战和未解之谜。

癌症是如何发生的？

可以说基因突变是癌症发生的根源。基因记录着生命的基本构造和功能，不仅决定了我们的高矮胖瘦、皮肤颜色深浅、性格、外貌等，还往往与癌症的发生有关。人体内有约 20 000 个基因，当细胞发生分裂时，基因就会进行复制，复制过程中偶尔会发生错误，我们称为基因突变。如果突变的基因刚好是与癌症相关的基因，那么就有可能引起细胞功能紊乱，进而使该细胞变成癌细胞。

目前已知至少有 500 个与癌症相关的基因，它们可以分为两类：第一类是癌基因，这类基因编码一种可以促进细胞生长的蛋白，叫癌蛋白。当癌基因发生突变以后，编码出的癌蛋白也发生了突变，突变的癌蛋白又疯狂地促进细胞生长，导致癌症发生。第二类是抑癌基因，这类基因编码一种可以阻止细胞生长的蛋白，叫抑癌蛋白。当抑癌基因发生突变以后，编码出的抑癌蛋白也发生了突变，突变的抑癌蛋白不能阻止癌细胞生长，也可以导致癌症的发生。

我们把细胞比喻成一辆汽车，这辆汽车需要有行驶功能（个体发育时需要细胞生长、分裂），同时也需要有刹车功能（细胞损伤时，需要停止生长、分裂，甚至是自噬性细胞死亡）。正常细胞就像一辆正常行驶的汽车，依靠正常工作的发动机（癌蛋白）以及正常工作的刹车（抑癌蛋白）控制汽车的启动和停止。而癌细胞就像是一辆疯狂行驶、不受控制的汽车，其发动机始终处于最大功率运转状态（癌蛋白发生突变导致其疯狂促进细胞生长），刹车则处于失效状态（抑癌蛋白发生突变导致其失去阻止癌细胞生长的能力），因此无论什么时候，这辆汽车都处于超速行驶、失控的状态。

正常行驶的汽车：
正常细胞有序生长，会死亡

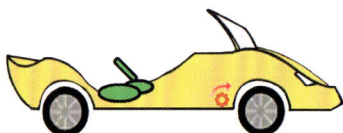

失控并疯狂行驶的汽车：
癌细胞疯狂生长，永不死亡

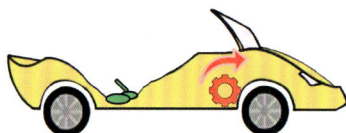

正常的刹车：抑癌蛋白有抗肿瘤功能　　正常的发动机：癌蛋白在需要的时候才促进细胞生长

失效的刹车：抑癌蛋白发生突变，失去抗肿瘤功能　　永不停止的发动机：癌蛋白发生突变，疯狂地促进细胞生长

癌细胞就像一辆发动机从不停歇、刹车失效的汽车

因此，可以想象，任何导致癌基因或抑癌基因突变的因素都是导致癌症发生的风险因素。下表是引发癌症的十大因素，其中第一大因素是年龄增加，因为随着年龄的增大，细胞不断地发生分裂，基因在细胞分裂时会随机地、不可避免地发生突变，如果突变的正好是癌基因或抑癌基因，癌症就可能发生。卫生状况差、战乱频发国家的居民为什么不容易患癌症？因为他们平均寿命短。空气质量良好、卫生条件佳、医疗水平高的澳大利亚、北欧等地区的发达国家的居民为什么容易患癌症？因为他们平均寿命长。因此，癌症本质上是一种老年病，甚至可以说：只要活得够久，一定会得癌症。

两个知名网站总结的引发癌症的十大因素

Cancer. org	Medicine. net
年龄增加	年龄增加
吸烟	吸烟
饮酒	暴晒
致癌物质	电离辐射
慢性炎症	致癌物质
节食	感染
荷尔蒙失调	荷尔蒙失调
免疫抑制	遗传
感染	饮酒
肥胖	肥胖

如果不算年龄增加这个不可避免的风险因素，吸烟是最重大的致癌风险因素，它导致 30％～40％ 的男性因患癌而死亡。一个不吸烟的人大概有 0.5％ 的概率死于肺癌，但一个吸烟的人死于肺癌的概率可以提高至约 10％。虽然在年龄增长的过程中发生的基因突变是不可避免的，但是吸烟、饮酒等引起的基因突变是可以避免的。如果不吸烟、不喝酒，健康饮食，保持锻炼，就能够预防四分之一以上的癌症。

癌症会遗传吗?

癌细胞不会在人与人之间传染，癌细胞也不会由上一代遗传给下一代。绝大多数癌症都是因为个体在成长过程中发生基因突变而诱发的。这些基因突变并不是遗传自上一代，因此称为非遗传性癌症（肿瘤）。

尽管癌症本身不会遗传，但"易患癌体质"是可以遗传的，其根本原因是下一代遗传了上一代体内突变的癌基因或者抑癌基因，因此这类癌症（肿瘤）称为遗传性癌症（肿瘤）。这类人群从受精卵开始就遗传了父亲或母亲的突变基因，出生时（天生）就携带可以诱发肿瘤的突变基因。好莱坞明星安吉丽娜·朱莉（Angelina Jolie）就因为遗传了先天性突变的 BRCA1/2 抑癌基因，成为"易患癌体质"，因此在年轻时就主动选择切除了易发生肿瘤的乳腺和卵巢。先天性基因突变导致的遗传性肿瘤占全部肿瘤病例的 5%～10%[1]。已报道的遗传性肿瘤包括遗传性乳腺癌、卵巢癌、胃癌、直肠癌、白血病等 10 余种肿瘤[1]。

一种比较有名的遗传性肿瘤是利 - 弗劳梅尼综合征（Li-Fraumeni Syndrome，LFS），是由 TP53 基因（编码 p53 蛋白）突变引起的。LFS 是一种较为罕见的显性遗传病，以首先发现此疾病的两位医师的名字命名。这一类遗传性肿瘤的主要特征是发病年龄非常低。LFS 人群通常在青年时期就出现多种恶性肿瘤[2]，最常见的癌症类型包括乳腺癌、骨肉瘤、软组织肉瘤、急性白血病、脑癌和肾上腺皮质癌，另外他们罹患黑色素瘤、肾母细胞瘤、胃癌、结肠癌、胰腺癌、食管癌、肺癌和性腺生殖细胞瘤的风险也会增加[3,4]。据统计，50% 的 LFS 患者会在 40 岁前罹患某种癌症，在 60 岁前患癌的可能性增至 80%～90%[5,6]。目前，针对我国 LFS 家族的研究报道较少。在被认为是我国第一例 LFS 家族的报道中，有 6 名家庭成员罹患各种肿瘤[7]。凤凰网曾经以"全球首例患 5 种癌症者公开求助！她 19 年来为何不断患新癌？"为题，报道了我国一例典型 LFS 患者的情况。

神奇的药丸——靶向抗癌药物

靶向药物一般是指能够针对基因突变的癌症治疗药物，因其具有精准性、高有效性、低毒性而被称为"神奇的药丸"。靶向抗癌药物的作用机制往往是通过干扰癌细胞内突变的蛋白的功能（突变的蛋白由突变的基因编码产生），抑制癌细胞的增殖和扩散。由于正常细胞没有这些突变的蛋白，因此靶向抗癌药物对正常细胞的伤害很小。此外，有些癌症患者可能发生蛋白 A 的突变，但其他患者没有发生蛋白 A 的突变，而是发生蛋白 B 的突变，因此后者只能使用针对蛋白 B 突变的靶向药物，不能使用针对蛋白 A 突变的靶向药物。靶向治疗精准针对具体病人的某一个基因突变，由于其更具有针对性和特异性，因此也被称为精准医疗（precision medicine）、个性化医疗（personalized medicine）。

靶向抗癌药物的设计理念源于对癌症发病机制的深入研究。在癌症的发展过程中，常常伴随着一系列基因突变，部分基因突变可能导致细胞信号传导通路异常活化，进而促进肿瘤的生长、扩散、永生化。靶向抗癌药物的作用机制往往是干预这些异常信号通路中的关键蛋白，使得癌细胞无法正常生长和分裂。一个典型的例子是针对 EGFR 突变肺腺癌的靶向治疗。*EGFR* 是一种癌基因，它编码的癌蛋白 EGFR 在正常情况下参与调控细胞正常生长和分化，但在某些肺腺癌患者中，*EGFR* 基因发生突变导致 EGFR 蛋白也发生突变，进而导致这个蛋白持续处于活化状态，最终使得癌细胞疯狂、无限地增殖。针对这种情况，科学家们开发了一类名为 EGFR 抑制剂的靶向药物，它们能识别并结合突变的 EGFR 蛋白，阻止其促进癌细胞增殖，从而抑制肿瘤的生长和扩散，提高患者的生存率。除了 EGFR 抑制剂外，还有许多其他种类的靶向抗癌药物，如 FLT3 抑制剂、BRAF 抑制剂等。

不是所有癌症患者都可以使用靶向药物。比如只有发生 EGFR 突变的患者使用 EGFR 靶向药物，才有可能有疗效。*EGFR* 基因没有突变的患者，则不应该使用 EGFR 靶向药物。因此，使用靶向药物需要对患者的癌细胞进行基因测序，确定患者是否含有靶向药物所针对的基因突变。

"神奇的药丸"有哪些？终极的靶向抗癌药物是什么？

目前临床获批的 100 多种靶向药物都通过"破坏汽车发动机"的方式来治疗癌症，即现有靶向药物都靶向癌蛋白，阻止癌蛋白促细胞增殖，因此这些靶向药物往往被称为"抑制剂"。但还没有任何一种药物可以通过"修复刹车"的方式来治疗癌症，即现有靶向药物没有一种能够靶向抑癌蛋白，科学家还做不到恢复抑癌蛋白的抗肿瘤功能（如果能获得抑癌蛋白的靶向药物，这类靶向药物应该叫作"恢复剂"，而不应该叫作"抑制剂"）。总之，目前科学家只能做到"祛邪"，但还做不到"扶正"。遗憾的是，癌症病例有一半以上与抑癌蛋白突变有关，只有少部分与癌蛋白突变有关，这意味着临床上对恢复剂的需求远超过对抑制剂的需求。恢复剂的缺失，造成临床上只有 3%～10% 的癌症患者有靶向药物可用的窘境[8,9]。

p53 是最知名的抑癌蛋白，它是癌症中突变频率最高的蛋白，在约 50% 的癌症患者体内发生突变。如此高的突变发生率，意味着 p53 靶向药物（即 p53 恢复剂）具有极广的使用范围。如果出现 p53 恢复剂，光这种药物的适用患者群体就超过目前临床上所有靶向抗癌药物适用患者群体的总和。因此，p53 恢复剂被至少 15 篇顶级科学文献称为"靶向抗癌药物的圣杯""终极的靶向抗癌药物"。不出所料，TP53 是目前科学界被研究最多的基因，也是历史上被引用最多的基因[10]。

拓展阅读

人体内与癌症关系最密切的基因

　　下图是与癌症最相关的 100 个基因，即突变频率最高的 100 个基因。它们发生突变以后最有可能引起癌症。

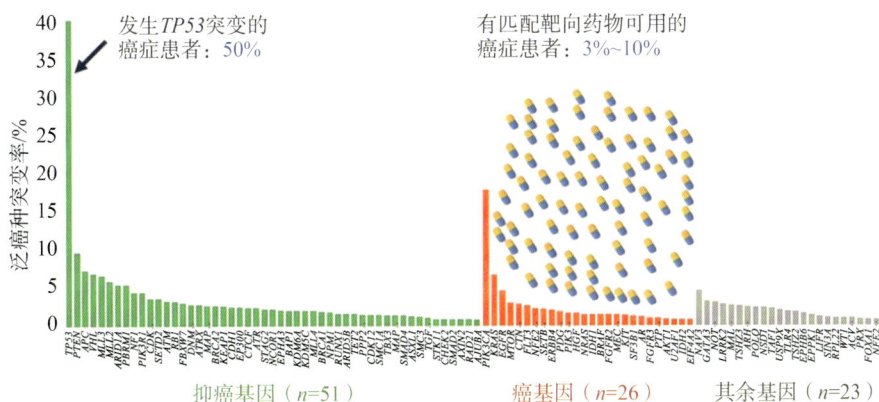

横坐标代表癌症中突变频率最高的 100 个基因，其中有 77 个是已经明确的癌基因或抑癌基因。纵坐标代表该基因在癌症患者中发生突变的概率。药物图标表示已经获批临床使用的靶向药物。其中 TP53 是人类癌症中突变频率最高的基因，编码抑癌蛋白 p53

　　然而研发 p53 恢复剂具有很大的难度，获得该"圣杯"需从 0 到 1 克服两项科学难题。第一，p53 是抑癌蛋白，发生突变后失去抑癌功能，因此靶向 p53 需要恢复（而非抑制）其蛋白功能，但学术界和工业界尚无成功靶向抑癌蛋白的先例。在突变频率最高的 100 个基因中，有 51 个编码抑癌蛋白，然而临床上 100 多个靶向药物几乎都靶向癌蛋白，而无一靶向抑癌蛋白。靶向抑癌蛋白不仅缺乏成功先例，而且缺乏明确的逻辑支持——化合物结合到蛋白上，有可能导致蛋白功能受到抑制（如果化合物占据活性位点），但如何诱导蛋白功能恢复？其逻辑是什么？第二，p53 蛋白表面光滑，化合物难以结合。癌症超级重磅靶点 p53、PTEN、Bcl-2、KRAS、MYC 等很大程度上都是因为缺乏合适的化合物结合口袋而在成药道路上困难重重。化合物结合口袋是指在生物分子（如蛋白质）中，能够与配体（如小分子）结合的区域，这个区域从蛋白质的表面上看，像一个张开的口袋。总之，这两项底层的科学挑战使科学家和药企难以获得靶向抗癌药物的"圣杯"。截至 2018 年，国际上至少有 70 个团队报道称获得了可以恢复 p53 功能的药物（p53 恢复剂），但遗憾的是，与"室温超导"闹剧一样，没有人能检测到这些药物恢复 p53 抑癌功能的效果，唯一的例外是我们团队在 2020 年获得的 p53 恢复剂。

2020 年 12 月 25 日，我们团队在《癌细胞》杂志上发表论文，介绍了首次获得的有效 p53 恢复剂。该研究发现 p53 恢复剂三氧化二砷（ATO，俗称砒霜）就是几十年来科学家们一直在追求的"靶向药物的圣杯"。ATO 靶向 p53 的机制和靶向急性早幼粒细胞白血病中 PML-RARα 蛋白（由 PML 基因和 RARα 基因融合后形成的癌蛋白）一样，都是同时结合三个空间结构上靠近的半胱氨酸的巯基。值得一提的是，中国医生和科学家使用 ATO 靶向 PML-RARα，在与全反式维甲酸（ATRA）联用时治愈了急性早幼粒细胞白血病，使这类患者在停药后的 5 年生存率超过 90%，使得这种白血病成为迄今唯一被靶向药物基本治愈的恶性肿瘤，这也是除了青蒿素治疗疟疾以外我国对世界科学史的另一贡献。然而，ATO 具有显著的体内毒副作用，因此用于治疗 p53 突变癌症患者时其临床获益是否大于毒副作用还有待研究。此外，癌症中有上千种不同的 p53 突变体，这些突变体失去抑癌功能的机制各不相同，上千种 p53 突变体中，哪些 p53 突变体可以被 ATO 恢复功能进而用于临床治疗也是未来探索研究的方向。

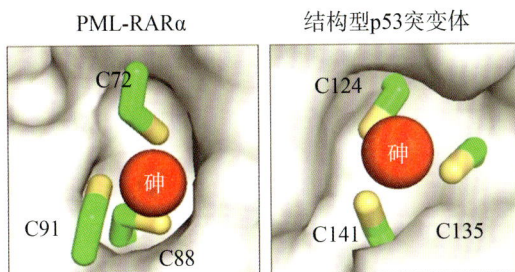

ATO 释放砷原子，结合 PML－RARα 和 p53 内的"三半胱氨酸口袋"

2023 年 4 月 5 日，我们团队在《科学转化医学》杂志上发表论文，对 ATO 靶向 p53 做了系统性研究：①测定了 ATO 对 800 个癌症中最常见的 p53 突变体的功能恢复效率，鉴定并公开了 390 个可以被 ATO 恢复功能进而用于临床治疗的 p53 突变体（可通过 www. rescuep53. net 查询，其中标注 rescuable 的是可以被 ATO 恢复功能的突变体）；②据此提出基于每一个 p53 突变体的恢复效率决定是否将 ATO 应用于靶向治疗的精准治疗理论；③利用该理论策略，首次在人体内实现 p53 突变体功能恢复，并减轻该白血病患者的肿瘤负担。过去 7 年，我们团队还建立了 p53 突变体的 LFS 小鼠（高频突变 p53－R282W）模型，发现在其饮用水里加入 ATO 可以显著延长 LFS 小鼠的寿命，但这些研究成果还未公开发表。需明确提出的是，这些实验室水平的细胞研究、小鼠水平的研究都还远不能证明 ATO 靶向 p53 的临床疗效，请大家不要使用未经严格临床证据证明的药物。将来即使 ATO 在临床上被证明有效，也只可能对特定 p53 温度敏感型突变（比如 V272M 等）有效。

2024 年 2 月 22 日，我们团队进一步在《癌细胞》杂志上发表论文。在这项研究中，团队共制备了超过 10 000 个生物学样品，在 10 个实验系统中头对头比较了目前所有可获取的 30 余个 p53 恢复剂，包括 14 个最具代表性和影响力的 p53 恢复剂（其中 6 个恢复剂已进入临床试验阶段），但不包括化学结构未公布且难以获取的恢复剂（如 p53 - Y220C 单突变体恢复剂 PC14586）。通过实验量化这些恢复剂对 p53 突变体的功能恢复效果，结果发现：①除 ATO〔和其类似物酒石酸锑钾（PAT）〕以外，所有 p53 恢复剂在所有 10 个实验系统中均检测不到任何 p53 功能恢复效果；②即使是 ATO 和 PAT，也只能恢复结构型 p53 突变体（使 p53 蛋白丧失空间结构的一类突变体）的功能，而且只对温度敏感性高的结构型突变体有较好的恢复效果；③团队进一步解析出大量 ATO/p53 突变体的共结晶结构，并在原子水平揭示了温度敏感性低的结构型突变体〔往往是发生于脱氧核糖核酸（DNA）结合面附近的突变〕尽管也被 ATO 诱导蛋白的整体重新折叠，但其 DNA 结合面还是部分扭曲，导致其 DNA 结合能力未被完全恢复，进而导致 p53 活性未被高效恢复。

至此，我国科学家获得了有效的 p53 靶向药物，首次在人体内实现 p53 功能恢复，并被国际公认是唯一有效的 p53 靶向药物。我们团队因此被广泛认为是 p53 靶向药物的获得者和抑癌蛋白靶向治疗领域的开拓者。

尽管对癌细胞、患癌小鼠，甚至一例癌症患者的研究结果都支持 ATO 是有效的 p53 靶向药物，但这些仍不足以确认 ATO 作为 p53 靶向药物的临床疗效，因为判断药物临床疗效的唯一标准是在大规模、双盲、随机对照临床试验中取得的结果。未来，尚需科学家和临床医生紧密合作，开展临床试验探索 ATO 作为 p53 靶向药物是否真的具有临床疗效。

拓展阅读 ...

癌症和肿瘤的区别

癌症泛指所有的恶性肿瘤，英文名为 cancer。这个词汇的本义是"螃蟹"，这种动物有很多脚爪，爬行时看起来横行霸道、极具侵犯性的样子，像极了癌细胞。

肿瘤是人体在各种致瘤因素（往往是基因突变）的作用下形成的新生物（多表现为包块、肿块），英文名为 tumor。肿瘤分为良性肿瘤和恶性肿瘤，由肿瘤细胞组成，包括实体瘤肿瘤细胞和白血病肿瘤细胞。

癌症的早发现、早治疗

患者如果在早期能够发现并得到充分的治疗（早诊早治），诸如乳腺癌、宫颈癌和结直肠癌等癌症是可以被治愈的，但如果是晚期发现的，则难以治愈。简单地说：早期发现癌症，多数癌症可以被治愈；晚期发现癌症，多数癌症往往不可治愈。

对我国 LFS 现状的思考

遗传性肿瘤 LFS 在我国具有极大的、未被满足的被关注需求。遗传性肿瘤是指由父母遗传的先天性基因突变导致的肿瘤。遗传性肿瘤中的 LFS 尤为恶性。LFS 患者是从父母那里遗传的抑癌基因 TP53 发生种系突变，因此先天就具有极高的患癌可能性，而且在青少年时期就可能罕见地同时罹患多种癌症。以 45 岁人群为例，LFS 人群患癌症的概率是正常人的 30.7 倍；死于癌症的概率是正常人的 521.1 倍。LFS 人群中男性的患癌概率为 70%～80%，女性则为 90%～100%。我国预计有 10 万～20 万 LFS 人群，但因为缺乏基因组测序信息，患者本人在肿瘤发生并进行基因测序前都不知道自己是 LFS 人群，因此难以成功预防 LFS 肿瘤或避免 LFS 后代的出生。截至目前，我国对 LFS 人群的关注度依然很低，与 LFS 相关的信息登记和科普网站极少。总之，由于政府、科学家、医生、公众等对 LFS 缺乏了解，庞大的 LFS 人群具有极大的、未被满足的被关注需求。

对于 LFS，我们普通人能做什么？

（1）请密切关注自己的肿瘤家族史。

如果亲属（尤其是一级亲属）在 45 岁前得了肉瘤等 LFS 常见肿瘤，或者有两位及以上亲属在低龄时就被诊断出有肿瘤（肿瘤是老年病，青年人极少发生除白血病和脑瘤以外的肿瘤，因此有两位及以上家族成员在低龄时发生肿瘤的概率极低，如若发生，最有可能的情况是该家族成员体内存在先天性基因突变，如 $TP53$ 突变），那么就可以怀疑自己可能是 p53 先天性突变的 LFS 人群。

出现以下任意一种情况，需要考虑自己具有罹患 LFS 的可能性：①45 岁前确诊肉瘤，且有血缘关系的一位亲属在 45 岁前罹患任何癌症；②45 岁前确诊肉瘤，且有血缘关系的一位亲属在任何年龄患上肉瘤；③45 岁前确诊除多发性乳腺癌以外的肿瘤，且有血缘关系的多位亲属也在 45 岁前被确诊患有除多发性乳腺癌以外的肿瘤；④45 岁前同时患有两种不同的癌症，且这两种都不是多发性乳腺癌；⑤确诊患有肾上腺皮质癌或脉络丛肿瘤。

（2）如果怀疑自己是 LFS 人群，需要做哪些检查来确定？

自行拔下 2～3 根携带毛囊（指发根部位有一小块肉眼可见的白色头皮）的头发，或者去医院抽取血液，然后将头发或血液样本寄送给基因测序公司进行 *TP53* 基因测序。

（3）如果确诊患有 LFS，还能做什么事呢？

一半的 LFS 患者会在 40 岁前患癌。男性终身患癌概率为 70％～80％，女性为 90％～100％。因此，这类人群需更关注癌症预防和治疗的科学信息，进行更低龄、更频繁的定期体检（特别是针对 LFS 患者高发的乳腺癌、骨肉瘤、淋巴瘤、白血病等），以及必要的产前体检（确诊者下一代有 50％的概率也是 LFS 患者，因此为了下一代的健康，建议生育前做早筛，避免 LFS 婴儿出生）。对确诊的 LFS 患者，建议每年进行全身磁共振（WB－MRI）体检，避免接受放射性检测如计算机断层扫描（CT）、单光子发射计算机断层扫描（SPECT）、正电子发射及 X 射线计算机断层成像扫描（PET－CT）；养成不吸烟、不喝酒、科学摄入大量水果和蔬菜、减少不必要的放射暴露、定期锻炼、避免肥胖、减少日晒等健康的生活习惯。

结　语

癌症的本质是基因异常引发的细胞行为失控。针对这一核心机制，科学家已开发出多个针对癌基因的靶向药物，为部分癌症患者带来了精准治疗的可能。但对于 p53 这样的抑癌蛋白，依然是药物研发领域最具挑战性的难题之一。近年来，我们团队获得了有效的 p53 靶向药物，推动抑癌蛋白靶向治疗向前迈进了一大步。未来，我们有理由相信，在基础研究与临床转化的持续推动下，癌症有可能成为一种可防可控的慢性疾病，为人类健康带来更光明的前景。

精彩问答 Q&A

1. 如何获取靠谱的癌症科普资源?

李治中博士是一位在我国癌症科普领域做出重要贡献的科学家。他本科就读于清华大学生物科学与技术系，2009 年获得美国杜克大学癌症生物学博士学位，毕业后曾担任跨国顶尖制药公司癌症新药开发部实验室负责人。回国后，他创建了深圳拾玉儿童公益基金会，并担任基金会秘书长；2018 年被聘为北京大学药学院客座教授；后担任中国抗癌协会肿瘤防治科普专业委员会首届委员。他长期组织、参与公益癌症科普活动。李博士运营的几个科普公众号和出版的一些畅销科普图书在此推荐给各位读者。

（1）菠萝因子（聚焦成人癌症科普）：公众号账号是 checkpoint_1；视频号账号是 spheNogiqQi5E5m。

（2）向日葵儿童（聚焦儿童肿瘤科普）：公众号账号是 curekids；视频号账号是 sphrWv60Xd7HBhJ。

（3）癌症科普网站链接：http：//www.curekids.cn/。

（4）小红书账号：向日葵儿童，2646001039。

（5）微信科普小程序：向日葵儿童。

（6）科普书籍：《癌症·真相：医生也在读》《癌症·新知：科学终结恐慌》《癌症·防御：献给健康人的癌症预防指南》《她说：菠萝解密乳腺癌》《深呼吸：菠萝解密肺癌》《儿童白血病百问百答》《儿童肿瘤百问百答》《我能长大：与30位儿童癌症康复者一同追逐希望与明天》。

2. 如何判断一种抗癌药物的有效性？

大规模、双盲、随机、对照临床试验的结果是判定一种抗癌药物是否有效的主要依据。

何为对照？为评估某种药物的疗效，研究者安排一组患者（亦称给药组）服药，然后考察他们在服药后的病情变化。若给药组在服药后从整体上看病情有所好转，则是否一定归因于药物呢？答案是否定的，因为影响病情的原因是多样的，比如有时会因人体的自愈能力而自发好转，并非因为服药。为了控制自愈效应的影响，研究者有必要在安排给药组服药的同时，再安排另一组患者（亦称对照组）不服药。通过比较给药组与对照组的病情变化差异，就能控制自愈效应的影响。

何为双盲？与对照组相比，给药组或许受益于安慰剂效应——只要服药者认为自己得到了治疗，即使其服用的是毫无药效的面粉做的胶囊，也可能因为心理作用使病情出现好转。所以研究者会安排所有患者都服药，只不过给药组服用的是真药，而对照组服用的是无药效的"药"（又称安慰剂）。要保证患者完全不清楚自己服用的是真药还是安慰剂并不容易。比如研究者在给患者分发药物时，面对给药组，有可能在无意中会表现得比较严肃；面对对照组，则可能在无意中会表现得比较轻松。此时，敏感的患者可能会根据研究者的神态，对其所服用的药物类型产生怀疑和猜测，进而影响试验结果的准确性。此外，为了避免有的研究者希望被研究药物是一种有效药物，进而在记录两组患者的临床疗效数据时掺杂主观因素，导致记录数据不准确、不客观，因此研究者也不能知道自己给患者的药是真药还是安慰剂。

何为随机？有时候，研究者故意把身体相对较好的患者分到给药组，把体弱的患者分到对照组，最后得出一个本来无效的药物具有临床疗效的误导性结论。因此，在患者决定开始进行临床试验的时候，需要通过抽签等随机方法来决定患者是进入给药组还是对照组（不能由研究者或者患者人为决定）。

何为大规模？有时候会出现给药组的患者刚好自愈能力比较强，对照组患者的自愈能力刚好比较弱，导致一种明明无效的药物在临床试验中得出有效的结果（反之也可能导致一种明明有效的药物在临床试验中得出无效的结果）。因此需要多测试几位患者，很多时候需要几百位患者一同接受临床试验，才能从统计学上排除这种巧合因素导致的研究结果偏差。

　　所以，如果有人向你或者家人推销某药物，说其具有抗癌的效果，那么你可以问他这个药物的大规模、双盲、随机、对照临床试验结果是什么？

参考文献

［1］ Xu X, Zhou Y, Feng X W, et al. Germline genomic patterns are associated with cancer risk, oncogenic pathways, and clinical outcomes ［J］. Science Advances, 2020,6(48):eaba4905.

［2］ Bougeard G, Renaux-Petel M, Flaman J M, et al. Revisiting Li-Fraumeni syndrome from *TP53* mutation carriers ［J］. Journal of Clinical Oncology, 2015,33 (21):2345－2352.

［3］ Nichols K E, Malkin D, Garber J E, et al, Germ-line p53 mutations predispose to a wide spectrum of early-onset cancers ［J］. Cancer Epidemiol, Biomarkers & Prevention, 2001,10(2):83－87.

［4］ Valdez J M, Nichols K E, Kesserwan C. Li-Fraumeni syndrome: a paradigm for the understanding of hereditary cancer predisposition ［J］. British Journal of Haematology, 2017,176(4):539－552.

［5］ Mai P L, Best A F, Peters J A, et al. Risks of first and subsequent cancers among *TP53* mutation carriers in the National Cancer Institute Li-Fraumeni syndrome cohort ［J］. Cancer, 2016,122(23):3673－3681.

［6］ Chompret A, Brugières L, Ronsin M, et al. P53 germline mutations in childhood cancers and cancer risk for carrier individuals ［J］. British Journal of Cancer, 2000,82(12):1932－1937.

［7］ Hu H Y, Liu J P, Liao X B, et al. Genetic and functional analysis of a Li Fraumeni syndrome family in China ［J］. Scientific Reports, 2016,6:20221.

［8］ Prasad V. Perspective: the precision-oncology illusion ［J］. Nature, 2016,537(7619):S63.

［9］ Tannock I F, Hickman J A. Limits to personalized cancer medicine ［J］. The New England Journal of Medicine, 2016,375(13):1289－1294.

［10］ Dolgin E. The most popular genes in the human genome ［J］. Nature, 2017,551(7681):427－431.

认识孤独症：从社交困境到神经机制

胡荣贵　张文阳

胡荣贵，浙江大学求是特聘教授、中国科学院大学杭州高等研究院特聘教授、国家精神疾病医学中心（上海市精神卫生中心）特聘教授，九三学社中央医疗卫生工作委员会副主任委员、中央促进技术创新工作委员会委员等；先后入选"中国科学院百人计划""国家杰出青年""科技部创新人才推进计划"等；长期致力于研究蛋白质稳态异常与重大疾病的机制，并注重发展一系列研究和操纵蛋白质稳态的原创性方法；已在《自然》(Nature) 等期刊上发表 80 多篇论文，获国际及中国专利授权各 3 项；1 项相关工作已进入注册临床阶段；共同主编《细胞研究》(Cell Research) 2016 年专刊《泛素和类泛素信号》(Ubiquitin and Ubl Signaling)，《细胞与发育生物学前沿》(Frontiers in Cell and Developmental Biology) 2021 年专刊；《分子细胞生物学报》(Journal of Molecular Cell Biology) 等杂志编委会成员；主办"蛋白质稳态、人类健康与疾病"东方科技论坛学术研讨会等；已培养硕士、博士生 39 名（联合培养 10 名），其中 1 人获得中国科学院院长优秀奖，多人获得中国科学院及全国奖项。

张文阳，南京农业大学生物科学专业优秀本科毕业生，中国科学院分子细胞科学卓越创新中心 2022 级研究生，导师为胡荣贵研究员，主要进行泛素-视黄酸信号参与人类孤独症谱系障碍发生发展的新机制及干预研究。

　　孤独症是一类常见的早期精神神经类发育性障碍，严重影响儿童的社交能力及身心健康，其新生儿群体中的患病率呈现出显著的逐年上升趋势。长期以来存在社会对孤独症的关注度不足、对患病群体的尊重与接纳程度不高以及对孤独症儿童缺乏有效干预等问题。本文将从孤独症的概念与症状开始，较为系统、全面地梳理两个多世纪以来人类对孤独症的认知、研究历程以及现有的治疗方法和局限性，并从科学的角度结合自身的研究积累介绍孤独症的发病机制、常见的孤独症相关基因、遗传与环境因素对孤独症的影响，以及同时期国内外研究者对孤独症的研究与治疗所取得的新进展。希望通过本文，加深公众对孤独症相关问题，特别是孤独症的遗传及环境风险因素的认识，给孤独症患者和家庭更多的关注和支持，服务于社会和国民健康发展总需求。

孤独症是什么？

　　8岁的小明，他对与其他孩子一起玩耍缺乏兴趣，要玩也只是独自一人玩。不过，也有让他特别感兴趣的特定主题，他对恐龙或火车玩具常常展现出极高的关注度和热情，从他嘴里还经常冒出一些让爸爸妈妈都惊喜不已的小知识。小明平常话很少，几乎不与人主动交流，有明显的语言和沟通困难，家里人经常会听到小明重复地说相同的话或频繁做出一些固定模式的小动作。

15 岁的小莉，不善于表达也不能很好地融入人多的场合，却对数学、计算机表现出浓厚的兴趣。尽管她在某些方面"天赋异禀"，但日常生活中她经常表现出焦虑不安，在人多的场合更是如此。

3 岁的阿本，几乎不会说话，语言表达能力明显不足。他对周遭的人和事物都表现得毫无兴趣，更喜欢一个人独自玩耍，埋头整理玩具。

一旦进入陌生的环境，小明、小莉和阿本都会感到局促不安，也对环境噪声等格外敏感，常常会莫名其妙地发脾气甚至情绪失控。这样一群孩子，他们对身边其他事物漠不关心，不爱与他人交流，却能长时间专注于自己喜爱的哪怕是外人看来极其平常枯燥的事物，沉浸其中的时间远超一般孩子。此外，非常突出的一点是：在这群孩子里，男生占大多数（70％～80％）。这些孩子仿佛只活在自己的世界中，他们缺乏基本的生存技能与社交技能，对外界异常敏感，就如同天上的一颗难以捉摸的星星，与这个世界保持着一段神秘的距离。因此他们被称为"来自星星的孩子"。

这些"来自星星的孩子"正是我们常说的孤独症患者。那么什么是孤独症呢？

孤独症谱系障碍（ASD），简称孤独症，是一类常见的早期精神神经类发育性障碍。患病儿童都表现出共同的临床行为，即所谓"孤独症核心症状"：对简单刻板行为的显著偏好性，几乎无一例外都缺乏社交兴趣。虽然很多这类孩子在出生后 6 个月就表现出与正常儿童的不同，但是公认能够给出明确诊断的年龄是两岁或两岁以后。人群中孤独症发病具有高度的家族遗传性，比如说同卵双生的孩子中的一个患有孤独症，另一个患病的概率也显著增高。

然而，超过50％患儿的基因组中并没有发现明显的致病基因变异。患者个体间除上述核心症状外，具有差异性，因患病严重程度不同而被称为谱系障碍。孤独症患者会伴有情感异常、多动症、焦虑症、抑郁症以及智力障碍等共患病症的出现[1]。一些患者可能智力较低同时伴随语言障碍，而另一些患者可能智力和语言能力明显高于平均水平。因此有专家建议从神经系统多样性的角度来定义和探讨这类人群的临床表现。到目前为止，还没有公认的有效的生物学诊断指标用于诊断儿童孤独症，临床医生主要通过患者的行为进行量表评估和诊断。

根据美国国家健康访谈调查（NHIS）的统计，美国孤独症的患病人数从2016年的2.29％增加至2020年的3.49％，呈现逐年增加的趋势。全球疾病负担研究（GBD）统计则显示，全球5岁以下患孤独症的儿童人数约为60.375万。2022年发布的《中国孤独症教育康复行业发展状况报告（Ⅳ）》显示，中国新生儿孤独症发病率约为1％，然而考虑到研究中统计的地域因素和传统的病耻感等，业内专家普遍认为中国新生儿的孤独症谱系

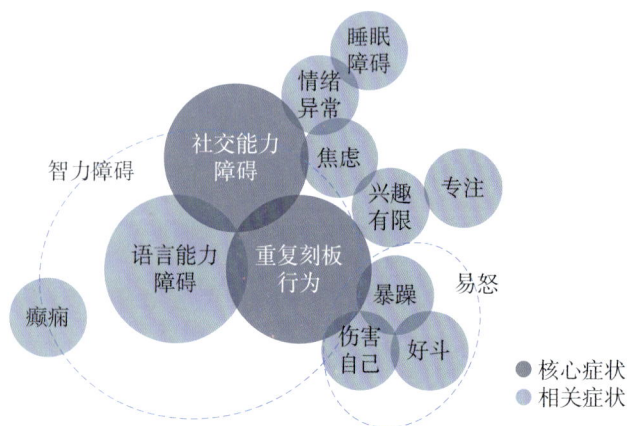

孤独症儿童的核心症状及其多样的临床表现

障碍实际发病率可能为 1.0％～1.2％，患病总人数超过 1 000 万，其中 12 岁以下的儿童有 200 多万人。不同地域、不同国家的孤独症患病率没有显著差异，文化、政治、经济等因素对孤独症的发病率并没有显著影响。不过孤独症的男性诊断率要明显高于女性的，最高可达 5∶1。研究表明，家庭社会经济状况、父母的职业及生育年龄等都可能会影响新生儿的孤独症发病率[2]。

人类对孤独症的认识和研究

时至今日，孤独症进入人类的视野已经有两百多年，其间人类对孤独症及其谱系特征的认识经历了数次跨越式的发展。早在 1799 年，人们在法国的森林里发现了这样一个孩子，他不会说话，有智力缺陷，不习惯人类社会的生活，对其他人漠不关心，行为更像一只野兽，他的身世不详。人们猜测他的父母可能在他 2 岁的时候就将他遗弃在森林里，因此大家称他为"阿韦龙野孩"。法国医生让·马克·加斯帕尔·伊塔尔（Jean Marc Gaspard Itard）对他产生了浓厚的兴趣，希望能够通过再教育，让他成为一个正常的男孩。当时人们并不知道，"阿韦龙野孩"的种种表现正是我们今天所说的孤独症的症状。1911 年，瑞士的精神病学家保罗·欧根·布洛伊勒（Paul Eugen Bleuler）根据临床经验，认为这些患者都患有一种精神类疾病，最早创造了"孤独症"这一名词。对孤独症的科学认识始于 1943 年，这一年美国医生利奥·坎纳（Leo Kanner）发表论文《情感接触与自闭障碍》，对孤独症进行了十分全面的介绍，并将其命名为"早期婴幼儿孤独症"。1944 年，奥地利医生汉斯·阿斯伯格（Hans Asperger）发现了人群中的高功能孤独症，并将其命名为阿斯伯格综合征。坎纳与阿斯伯格医生也由此成为人类孤独症研究当之无愧的先驱。之后人们对孤独症的认识便从发现、定义阶段进入诊断和治疗阶段。1960—1980 年，伯纳德·伦姆兰（Bernard Rimland）等人提出了孤独症诊断的标准，并尝试对孤独症进行干预和治疗。1980 年，在迈克尔·拉特（Michael Rutter）的推动下，《精神障碍诊断与统计手册》首次将婴儿孤独症纳入广泛性发育障碍这一大类疾病的范畴，关注该疾病的早期发展。之后对孤独症的研究进入机制研究阶段，拉特等人研究发现孤独症在双胞胎中具有高度的遗传性并受到基因的调控，人们对孤独症的研究进入分子水平。国内对孤独症的研究始于 20 世纪 80 年代，陶国泰教授发表了一篇目前可查的中国最早的与孤独症相关的研究论文，文中该疾病的名称被定义为"孤独症"，标志着我国科学家和临床研究人员从此开启了攻关孤独症的漫漫征途。陶国泰教授也被誉为"中国儿童精神医学之父"。随着中国经济的快速发展和科技经费投入的持续增加，投身于孤独症研究的科研、临床及社会工作人员逐年增加，针对中国孤独症人群的关注、支持与服务体系的建设工作也取得了显著成效[1,2]。

1799年
让·马克·加斯帕尔·伊塔尔对"阿韦龙野孩"的研究首次描述了孤独症的症状

保罗·欧根·布洛伊勒创造了"孤独症"一词
1911年

1943年
利奥·坎纳首次科学、系统地总结概括了孤独症

汉斯·阿斯伯格发现了人群中的高功能孤独症，并将其命名为阿斯伯格综合征

迈克尔·拉特推动孤独症研究进入分子机制阶段
1980年

陶国泰教授首先在中国发表了孤独症研究的论文，是中国孤独症研究的先驱

人类孤独症研究历程中的若干重大时间节点

孤独症的治疗方法

孤独症的治疗主要分为两大类：非药物治疗与药物治疗。

非药物治疗主要是通过对孤独症儿童进行特殊教育达到教育矫正的目的，通常在早期对儿童提供治疗，包括音乐疗法、认知行为疗法以及社会行为疗法等，旨在帮助他们提升自理能力与社交能力，其中音乐疗法取得了较好的效果。这种疗法希望在儿童早期发育阶段通过艺术教育改变大脑皮质的结构与连接模式，从而达到治疗的目的。音乐疗法可以为孤独症儿童提供一种非常有益的方式来与世界互动，因为音乐可以超越言语和社交障碍，帮助他们表达情感并进行沟通。认知行为疗法则更加侧重于心理干预，改善焦虑、抑郁等症状。社会行为疗法更多地关注情绪调节，强调孤独症患者的自我独立性。综上所述，非药物治疗有一定潜力改善孤独症的症状，但其有效性又表现出很大的个体差异。

药物治疗主要是通过药物直接治疗或改善孤独症症状。由于孤独症的发病机制尚不清楚，也缺乏有效的药物靶点，因此目前针对孤独症的药物研发和应用阻碍重重。目前孤独症患者服用的主要药物针对的是孤独症的某些相关症状，如情绪、睡眠、肠道问题等。常用的药物如利培酮，是一种常见的非典型抗精神病药，已获得美国食品药品监督管理局（FDA）批准，能够有效缓解孤独症患者的易怒等症状。需要注意的是，利培酮具有一定的副作用，需要在医生的指导下使用，并定期进行评估和监测，以确保最佳的治疗效果和最小的副作用。滴鼻给药的催产素因其在动物实验中展现的显著有效性曾经一度被业界赋予高度期待，然而其临床试验的突然中止说明我们离获得真正普遍有效的孤独症药物还有很长的路要走。

孤独症发生发展的机制：遗传还是环境？

孤独症发病的分子机制目前尚未研究透彻，孤独症儿童典型的核心症状提示了这个人群可能有些共同的核心神经回路或信号通路出现了异常，但是哪些神经回路或信号通路出现了异常尚未可知。长期以来，孤独症患者呈现的高度遗传性一直驱动着人们对其遗传因素展开研究。对双胞胎家庭的研究表明，孤独症的遗传率高达 40%～90%。通过全基因组测序等现代生物学研究方法，超过 600 个孤独症风险基因被发现[3]。其中至少有 5% 的孤独症由 *FMR1* 等基因的单核苷酸多态性所致，还有接近 10% 的孤独症由染色体拷贝数变异所致。染色体拷贝数变异会造成相关基因表达量的变化，其中常见的疾病有 15q11—q13 拷贝数增加（导致后文提到的 *UBE3A* 基因过量表达）等。后续的实验证明了这些基因变异在孤独症类似行为的发生和发展中具有重要作用。

已知的与孤独症相关的基因变异涉及的生物过程主要有细胞转录与翻译、突触形成、表观遗传学、免疫与炎症等。研究发现，*TSC1*、*TSC2*、*FMR1* 等与孤独症相关的风险基因能够通过 Wnt 信号通路等影响细胞转录，通过 mTOR 信号通路、MAPK 信号通路等影响细胞翻译。*FMR1* 基因突变引发的 X 连锁显性遗传病是最为人熟知的孤独症单基因病因，该基因编码的 FMRP 蛋白是一种在脑部富集的核糖核酸（RNA）结合蛋白。FMRP 能够调节超过 1000 种基因的表达，并能够靶向 *NLGN3*、*TSC2* 等多种孤独症风险基因，调节其信使核糖核酸（mRNA）的稳态进而对神经突触的可塑性产生影响。这也增强了人们发现与孤独症相关的核心基因或通路的信心。

突触相关蛋白基因变异会导致神经突触的功能异常，特定脑区的结构和功能异常都被认为与孤独症的发生发展有紧密的联系。例如，*NLGNs*、*NRXNs* 基因能形成贯穿前后突触的复合物，复合物的功能异常会影响突触的稳定性、可塑性以及神经递质的释放。敲除 *SHANK3* 基因后，N-甲基-D-天冬氨酸受体（NMDAR）依赖性的兴奋性神经元的功能以及突触的可塑性会受到影响。

神经系统免疫与炎症反应是孤独症形成的重要因素之一。早期研究发现孤独症患者相比正常人有超过 150 个差异表达基因，其中有超过 85% 的上调通路涉及免疫反应通路。在临床表现上，孤独症患者还会出现胃肠道的炎症反应，肠道中梭菌属、脱硫弧菌属等微生物的丰度均出现显著变化。目前已经建立的孤独症小鼠模型，也表现出肠道微生物群紊乱症状[1]。

值得一提的是，研究人员发现超过 50% 被诊断为孤独症的患者，他们的基因组里并没有明显的致病变异，这就提示了非遗传的因素，即环境因素在孤独症发生发展中可能发挥特别重要的作用。很显然对患病儿童来说，这些环境因素起作用的主要时间窗口就是他们在母体中的胎儿阶段和产后新生儿时期。那么到底哪些因素可能导致儿童精神发育出现异常呢？

视黄酸信号通路的"枢纽"作用

我们团队长期研究蛋白质稳态调控与孤独症等人类重大疾病的发生发展机制。我们长期关注的 UBE3A 蛋白，从生物化学活性来说是一类 E3 泛素连接酶，它调控细胞内多种蛋白质的功能和稳定性，同时也是一个孤独症重要风险基因。*UBE3A* 基因缺失是罹患天使综合征的重要原因之一，而其所在的

15 号染色体长臂 15q11 区域的拷贝数扩增又与孤独症密切相关。2017 年，我们首次报道了 UBE3A 可以直接介导视黄醛脱氢酶家族蛋白的泛素化修饰，并抑制后者活性[4]。我们知道，维生素 A 是人类生存不可或缺但不能自身合成的重要维生素之一。维生素 A 首先被氧化成视黄醛直接参与视觉感光过程，而视黄酸（RA）才是维生素 A 行使生物功能的最主要形式和产物。视黄醛脱氢酶是促使视黄醛转化为视黄酸的唯一酶类。已知视黄酸与血液、骨骼、生殖系统的发育和成熟密切相关，在神经系统中则直接参与调控神经元前体的分化和脑组织（特别是皮质）的发育。美国斯坦福大学的陈路教授课题组还发现视黄酸在维持和调控神经突触可塑性方面发挥着不可替代的作用[5]。因此，当与孤独症相关的 UBE3A 基因表达上调后，视黄醛脱氢酶的活性会大幅度下降，人体内视黄酸的合成也被明显抑制。模拟孤独症发生发展实验中 UBE3A 过量表达的小鼠的脑组织中的视黄酸水平也确实被明显降低了[4]。口服补充视黄酸可以缓解小鼠孤独症行为的发现，进一步说明视黄酸水平降低可能是孤独症发生发展的机制之一。这项研究的核心成果发表后，很快被多家实验室证实。补充全反式维甲酸（医用视黄酸的主要形式）的临床试验目前正在进行中。值得一提的是，2021 年我们的研究揭示了一种关联：多种模拟人类孤独症表型的致病基因变异均被发现会影响视黄酸代谢和信号通路，相关小鼠模型的研究也证实了这一点。模拟人类脆性 X 染色体综合征的敲除 FMR1 基因的小鼠表现出类似孤独症的行为。我们发现口服全反式维甲酸能够显著增强敲除基因小鼠的社交新奇性，服药的小鼠至少部分恢复了对陌生小鼠的兴趣。进一步分析表明，用药组小鼠体内的糖代谢、谷胱甘肽代谢等被显著影响，与记忆、认知相关的通路也有所上调。视黄酸可能在一定程度上恢复了因敲除 FMR1 基因而改变的生物过程[6]。

接下来我们团队针对视黄酸代谢和信号通路进行了广泛的化学筛选。初步的研究结果表明：很多日常用品中的化学物质以及药物的主要成分都会在细胞和动物水平上影响视黄酸代谢和信号通路。当个体通过母婴途径或在新生儿阶段接触到超过安全剂量的这些化合物时，就有可能因为神经系统中的视黄酸代谢稳态和通路受到影响而表现出某些孤独症行为。以三氯生为例，三氯生是一种广泛用于医疗保健、化妆品、个人洗护用品的抗菌剂，我们日常使用的洗手液、肥皂、牙膏等中均含有大量三氯生。三氯生的结构相对稳定，能长期存于自然环境、生物链中。三氯生能够通过口腔摄入或直接穿透皮肤进入人体，在血液、母乳、尿液中残留。我们团队和李廷玉教授的团队合作研究发现，基因组完全正常的大鼠如果在怀孕期间暴露于三氯生中，其子代大鼠会表现出典型的类似孤独症核心症状的行为。国内的多中心流行病学研究发现，孤独症儿童血液中三氯生的含量与正常儿童的相比显著增加。这些数据表明，个体在发育早期接触到大量三氯生也可能增加新生儿患孤独症的风险。美国十多年前的超大规模队列研究也发现，收入越高的人群其家庭成员体内三氯生残留浓度越高，这似乎与社会经济地位高的家庭儿童孤独症发病率偏高的现象相符[7]。

因此，可以根据与孤独症相关的基因变异是否影响视黄酸代谢稳态或信号通路，对与遗传因素相关的孤独症患者进行分型。针对其中视黄酸代谢稳态或信号通路确实受影响的孤独症亚型患者，或许可以进行以视黄酸或类似物为基础的靶向药物干预，达到部分改善孤独症症状的目标。这些数据也提示我们，在对未来食品、药品等进行安全评估时需要关注其主要成分是否通过影响视黄酸代谢稳态或通路等对子代精神健康产生影响；而且，厘清罹患孤独症的风险因素，就可能从源头遏制新生儿孤独症发病率逐年增长的趋势。

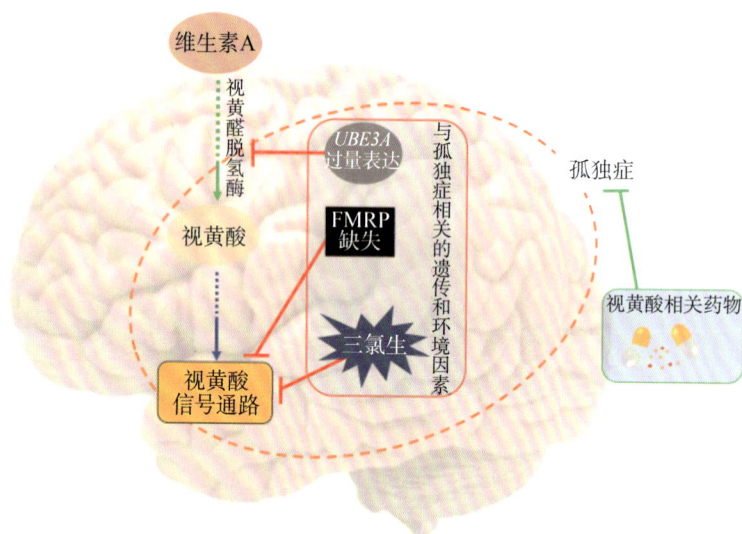

与视黄酸代谢稳态和信号通路相关的孤独症发生发展机制以及靶向干预策略

结 语

过去两个多世纪，人类对包括孤独症在内的精神类疾病从认识、诊断到机制研究甚至药物治疗都取得了一定的进展，但距离真正全面理解它们的发生发展机制还有很长的路要走。与此同时，我们既要面对一个存量巨大的孤独症群体给家庭、社会带来的沉重的负担和多重的挑战，又要面对全球范围内新生儿孤独症发病率逐年增长的威胁。我们对视黄酸代谢和信号通路生理作用的认识，特别是对其在神经系统中的作用的认知才刚刚起步，对基于视黄酸及其类似物在治疗特定亚型孤独症的药物潜力的研究和开发也刚刚开始，真正实现临床可用，任重道远。希望未来能通过全社会范围内的基因筛查，在提高日用品、食品及药物的安全性等方面进行努力，降低孤独症相关遗传与环境两方面的风险因素，从根本上遏制新生儿孤独症发病率增加的趋势。同时，随着全社会对孤独症谱系障碍重视程度的不断提高，对孤独症的基础和临床研究的投入及支持力度的持续加大，未来有望推动针对孤独症谱系障碍的个体化精准治疗方案的突破与落地，为孤独症患者、家庭和社会带来真正的福音。

拓展阅读

　　2023 年 10 月 11 日，从深圳传来一则令人倍感欣慰的消息，《深圳市孤独症全程支持服务实施方案》正式作为政府政策发布，为孤独症人群提供制度、康复、教育、就业、家庭支持、社会融合等全方位支持。九三学社中央常务副主席邵鸿、各级残疾人联合会等全国及地方性的组织机构、社会团体和个人均积极发起或参与从各个层面呼吁全社会对孤独症儿童给予关注和支持的活动。

　　可以乐观预见，随着更多有条件的地方政府的跟进和个人及社会资源的投入，中国孤独症患者及其家庭群体，甚至其他罕见病群体将陆续得到全社会更多的关注和支持，中国孤独症人群及家庭将会迎来相对更加美好的未来！

参考文献

［1］Jiang C C, Lin L S, Long S, et al. Signalling pathways in autism spectrum disorder: mechanisms and therapeutic implications ［J］. Signal Transduction Target Therapy, 2022,7(1):229.

　　［2］Lord C, Brugha T S, Charman T, et al. Autism spectrum disorder

[J]. Nature Reviews: Disease Primers, 2020,6(1):5.

[3] De Rubeis S, Buxbaum J D. Genetics and genomics of autism spectrum disorder: embracing complexity [J]. Human Molecular Genetics, 2015, 24(R1): R24 – R31.

[4] Xu X, Li C Y, Gao X B, et al. Excessive UBE3A dosage impairs retinoic acid signaling and synaptic plasticity in autism spectrum disorders [J]. Cell Research, 2017,28(1):48 – 68.

[5] Hsu Y T, Li J, Wu D, et al. Synaptic retinoic acid receptor signaling mediates mTOR-dependent metaplasticity that controls hippocampal learning [J]. Proceedings of the National Academy of Sciences of the United States of America, 2019,116(14):7113 – 7122.

[6] Yang L Q, Xia Z X, Feng J H, et al. Retinoic acid supplementation rescues the social deficits in *Fmr1* knockout mice [J]. Frontiers in Genetics, 2022, 13:928393.

[7] Hao Z J, Wu Q H, Li Z W, et al. Maternal exposure to triclosan constitutes a yet unrecognized risk factor for autism spectrum disorders [J]. Cell Research, 2019,29(10):866 – 869.

飞沫液滴：藏在呼吸间的"病毒快递员"

黄嘉兴　黄海月

黄嘉兴，西湖大学工学院讲席教授，课题组研究方向和领域包括新型碳材料的基础物理化学特性以及相关的溶液和固相加工性，新型块体纳米结构材料，功能涂料和保护涂层，以及与公共卫生和个人护理相关的材料研发等。黄嘉兴教授在材料化学科研与教育方面的一系列原创思想和工作，曾获美国自然科学基金会青年学者奖（NSF Career Award），斯隆研究奖（Sloan Research Fellowship），古根海姆奖（Guggenheim Fellowship），德国洪堡研究奖（Humboldt Research Award），以及国际纯粹与应用化学联合会、美国制造工程师学会、美国真空学会、国际气溶胶学会等颁发的多项重要奖项。他连续多年被列为全球高被引科学家，也是美国科学促进会会士（AAAS Fellow）和美国化学会首个国际合作期刊《材料研究述评》（Accounts of Materials Research）的创刊主编。

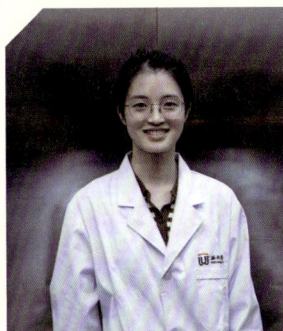

黄海月，美国加利福尼亚大学洛杉矶分校（UCLA）博士后，主要研究方向为碳材料的加工与处理，低维材料的化学反应活性，以及公共卫生相关材料的研发。

无论是新冠肺炎还是季节性流感，如何预防和控制病毒性呼吸道传染病一直是医护人员和公共卫生专家重点关注的问题。可以说，医护人员利用他们的专业知识和技能构筑起了保障人民群众生命安全最重要的防线。但是，若把所有的防疫压力都放在这一道防线上，被动地等待更有效的疫苗和特效药，是非常不明智的选择——正如在枪林弹雨之中，再好的铠甲（疫苗）和金疮药（特效药）都不能取代盾牌（防护措施）的作用。

从物质科学角度谈呼吸道疾病：为什么能？为什么要？

呼吸道传染病的病毒在接触到下一个易感人员之前，必然要离开宿主进入环境中。在这期间，病毒存在于人体外的物质世界，必然会与各类材料表面发生相互作用。此时环境中的温度、湿度，空气的对流、扩散，材料的组成成分，材料表面的吸水性、光洁度等都将影响病毒的传染性。因此，物质科学家不仅可以有所作为，也应该对相关问题进行思考和研究。接下来我们将尝试从物质科学的角度出发，谈一谈对病毒结构和传播途径的常识性理解，同时也回答一些热点问题：常见的关于病毒的错误认识有哪些？飞沫液滴与病毒活性有何关联？有哪些方法可以加快病毒在体外失活？为什么正确佩戴口罩非常重要？物质科学工作者与普通公众如何从自身角度出发减少病毒带来的危害[1]？

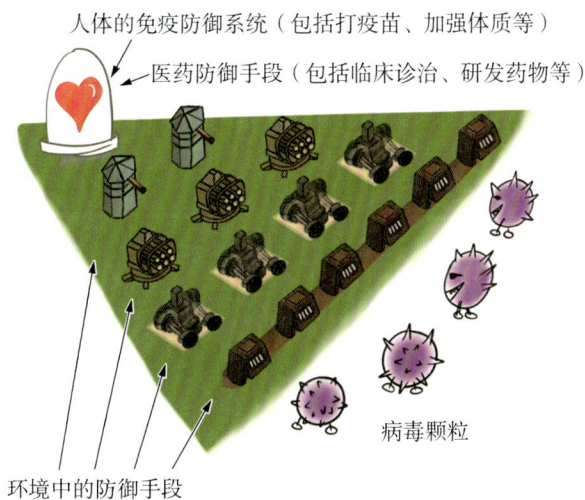

人体的免疫防御系统（包括打疫苗、加强体质等）
医药防御手段（包括临床诊治、研发药物等）
病毒颗粒
环境中的防御手段

在病毒接触人体之前，可以采取多种手段在环境中对它们进行阻挡和灭活

从构-效关系看病毒纳米颗粒

每个领域的科研工作者都有其独特的思维框架和看待问题的方式——材料科学的思维范式是研究材料系统中"结构-效能"之间的因果关系（以下简称"构-效关系"），这包括了不同时间、空间尺度下两者的动态关系。病毒颗粒的直径为几百纳米，其结构复杂，但不是"活"的——它们没有动力源或能量源，无法自己移动。病毒在入侵受体并完成自我复制的过程中完全依赖外界的能量输入，其中在环境中的迁移尤其依赖人类自身不良的卫生习惯。从构-效关系看病毒颗粒，可以建立以下两点物理常识。

首先，像新冠病毒这样的具有核-壳结构的纳米颗粒，其主要的效能是在合适的时候释放内部的遗传物质，以感染人类。为了实现这样的效能，病毒的结构需要相对稳定，以保证它们在接触下一个易感人员的呼吸道之前，能够抵抗外部环境因素（例如温度、湿度、光照等）的变化且保持结构的完整性。同时病毒的结构又不能太稳定，因为它们在与受体结合后必须能够迅速瓦解并释放出遗传物质，否则它们就无法实现感染的功能。从这个角度看，病毒的结构相当精巧且处于亚稳态[2]。这也注定了其容易失活的命运——结构单元的损坏（例如磷脂双分子层破裂、蛋白质变性等）极易导致病毒丧失传染能力。

其次，从患者途径传播的病毒并非以裸露的单个纳米颗粒形式存在于环境中，而是与其他呼吸道分泌物的成分（例如蛋白质、无机盐、磷脂质、微生物等）一起被包裹在几十微米尺度的飞沫液滴中。当飞沫液滴或者飞沫核（即干燥后的飞沫液滴）沉积在各种物质表面时，这些被包裹的病毒颗粒本身往往并不与物质的表面直接接触[3]。

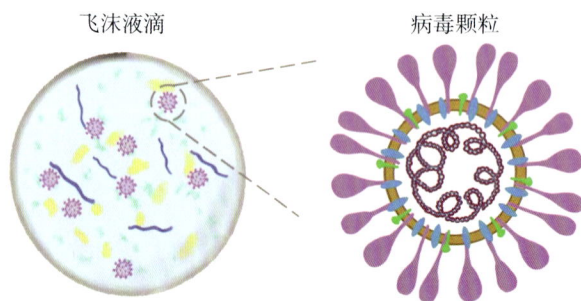

病毒颗粒在环境中并非单独存在，而是被包裹于尺寸更大的飞沫液滴中

以上两个基本物理常识已经能回答许多关于呼吸道病毒的问题，例如为什么从环境样本中测出核酸物质并不意味着这些样本物品具有传染性？因为核酸物质只是病毒颗粒结构中的一部分，只有具有完整结构的病毒才有传播活性。环境样本中测出特定核酸物质仅仅意味着这些物品表面曾经有过病毒

颗粒沉积，这并不等同于病毒还具有传染性。

为什么要强调勤洗手？病毒本身并不能感知环境，也无法运动，只能被动地包裹在飞沫液滴或飞沫核内被输运。从某种层面上可以说是我们自己用手"拾起"了病毒，并在揉眼睛、舔手指、揉鼻子、挖鼻孔等行为中助了病毒"一臂之力"，让它们能够"抄近道"进入我们的体内。用肥皂洗手能洗去手上附着的飞沫，含酒精的免洗洗手液虽不能除掉飞沫，但也能使病毒失去活性，因此不论是哪种形式的洗手，都能起到很好的预防作用。当然，如果我们能意识到自身的一些不良卫生习惯，并加以改正，也能更好地保护自己和身边的人。

同时，这些物质科学常识也提醒科研工作者，在研究抗病毒策略时必须考虑到飞沫液滴中的其他物质。这些物质阻止了病毒与环境中的物体表面的直接接触，因此任何有效的病毒灭活策略都必须能够克服这层由呼吸道中各种分泌物的成分构成的屏障，从而"直捣黄龙"。接下来，我们给大家举几个例子。

呼吸道传染病传播途径和相应阻挡方法的思考

在环境中，飞沫液滴和飞沫核能通过多种传播途径到达人体内。材料科学家可以针对不同传播途径的特点研究多种阻挡飞沫液滴、灭活病毒的方法。飞沫液滴在离开患者后，如果附近有密集的人群，就可能直接被人体吸入造成感染。没有被吸入的飞沫液滴则仍存在于空气中，此时尺寸较大的飞沫液滴会快速沉积在物体表面，而尺寸较小的飞沫液滴（又称为气溶胶）能在空气中悬浮很长时间。在这些飞沫液滴中的病毒失活以前，如果有人用手触摸到附着液滴的物体表面并又触摸了鼻、眼黏膜，或者直接吸入气溶胶，就有可能被感染。

"化学修饰层"对付逃逸液滴[4]

通常尺寸较大的飞沫液滴含水量也较大，因此可以设想一种方法将抗病毒物质溶解到液滴中，让整个液滴的化学环境变得不利于病毒保持活性。为了从源头控制疫情传播，这一策略最好用在飞沫液滴刚刚被释放的时候。因此我们想到在患者的口鼻周围像戴口罩那样戴上一层"化学修饰层"，用它来修饰被呼出的飞沫液滴的成分。我们在实验室中发现，普通的无纺布在经过高分子修饰后，可以携带铜离子或者磷酸根离子（具有广谱抗菌、消毒作用的试剂的有效成分）。在模拟实验中，修饰层的抗菌、消毒成分能较好地溶解到逃逸的飞沫液滴中。这样的化学修饰层有望从源头降低病毒的传播效率，更好地保护医务人员。

自消毒外衣对付沉积的飞沫液滴或飞沫核[5]

类似地，针对沉积在物品表面的飞沫液滴，我们也需要一种方法将抗病毒物质溶解到液滴中，从而在没有直接与病毒颗粒接触的情况下对其进行灭活。现阶段的主要方法是喷洒消毒剂，但是如果喷洒频率不足则无法持续消杀，过量使用还会造成环境污染。那么有没有什么方法可以让经常被接触到的物品表面（如不锈钢的）自己释放消毒剂？由此我们想到了"消毒衣"的概念，通过让不锈钢金属上"生长"出一层含铜表面层来给不锈钢穿上"消毒衣"。这层"消毒衣"能在周围有水分的条件下缓慢释放铜离子，达到消毒的目的。现阶段的研究难点在于如何观测到铜离子等消毒物质溶解于飞沫液滴中，并最终对病毒产生作用的过程。飞沫液滴中是否含有足够的水分以溶解铜离子？飞沫液滴干燥成飞沫核的过程中产生的形变是否对病毒活性有影响？溶解于飞沫液滴中的铜离子会不会与液滴中的其他成分发生反应而导致失效？上述问题的答案还需要材料科学家和病毒学家在未来开展跨领域的合作及进一步的研究。

能捕获气溶胶的涂层[6]

相比于尺寸较大、易沉积的飞沫液滴，气溶胶在空气中停留的时间更久，也更难以去除。这些空气中的颗粒会不断地与环境表面物质产生碰撞，其中的绝大部分会被弹回到空气中。我们利用环境中的"闲置"表面，比如面积大又不经常被触碰的天花板、墙壁、窗户等，在其上添加吸湿层以提高对气溶胶的捕获效率，防止气溶胶重新回到环境中。吸湿层的成分借鉴了护发素的配方，使最终形成的吸湿层同时具有捕获气溶胶和防雾功能，且膜层厚度均匀，不影响视觉效果。

蚊子与飞沫液滴的对比

蚊子和飞沫液滴都是传染病的传播媒介，且两者的传播都是从病原体离开人体内的"原生环境"，进入物理空间和环境开始的。对于防止蚊子叮咬，人们已经找到了许多方法，比如使用驱蚊液、驱蚊香、驱蚊贴、捕蚊灯等。这些工具能够让人们在不同场景中免受蚊子侵扰的同时，不会感到不适。此外，蚊子叮咬后会出现痛、痒等症状，促使人们自觉做好个人防护，例如穿着长袖、长裤。然而，对于通过飞沫液滴传播的呼吸道传染病，现阶段的防护方法却较为单一且容易引起不适。例如，长时间佩戴口罩会使佩戴者觉得闷热、呼吸不畅。医务人员在穿戴密不透气的防护服时还要忍受更多的不便。同时，由于飞沫液滴尺寸微小，难以像蚊子那样引起人们的警惕。在人群密集的场所，我们难以意识到自身正暴露于周围人群释放出的飞沫液滴中，因此也不愿自觉佩戴防护用具。不过我们相信，随着人们对呼吸道传染病的重视、物质科学的发展以及跨学科合作的加强，未来会出现更有效的阻断手段和更舒适的防护工具。在它们出现之前，让我们尽可能地规范佩戴口罩，尽可能地接受佩戴口罩引起的不适，因为佩戴口罩不仅能保护自己，也能保护周围的人。在这一方面，科普和公共教育工作意义重大，不仅需要每一个人的参与和长期坚持，也要从对孩子们的科普教育做起。

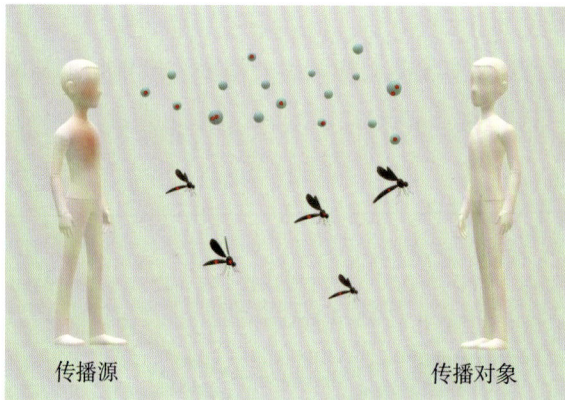

传播源　　　　　　　　　　　　传播对象

蚊子与飞沫液滴的比较

蚊子与飞沫液滴的相同之处	蚊子与飞沫液滴的不同之处
• 都是疾病的传播媒介 • 都需要在环境中迁移	• 蚊子较为显眼，特别是数量多的时候，而飞沫液滴常常无法被感知 • 被蚊子叮咬后皮肤会出现明显症状，而吸入飞沫液滴后则不会立即产生症状
人们对待两者的态度	**预防的方法**
• 下意识地驱赶蚊子，并穿好长袖长裤 • 通常并不会意识到环境中有大量的飞沫液滴，佩戴口罩也需要被说服	• 市面上有多种多样的产品来驱赶蚊子，缓解被蚊子叮咬后的症状，大部分产品使用体验良好 • 口罩、防护面罩、防护服是主要的防护工具，它们的穿戴体验还不够好，且人们还不习惯长时间地正确佩戴和穿着

就像蚊子一样，携带病原体的飞沫滴液从一个人传播到另一个人时，也需要经过物理空间

结　语

写这篇文章的想法源于 2020 年疫情暴发初期，彼时我们被前线医务人员勇敢无畏的精神打动，决定在后方尝试从物质科学的角度思考与呼吸道传染病疫情相关的科学问题和研究需求。在这个过程中有幸与一批志同道合的临床检测、诊治与救护专家、生物医学工程专家和公共卫生学者展开深入的交流讨论，使得这些想法最终以一篇前瞻性文章——《面对新冠疫情，物质科学研究人员如何有所作为》（COVID‐19：a call for physical scientists and engineers[1]）——的形式在美国化学会的期刊《美国化学会纳米》（*ACS NANO*）上发表，并得到广泛关注和讨论。在这里特别感谢这篇前瞻性文章的共同作者，他们是（图中由左至右，由上至下）：樊春海，上海交通大学化学化工学院；黄海月，原美国西北大学材料科学与工程系，现美国加利福尼亚大学洛杉矶分校；黄嘉兴，原美国西北大学材料科学与工程系，现西湖大学工学院；李敏，上海交通大学医学院附属仁济医院检验科；聂华丽，东华大学生物与医学工程学院；汪付兵，武汉大学中南医院检验科；王慧，上海

发表于 *ACS NANO* 期刊上的文章的共同作者

交通大学医学院公共卫生学院；王瑞兰，上海市第一人民医院急诊危重病科；夏剑波，湖北省妇幼保健院检验科；郑昕，华中科技大学同济医学院附属协和医院感染性疾病科；左小磊，上海交通大学医学院分子医学研究院。同时也感谢西湖大学工学院以及未来产业研究中心的支持。

这段经历也是我们课题组后续开展相关工作的灵感与动力来源，激励我们要勇于走出自己的舒适圈，坚持民生导向，更加积极有为地应对新挑战，做出力所能及的贡献。

精彩问答 Q&A

为什么戴口罩能够阻挡纳米尺度的病毒颗粒？

常见的医用外科口罩虽然对纳米颗粒的过滤效率不高，但足以阻挡几十微米尺度的飞沫液滴和飞沫核，而病毒在环境中的传播离不开飞沫液滴这个微米尺度的"交通工具"。因此我们在佩戴口罩的时候，更重要的是学习并坚持正确佩戴，而不是盲目地选择更"高级"的口罩。再好的装备，如果不正确使用（例如不贴紧鼻梁和脸颊，或者将口罩拉低露出鼻孔），也会给飞沫液滴可乘之机。

参考文献

［1］Huang H Y, Fan C H, Min L, et al. COVID - 19: a call for physical scientists and engineers ［J］. ACS NANO, 2020,14(4):3747 - 3754.

［2］Flint J, Racaniello V R, Rall G F, et al. Principles of virology ［M］. Washington, DC: ASM Press, 2015.

［3］Weber T P, Stilianakis N I. Inactivation of influenza A viruses in the environment and modes of transmission: a critical review ［J］. Journal of Infection, 2008,57(5):361 - 373.

［4］Huang H Y, Park H, Liu Y H, et al. On-mask chemical modulation of respiratory droplets ［J］. Matter, 2020,3(5):1791 - 1810.

［5］Huang H Y, Barber O W, Yu Z L, et al. Rub-resistant antibacterial surface conversion layer on stainless steel ［J］. Advanced Materials Interfaces, 2022, 9(11):2200251.

［6］Yu Z L, Kadir M, Liu Y H, et al. Droplet-capturing coatings on environmental surfaces based on cosmetic ingredients ［J］. Chem, 2021,7(8):2201 - 2211.

高分子食品添加剂：被误解的现代食品工业"隐形功臣"

张洪斌

张洪斌，本科毕业于复旦大学，研究生毕业于上海交通大学，后在日本大阪市立大学从事博士后研究工作，现为上海交通大学化学化工学院高分子科学与工程系长聘教授、博士生导师；主要从事高分子科学、高分子流变学和食品科学的交叉研究，涉及高分子复杂体系流变学、天然高分子物理化学，多糖的分子表征、溶液、乳液和水凝胶，以及食品亲水胶体和天然高分子的功能化及工业应用；主持多项国家自然科学基金面上项目，参加国家自然科学基金重大项目、国家重点基础研究发展计划（973 计划）、国家"十三五"重点专项；发表学术论文 170 余篇，出版中、英文专著各 1 部。

人类对美好食物的追求是伴随着人类文明的发展进行的，食品的品质从某些方面折射出文明的高度。从盐开始，人类使用添加剂创造和改良食物的尝试一直没有停止过。这些尝试不仅丰富和提高了食物的种类及品质，也赋予了食物更多有关宗教、民族、文化的意义。从此，食物成为"民族文化中最不能丧失的方面"。可以说，"没有食品添加剂，就没有现代食品工业的发展"。科学使用食品添加剂对改善食品感官功能、增强食品营养价值、防止食品变质、延长食品保质期、改进食品加工条件、提高食品质量具有切实意义。食品科学是一门高度交叉的学科，涉及多学科、多专业的知识，涵盖化学、高分子科学、生物学、医学、营养学等多个领域。只有达成共识，集聚各领域学者的智慧与力量，才能更好地回应消费者的关切，促进食品添加剂、食品科学和食品工业健康发展。只有通过科学研究和不同学科的紧密合作，不断提高公众对食品添加剂的科学认知水平，确保其安全使用，才能为食品工业的可持续发展提供坚实基础。

食物的感官功能

饮食是民众赖以生存的根本，"民以食为天"蕴含的道理深刻，深入人心。国外也有类似的讲法："Bread is the stuff of life"。食物的主要功能无疑是它的营养功能，即提供人体所需的营养素和能量，满足人体的生存需要。但同时食物还具有另一个非常重要的功能——感官功能，即食物的颜色、口感和味道等感官特性能够满足人们的视觉、触觉和味觉需求。我们常称的"美食"，即那些令人"垂涎欲滴""食指大动""大快朵颐"的食物，就是具有良好感官功能的食物。优良的感官性状有增进食欲，特别是产生愉悦感的作用。讲到感官功能的作用，我们可以很容易地从诸多日常生活和饮食的例子中找到佐证，比如即使简单地对比面粉和面条、大豆和豆腐、肉和红烧肉、红薯和烤红薯等，后者带给我们的感官享受也要远远大于前者。因此，食物不仅仅是生活必需品，享受食物带来的愉悦感，甚至可以说是人类幸福生活的最重要源泉之一，如同法国著名美食作家让·安泰尔姆·布里亚-萨瓦兰（Jean Anthelme Brillat-Savarin）所言，"发现一道美食比发现一颗恒星更能给人类带来幸福感"（The discovery of a new dish confers more happiness on humanity than the discovery of a new star）。

如果说天然食材是美食的"骨骼"与"血肉"，那么食品添加剂恰似点睛之笔的魔法。实际上，食品添加剂在食品中或食品的加工过程中发挥了极其重要的作用。以红烧肉为例，中国科学院上海药物研究所原所长蒋华良教授曾写过一篇著名的科普文章——《红烧肉中的著名化学反应——美拉德反应》。文中详尽描述了添加白糖（冰糖）产生的（糖与氨基酸或蛋白质之间由热引发的）非酶褐变反应，即美拉德（Maillard）反应的作用。在红烧肉的烹制过程中，肉中氨基酸的氨基与糖的羰基发生亲核加成反应，生成席夫碱。席夫碱再环化形成氮代糖基胺，之后经阿马道里（Amadori）重排反应生成烯醇式和酮式糖胺。这两种物质在酸性条件下，经1，2-烯醇化反应生成羰基呋喃醛；而在碱性条件下，经 2，3 -烯醇化反应产生还原酮类和脱氢还原酮类化合物。这些多羰基不饱和化合物再通过斯特勒克（Strecker）降解反应，产生醛类、吡嗪类化合物和一些易挥发的化合物。红烧肉特有的香味就来自这些化合物。而红烧肉特有的诱人色泽，则是多羰基不饱和化合物进行缩合、聚合反应，产生褐黑色的类黑精物质的结果。类黑精物质是红烧肉色泽的物质基础，控制糖的用量和加热温度，缩合、聚合反应的程度不同，会产生不同的类黑精物质，红烧肉的色泽也会不同。显然，糖除提供甜味外，也是红烧肉产生香味、色泽的主要"功劳物质"。这个例子中，尽管我们会自然而然地将糖看作食品，但在红烧肉的烹饪过程中它的确是添加物。

什么是食品添加剂？

为什么要在食品中加入添加剂？红烧肉的例子能简略地回答这个问题，但似乎又不充分。那么如何科学地定义食品添加剂呢？

我们首先看看几个权威机构对食品添加剂的定义（尽管不同国家和地区给出的定义有一些不同）。世界卫生组织（WHO）对食品添加剂的定义是"添加到食物中以维持或提高食品的安全性、新鲜度、味道、质地或外观的物质"；美国食品药品监督管理局（FDA）将食品添加剂定义为"其预期用途直接或间接或可能合理预期导致其成为成分或以其他方式影响任何食品特性的任何物质"。在我国，按照《食品安全国家标准　食品添加剂使用标准》（GB 2760—2024），对食品添加剂的定义如下："为改善食品品质和色、香、味，以及为防腐、保鲜和加工工艺的需要而加入食品中的人工合成或者天然物质。食品用香料、胶基糖果中基础剂物质、食品工业用加工助剂、营养强化剂也包括在内。"

不管上述哪种定义，我们都可以看到，也容易理解，在食品和食品加工过程中，如果没有食品添加剂，很多食品的工业化制作、口感、稳定性、保质期乃至食用安全性都要大打折扣。实际上，食品添加剂早已成为现代食品的组成部分，是食品工业的"灵魂"。在很大程度上可以说，没有食品添加剂，就没有现代食品工业的发展，我们也不能像如今这般方便地品尝到林林总总的各地美食。

也许，人类文明只有两个时间段不需要食品添加剂。其一是文明建立初期"茹毛饮血"的时代，人类的食物直接来源于绝对天然的植物和动物，可以说用不着添加剂。还有一个时间段可能是在文明发展末期，像一些科幻小说所假设的一样，食物资源完全枯竭，人类的食物来源被简单的"合成蛋白"或"营养液"替代，自然也就没有添加剂这种说法了。然而，从食物发展历史来看，形形色色、功能各异的食品添加剂的出现，既是食品产业的必然产物，也对应着差异化消费的发展和多层次消费水平的需求。

人类对食物的美好追求与文明演进呈双向互构关系：一方面，食物品质作为营养供给与技术创新的复合指标，直接映射社会生产力发展水平；另一方面，饮食中沉淀的文化基因，早已成为民族身份的象征。人类使用添加剂的历史久远，而随着世界科学技术，特别是化学工业技术的进步，人工合成化学品的使用越来越多，化学合成的添加剂逐步取代了部分天然添加剂。但人类对食品添加剂的了解和使用是逐渐深入和谨慎的。过往使用的一些人工合成的食品添加剂被证实具有致癌性或会引起消化问题、神经系统调节问题、心脏病或肥胖等问题；即使是天然来源的添加剂同样也可能有害，并可能导致某些个体的过敏反应。例如，黄樟素曾被用作食品添加剂和啤酒的风味添加成分，后来由于发现其具有致癌性，黄樟素的使用受到了严格限制。

在日常饮食中，我们早已离不开食品添加剂。再举些简单的例子，豆腐和卤味食品家喻户晓、广受欢迎，特别是豆腐在我国有着两千多年的食用历史。东汉时期用"卤水"点豆腐，魏晋时期用碱面发酵馒头，宋朝时用"一矾二碱三盐"来炸油条，这些都是使用食品添加剂的例子，也是我们中国古代劳动人民智慧的体现。卤水点豆腐中的"卤水"（主要成分包括氯化镁、硫酸钙、氯化钙及氯化钠等）就是"添加剂"，人们对它的接受过程自然顺畅，并无违和感，因为在印象中"卤水"已经是豆腐中的"配料"了，是豆腐的组成成分。推而广之，卤味食品中如果没有加入各种配方的"卤水"，那么其受欢迎的程度也许就不一样了。换言之，食物的"美味"在很大程度上要归功于食品添加剂。当然，不可否认，"添加剂"的叫法容易使人产生排斥感，也容易使不了解的人甚至一些专业人士产生误解。也许，如果一开始食品添加剂被称为"食品配料"，那么大众就容易接受它了。其实，早先一些给大家留下深刻负面印象的所谓"添加剂"并不是我们现在所讨论的"食品添加剂"，而是违规、违法的"添加物"。

什么是高分子食品添加剂？

讲高分子食品添加剂，首先要说明白什么是高分子。红烧肉中添加的糖（蔗糖）、卤水中的氯化镁都是小分子，分子量低，分别只有 342.3 和 95.2。食盐（氯化钠）也是小分子，分子量更低，为 58.4。那什么是高分子呢？高分子的"高"体现在分子量或聚合度"高"上。食品中的蛋白质、淀粉就是高分子，它们可以看作氨基酸和葡萄糖的聚合物，分子量可达几万、几十万、几百万甚至上千万。蛋白质（如明胶）和食品胶（如卡拉胶）都是典型的高分子物质。蛋白质是两亲性高分子，而食品胶通常是带负电的高分子，叫聚阴离子。它们一般都具有长链结构，具有很高的分子量，有的可达几十万甚至更高。从口感、赋形、抗融、稳定作用的角度来看，各类食品胶的用量虽少，但对食品的物性、品质和消费者的接受度乃至心理影响，都起着非常重要的作用。这些起着特殊作用的添加剂一般都是天然高分子。高分子学科知识在食品制造乃至各类食品加工中有着不可或缺的应用，甚至在某些品质的调控方面起着决定性作用。

那么，高分子食品添加剂有哪些呢？蛋白质和多糖是两大类，其中多糖的种类最多。多糖是由 10 个以上单糖通过糖苷键连接而成的聚糖，广泛存在于高等植物、动物、微生物、地衣和海藻等之中。动物来源的多糖有壳聚糖、透明质酸；微生物来源的有结冷胶、可得然胶（可德胶）；海藻来源的有海藻酸盐、卡拉胶、琼脂以及透明质酸；植物来源的有很多，如淀粉、纤维素、果胶、魔芋胶（魔芋葡甘露聚糖）、阿拉伯胶、瓜尔（豆）胶、（刺）槐豆胶等[1]。高分子食品添加剂常常被称为食品胶或食品亲水胶体，一方面它们中的许多本身就是食品或来自食品，另一方面是因为它们的亲水性很好，溶于水或分散在水中时大多会形成胶体。一些多糖经化学改性的衍生物也是高分子食品添加剂，如淀粉和纤维素的改性产物。甲基化、羧甲基化是一些常用的方法，典型的产物有甲基纤维素（MC）、羧甲基纤维素（CMC）等。

高分子食品添加剂的功能

食品亲水胶体可分为增稠剂和胶凝剂。例如，黄原胶是增稠剂，结冷胶被归类为胶凝剂。几乎所有的食品亲水胶体都可以增稠（使水的黏度增加）。虽然黄原胶广泛用于弱凝胶食品，如沙拉酱，但许多亲水胶体可以形成软或硬的水凝胶，作为凝胶剂和/或食品中的主要成分。典型的例子有乳制品、甜点凝胶、果酱、食用果冻、某些肉制品、豆腐或面条。在许多国家，特别是一些亚洲国家，将由多糖和蛋白质形成的水凝胶作为食物食用有着悠久的历史。如早在中国古代西汉时期，人们就开始使用和食用魔芋胶制品。在中国很受欢迎的传统胶状大豆蛋白食品"豆腐"，相传是由淮南王刘安在差不多同一时期发明的。琼脂凝胶（日本称为"寒天"）在中国和日本的许多地区长久以来就是一种食物。

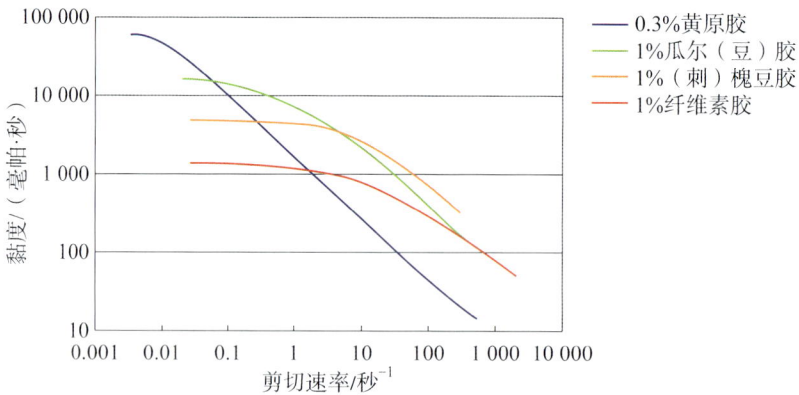

不同食品亲水胶体的增稠作用

化学结构和分子链构象不同的多糖可以产生力学性能不同的凝胶。如低酰基结冷胶、琼脂胶和 κ-卡拉胶凝胶坚硬而脆，明胶、高酰基结冷胶和由黄原胶与植物多糖［如（刺）槐豆胶或魔芋胶］混合形成的"协同"凝胶则柔软而有弹性，而海藻酸盐和果胶形成的凝胶的性质介于上述两类凝胶之间。在特定应用中，胶凝剂用量、离子强度、酸碱值和温度等参数会影响凝胶的形成和食品特性。不同的多糖，甚至同一多糖的不同变体，其凝胶机制因稳定水凝胶网络的主导驱动力不同而不同。这些水凝胶中的分子相互作用主要是由氢键、疏水相互作用和离子交联产生的。它们中的任何一种或不同分子间相互作用的组合都有助于水凝胶的形成。根据多糖类型和成胶条件的不同，可形成不同类型的凝胶，如琼脂、卡拉胶和结冷胶可形成冷致凝胶；可得然胶和甲基纤维素可形成热致凝胶；海藻酸盐、低酰基结冷胶、高甲氧基果胶和魔芋胶则在存在特定类型的阳离子或调节酸碱值的情况下形成凝胶[2]。

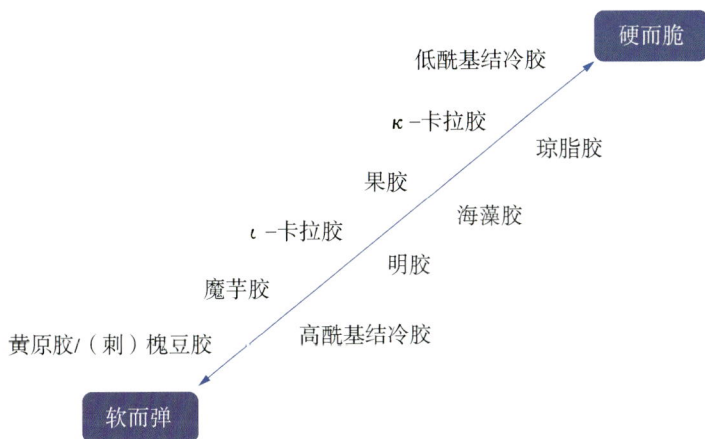

不同食品亲水胶体形成软硬不同的凝胶

在食品中大量使用亲水胶体的最重要的原因是它们能够改变食品的流变性。这包括食品的两个基本特性，即流动特性（黏度）和力学固体特性（质地）。食品的质地和/或黏度的改变有助于改变其感官特性。因此，亲水胶体被用作达到特定目的的重要食品添加剂。在各种食品配方中，如汤、肉汁、沙拉酱、酱汁和浇头，都使用亲水胶体作为添加剂来达到所需的黏度和口感。亲水胶体常常还用于许多食品的制作中，如果酱、果冻、凝胶甜点、蛋糕和糖果，以实现所需的质地。

添加到食品中的一些重要亲水胶体及其功效[3]

种类	特性	添加的食品
黄原胶	高黏度，高剪切稀化指数，受电解质、温度和酸碱值变化的影响小	汤、肉汁、番茄酱、速溶饮料、甜点、浇头和馅料
羧甲基纤维素（CMC）	高黏度，在添加电解质、低酸碱值的情况下黏度降低	沙拉酱、肉汁、水果派馅料、番茄酱
甲基纤维素（MC）、羟丙基甲基纤维素（HPMC）	黏度随温度升高而增加，热可逆凝胶，受酸碱值和电解质变化的影响小	沙拉酱、蛋糕面糊、饮料、搅打配料
阿拉伯胶	低黏度、高乳化性、高成膜性、抑制结晶	软饮料、巧克力、软糖
半乳甘露聚糖[瓜尔（豆）胶、（刺）槐豆胶、塔拉胶]	高黏度、高剪切稀化指数，受电解质变化的影响小	乳制品（包括冰淇淋）、番茄酱、果汁、布丁粉、蛋糕面糊
魔芋胶（魔芋葡甘露聚糖）	高黏度、热不可逆凝胶，受电解质变化的影响小	面条、果冻甜点
κ-卡拉胶	热可逆凝胶	布丁、奶昔、肉制品
低脂果胶	高黏度、酸性环境下的热可逆凝胶	果酱、果冻、牛奶甜点
高脂果胶	高黏度、高酸性环境下的热不可逆凝胶	果酱、果冻、酸奶

除增稠和凝胶性质以外，许多高分子食品添加剂还具有乳化、稳定、分散、成膜等作用。阿拉伯胶就是一种乳化性能优异的高分子乳化剂，也是最早被美国食品药品监督管理局批准用于食品行业的植物胶体。下表是阿拉伯胶在食品中的典型应用。

阿拉伯胶在食品中的典型应用[4]

产品应用	功能	用量
可乐型碳酸饮料	乳化及稳定配方中的香精油和油溶性色素，提高二氧化碳气泡的保持能力	0.1%～0.5%
乳化香精	乳化及稳定配方中的精油	12%～15%
微胶囊粉末、香精粉状油（精油）	喷雾干燥法生产微胶囊的成膜剂，防止产品氧化，延长风味和保质期；喷雾干燥法生产油粉的成膜剂	含油量的1～2倍
巧克力、坚果仁	上光剂/成膜剂（提高产品光泽，避免油脂氧化）	30%胶液喷雾
奶糖、咳嗽糖、无糖糖果	用作抗结晶剂，防止蔗糖晶体析出，有效乳化奶糖中的乳脂，避免乳脂溢出	30%～50%
烘焙食品	表面上光剂、烘焙制品的香精载体	30%
复合纤维素饮料、含油溶性功能成分饮料	用作乳化剂、分散剂、稳定剂	0.1%～0.5%
保健饮品	可溶性膳食纤维、降低胆固醇	5%～10%
啤酒	稳定啤酒泡沫	0.1%～0.5%
人参粉片/蒜粉片	黏合剂、上光剂	10%～20%
含油酱菜	乳化、分散及口感改进剂	0.5%～1.0%

高分子食品添加剂是否安全？

"食以安为先"，食品安全问题一直备受关注。下面就以"不易融化"的某网红雪糕为例，连同为什么雪糕中要加入添加剂、作用是什么、安全性如何做详细说明。

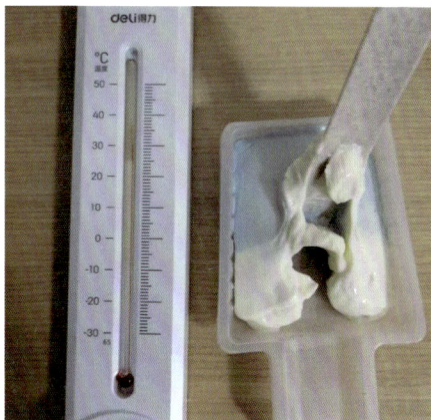

网络上对该网红雪糕的加热实验结果
（资料来源：https：//baijiahao. baidu.
com/s? id= 1737402646393988039 & wfr
= spider & for = pc）

冰淇淋和部分雪糕由于营养丰富、美味可口，在夏季又能清热解暑而广受大众喜爱。前几年，一种网红雪糕在室温下长时间不化的现象，引起了不少人的关注。这种雪糕把卡拉胶带上了"热搜"，引起了人们对雪糕食用安全性的担忧。那么接下来我们就谈谈什么是卡拉胶？它有哪些神奇作用？冰淇淋和雪糕中为什么要加它？为什么雪糕在炎热的环境下竟然"不易融化"？卡拉胶安全吗？

大家知道，物质一般有气态、液态和固态三种形态。冰淇淋或雪糕是"气""液"和"固"的混合物。但如果认真地问你：冰淇淋是固态还是液态？你先不要忙着回答，因为它可不像冰棍和可乐那样"一望而知"。与固态的冰棍和液态的饮料不同，冰淇淋是一种既像固体能保持形状，又像液体易于流动的充气胶体。冰淇淋主要由饮用水、脂肪（各种奶油、精炼植物油等）、非脂固体（牛乳、脱脂乳、炼乳、乳粉等）、糖以及各类食品添加剂（如质构改良剂、乳化剂、抗融剂等）、香味剂和气泡组成。低温下，水和脂肪形成冰晶和脂肪晶体，脂肪球在冰淇淋的制作过程中还形成了贯穿整个冰淇淋的网络结构，能包裹和稳定充入的气泡，赋予了冰淇淋良好的抗融性、膨化率和形状保持能力。可见，冰淇淋的组成和结构还挺复杂的，用个专业术语叫"多相、多组分复杂体系"。那么冰淇淋是固体还是液体呢？其实它又像固体，又像液体，我们姑且先叫它"半固半液体"吧。雪糕在冷冻状态下自然可看作固体，但融化后也是"半固半液体"，这点我们后面会解释原因。

什么是卡拉胶？

卡拉胶，又名角叉聚糖，是从鹿角菜、石花菜和麒麟菜等红藻中提取出的水溶性硫酸酯化的天然多糖类植物胶体。从化学角度来看，卡拉胶是一种聚阴离子，是分子量高的含有硫酸酯基团的线形半乳糖聚糖，具有重复的 α-1，3-D-半乳糖-β-1，4-D-半乳糖二糖单元骨架结构。由 α-1，3-键合的半乳糖基主要为3，6-脱水半乳糖，其部分或全部半乳糖单元上接有硫酸酯基团。根据磺酸根基团在卡拉胶主链上位置及数目的不同，目前已确定化学结构的卡拉胶有多种，其中已商业化生产的只有三种，分别为 κ-卡拉胶、ι-卡拉胶和 λ-卡拉胶。它们的大致性能如下：

（1）κ-卡拉胶：可在钾离子存在的情况下形成较强而脆的热可逆凝胶，并伴随着分子构象变化，能与蛋白质发生相互作用，常用作凝胶剂，也可用于增稠、乳化。

（2）ι-卡拉胶：可在钙离子存在的情况下形成软而弹的凝胶，也能与 κ-卡拉胶复配发生协同作用。

（3）λ-卡拉胶：不能形成凝胶，但能形成黏稠的溶液，主要用于增稠。

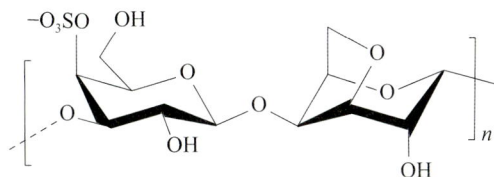

κ-卡拉胶

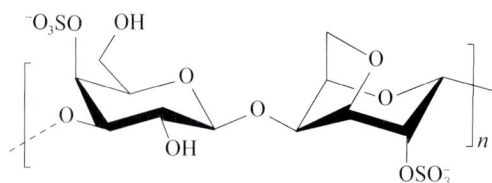

ι-卡拉胶

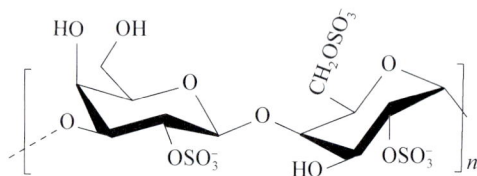

λ-卡拉胶

不同类型卡拉胶的分子结构

卡拉胶由于独特的结构和高分子量而具有特殊的理化性质，如胶凝、增稠、乳化、稳定、分散、成膜性和蛋白反应性，常用作凝胶剂、增稠剂、乳化剂、悬浮剂，用于形成凝胶、稳定乳液、产品赋形、悬浮分散等，从而改善食品的感官性能。虽然卡拉胶的精细结构差别小，但性质差别很大。在实际应用中，上述卡拉胶性质的呈现与其结构、类型、浓度、分子量及其分布、硫酸酯化度和硫酸酯基分布、分子构象、与蛋白质和金属离子的不同相互作用密切相关[5]。在食品胶的构-效关系中，浓度、分子量、取代度和取代分布是最为重要的影响因素。如低分子量的卡拉胶几乎不具备上述性质，硫酸酯化程度和硫酸酯基的分布也极大地影响了卡拉胶的性质。

为什么冰淇淋和雪糕中要加卡拉胶？

以冰淇淋为例，要回答这个问题，可以从其发展史中找到答案。冰淇淋在 19—20 世纪期间依然算是"贵族的奢侈品"，因为在现代制冷技术发明之前，冰淇淋的制作与保存都非常困难，普通民众很难享用。随着现代制冷技术的普及，冰淇淋才真正在世界范围内流行起来。供应商也不断创新冰淇淋的制作工艺和原料配方，如通过充入空气获得成本更低、口感更好的软冰淇淋，以及加入一些能使冰淇淋具有良好口感、形状、保存性的食品添加剂。由于冰淇淋易融化，如何使其具有高抗融性自然而然地成为各国相关食品公司长期关注点之一。具有抗融性的添加剂也随之成为冰淇淋的一个成分。美国食品药品监督管理局对冰淇淋成分的规定中就专门有这么一条：含 $0.2\%\sim$ 0.5% 的稳定剂和乳化剂。这些稳定剂、乳化剂，或称质构改良剂、抗融剂就包括我们讨论的卡拉胶，以及微晶纤维素、瓜尔（豆）胶、（刺）槐豆胶等各种食品亲水胶体。

在冰淇淋和雪糕的制作过程中，加入很低浓度的卡拉胶就能结合大量的水，形成极黏稠的溶液、溶胶甚至凝胶。不仅如此，卡拉胶还可以使脂肪和其他固体成分分布均匀，并能抑制冰晶长大，使冰淇淋和雪糕的口感更细腻、顺滑。此外，卡拉胶具有的蛋白反应性还能抑制乳清分离。显然，卡拉胶的加入可以有效提高冰淇淋和雪糕的抗融性，但也不是加的量越多越好。过多地加入会使产品入口有胶黏性，从而影响口感。然而，能起到上述作用的不只是卡拉胶，很多多糖类食品亲水胶体都可以，只是程度不同、侧重点不同而已。此外，在许多情形下，不同食品亲水胶体间的复配〔如不同类型卡拉胶的共混、卡拉胶和（刺）槐豆胶的共混〕能起到更好的协同增效作用。如何选择食品胶以及进行不同胶体的复配研究往往是业内关注的热点和难点。

如果完全不加这些食品胶，能不能保证冰淇淋或雪糕的抗融性？应该也是可以的。如进一步提高"固"含量（主要是蛋白质和脂肪的含量）、减少水分，特别是增加乳脂含量和选择有更高熔点的乳脂（牛奶乳脂的融化温度范围很广，介于零下 40 摄氏度至 40 摄氏度之间，典型的熔点为 33 摄氏度）。当然，如果将高含量、高熔点的乳脂与高性能的食品胶结合使用，效果无疑会更好。

"不融化"或"融化慢"的原因是什么？

冰淇淋或雪糕的融化实际是指其中的冰晶和脂肪晶体的融化。将它们放置在室温甚至更高温度的环境中时，冰晶和脂肪晶体不融化是不可能的，因为环境温度高于冰晶和脂肪晶体的熔点。其实，融化现象还是能很容易看出来的。如长时间放置后，至少外观上冰淇淋会变稀，雪糕会变软。

那么，为什么会出现放置很长时间，看外观好像"不融化"或融化得很慢的现象呢？我们上面提到，冰淇淋或雪糕是一种"多相、多组分复杂体系"，是"半固半液体"，组分间（高固含量主体成分之间、这些成分与添加的卡拉胶之间）有特殊的相互作用，特别是卡拉胶溶于水后还能大幅提高冰淇淋或雪糕的黏稠度（黏弹性）。此外，冰淇淋或雪糕中含有的大量细小气泡也起着重要的作用。这些共同作用使得冰淇淋或雪糕无论是融化前还是融化后，都呈现出一种称为"屈服应力流体"的性质[6]（更准确地讲，是一种时间依赖的屈服应力流体，或叫"触变性"流体）。在日常生活中这种流体特别多，如各类唇膏、面霜、洗面奶、防晒霜、啫喱膏、睫毛膏、牙膏等日化用品，以及果酱、融化的巧克力、黄油、奶油等食品，乃至涂料、油漆、泡沫、润滑油、泥浆、混凝土浆、沥青、石油、人体中的黏液和血液、圆珠笔用的墨水等都是屈服应力流体。

说冰淇淋或雪糕是屈服应力流体，简单地讲，是指冰淇淋或雪糕在不受力或受很小的力的时候像固体，但如果我们用勺子挖或吮吸它们时，必须用些力才能挖动或吸动它们。也就是说施加在冰淇淋或雪糕上的外力要超过某一临界值，冰淇淋或雪糕才会流动。这个临界值就叫作"屈服应力"。屈服之后产生流动，会使冰淇淋或雪糕的黏度随剪切速率的增加而大幅下降，这时的冰淇淋或雪糕叫"剪切变稀（或剪切稀化）"流体。屈服应力的大小以及发生流动后冰淇淋或雪糕的黏度下降的现象，在很大程度上决定了冰淇淋或雪糕的口感。需要注意的是，超过屈服应力后冰淇淋或雪糕流动并不是因为融化作用，而是由于冰淇淋或雪糕的内部结构在受力的情况下发生了变化。冰棍和常规的饮料（比如可乐）就不是屈服应力流体。未融化的冰棍不会流动，用牙齿咬它会发生脆性断裂；而常规的饮料只要受力，不管力的大小都会发生流动现象。因此，冰棍是固体，可乐是牛顿流体（黏度不随剪切速率变化），而冰淇淋或雪糕则是具有屈服性的非牛顿流体（剪切变稀流体）。

上述物体受力和流动、形变之间的关系属于流变学（rheology）的学科研究范畴。下图比较了各类流体的典型流动曲线。其中赫舍尔-巴尔克利（Herschel-Bulkley）流体和宾厄姆（Bingham）流体（如番茄酱）为屈服应力流体，这两种流体的区别是：赫舍尔-巴尔克利流体发生流动后，其黏度随剪切速率的增加而下降（剪切变稀）；而宾厄姆流体发生流动后，其黏度不随剪切速率变化（为牛顿流体）。屈服应力流体糊在小朋友嘴上也不会轻易流下来。

有意思的是，还有剪切变稠的流体，如玉米淀粉的水悬浮液，这种流体搅动得越厉害就会变得越难搅动。另外，也不是所有黏稠的流体就一定都是屈服应力流体，如浓糖浆很黏稠，但它不是屈服应力流体。把它滴在桌上，由于受重力作用，糖浆会很容易铺展开。

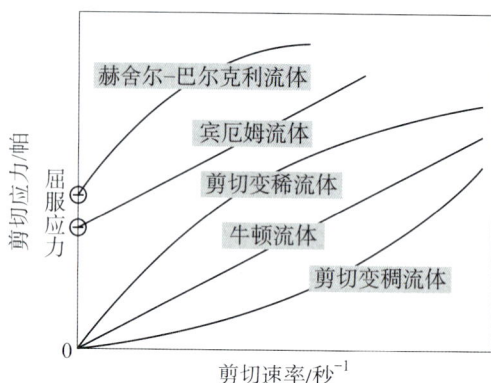

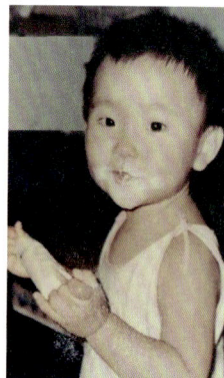

各类流体的典型流动曲线比较

那么，融化后呢？融化后的冰淇淋或雪糕仍然是屈服应力流体，只不过它们的屈服值比融化前的小一些，但仍然很黏稠，不像水或饮料那样易于流动。这就是所谓的从表观上看，冰淇淋或雪糕似乎并没有"融化"的真正原因。那么卡拉胶能起到什么具体的作用呢？下图更能说明问题。可以看到，浓度仅为 0.5％ 的 κ-卡拉胶水凝胶在 0.05 摩尔/升钾离子存在的条件下要到差不多 40 摄氏度才能融化，而提高卡拉胶或钾离子浓度还可以大幅提高凝胶的融化温度。需要特别指出，虽然我们这里提到了凝胶融化之后成为溶胶，但这个溶胶看上去也是很难流动的。我们知道，物体模量的大小表征了其软硬程度。模量大意味着物体更硬，小则表示更软。而模量又可分为弹性模量和黏性模量，若前者大于后者，则物体更像固体；反之，则更像液体。下图的右图显示了浓度为 0.5％ 的某种 κ-卡拉胶水凝胶的弹性模量和黏性模量随温度变化的情况。可以看到，在任何温度下，其弹性模量都大于黏性模量。即使在超过 30 摄氏度的时候，两个模量都比较小，该种 κ-卡拉胶水凝胶看起来还是像固体，不易流动。而且由于测试时的升温速率较快（1 摄氏度/分钟），模量在很大的温度范围内并没有太大变化，这预示着这种卡拉胶凝胶的融化动力学较慢。

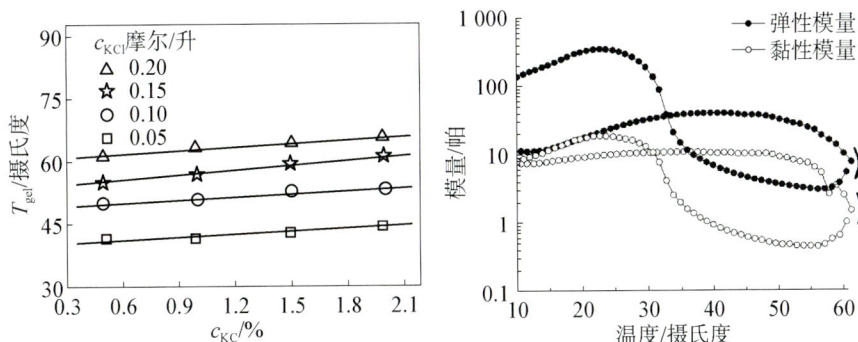

左：不同浓度氯化钾（钾离子）存在的情况下 κ-卡拉胶水凝胶的融化温度随卡拉胶浓度（c_{KC}）变化的情况[7]；右：浓度为 0.5% 的 κ-卡拉胶水凝胶的弹性模量和黏性模量随温度变化的情况（升温和降温速率：1 摄氏度/分钟）

上述内容还没有充分说明为什么常温下冰淇淋和雪糕能融化得慢，甚至直接加热时也融化得慢。其原因有三。第一，蛋白质不存在融不融化的问题，它本身就是固态。第二，高含量、高熔点、高结晶度的脂肪需要更多的热量（更长的加热时间）才能融化。所以，蛋白质和脂肪的高含量对融化慢是有重要贡献的。第三，也是最重要的，冰淇淋和雪糕都是高充气膨化的食品，而空气的热传导性远低于冰和水的。常温下冰的导热系数较高，为 2.22 瓦/（米·开尔文）［水为 0.6 瓦/（米·开尔文）］，而空气的导热系数只有 0.026 瓦/（米·开尔文），仅为冰的约十分之一，而且温度越低，空气的导热系数越小，如 0 摄氏度时降为 0.025 1 瓦/（米·开尔文）。因此，高膨化率，即高含量填充气泡的存在，大大降低了冰淇淋和雪糕的热传导性，换句话说，就融化得慢。如果拿常作为绝热保温材料的聚氨酯泡沫来做比较的话，则更容易理解。没发泡的聚氨酯的导热系数高达 0.26 瓦/（米·开尔文），而发泡后聚氨酯泡沫的导热系数通常为 0.03 瓦／（米·开尔文）左右（该值高于空气的导热系数）。所以，即使是直接加热，由于高填充气泡的存在，冰淇淋和雪糕不会像不含气泡的冰块或冰棍那样融化得那么快。

需要指出，在配方一定的情况下，不同加工方式对冰淇淋和雪糕的微结构以及包括抗融性和融化快慢的最终性能有着重要影响。这里除乳脂含量的影响外，气泡的含量和稳定性、大小和分布也起着重要作用。对于含气泡的材料，如果泡孔足够小且为闭孔结构，那么对流传热的贡献是可以忽略不计的。传热就主要源于固体的热传导、辐射传热和泡孔内气体的热传导这三部分的贡献，且三者之间是相互独立的。因此，冰淇淋和雪糕这种含气泡物质的导热主要由固体基体（乳脂、蛋白质和冰晶）的热传导，辐射传热和泡孔内空气的热传导组成。显然，高气泡含量和低孔径尺寸有利于降低热传导，也就是有利于减缓融化动力学。

卡拉胶多糖水凝胶实际上属于冷致凝胶，就是高温时是溶胶或溶液，温度降低时是凝胶。而一些多糖能形成热致凝胶，如上文提到的可得然胶。它是一种以 β-1，3-糖苷键构成的直链纯葡聚糖，可由发酵法制得，我国于 2006 年 5 月批准其为食品添加剂。加热可得然胶的水悬浮液可以形成不同强度的水凝胶，加热温度越高，凝胶强度就越大。这里完全谈不上加热融化了。可得然胶分子链在高温下形成三螺旋结构，并在多重氢键的作用下相互交联，形成耐热的网络结构。利用可得然胶的这一性质和其本身作为膳食纤维的特性，还可以制得口感良好的素食。我们吃火锅时，由魔芋胶制成的魔芋粉丝久煮不化，也是类似的道理。大家熟悉的这种食品胶既是食品添加剂，也是食品原料，还是优良的膳食纤维。在碱性条件下魔芋胶分子链上的乙酰基脱去，可形成高耐热的水凝胶。魔芋胶可以制得形状各异的水凝胶。这种水凝胶久煮不化也是由于分子间形成了高度稳定的多重氢键。了解了这些知识，我们就不会对这些水凝胶加热不融化感到奇怪了。

可得然胶制备的各类凝胶素食

魔芋胶（魔芋葡甘露聚糖）制得的水凝胶

卡拉胶是否安全？

我国的食品添加剂安全标准〔《食品安全国家标准 食品添加剂使用标准》（GB 2760—2024）〕对卡拉胶的使用范围和使用量进行了规定，其中在许多情形下对卡拉胶添加量的规定是"按生产需要适量添加使用"。在美国，根据美国食品药品监督管理局的法规，卡拉胶被允许直接作为食品添加剂（作为乳化剂、稳定剂或增稠剂），适量添加也被认为是安全的〔Federal Food，Drug，and Cosmetic Act 21 U. S. C. 350（a）§ 412〕。欧洲食品安全局也认为"没有证据表明食品级卡拉胶会对人体产生任何不利影响"（European Commission，Health & Consumer Protection Directorate-General，2003）。联合国粮食及农业组织和世界卫生组织食品添加剂联合专家委员会（JECFA）也确认了卡拉胶安全无毒性。2015 年的 JECFA 报告引用了证明卡拉胶安全的各种动物研究。一些对卡拉胶在人体中的安全性研究也显示，在每天 75 毫克/千克的摄入量之下是无害的。按每支雪糕大概含有 32 毫克卡拉胶计算，理论上，一个正常体重的人每天吃 100 支雪糕，都不必担心由卡拉胶引起的中毒或者副作用。这个添加量也符合我国国家标准的规定。实际上，卡拉胶已经成为食品中应用最为广泛的亲水胶体之一。

由此可见，我国和世界上其他国家都对卡拉胶的使用对象和范围有明确的规定。对于符合国家食品安全标准的产品，我们是可以放心食用的。当然，也需要指出，有研究认为低分子量的卡拉胶可能存在致炎作用。作为食品添加剂的卡拉胶的分子量一般应高于 10 万。因此，在食品级卡拉胶的生产过程中，要注意勿使其含有低分子量的成分。

高分子食品添加剂是不是一定要添加?

上述例子对高分子食品添加剂卡拉胶的功能、作用及安全性做了说明。需要指出，在有些情况下，高分子食品添加剂的功能还起着非同一般的作用，是一定要添加的，比如在保障吞咽安全方面。有一类疾病称为吞咽困难（dysphagia），是指神经或肌肉控制出现异常而造成的进食与吞咽困难。吞咽困难是一种常见的老年慢性疾病，严重影响老年人的生活质量。当吞咽困难未被确诊或治疗时，患者存在极高的食物误吸风险，会导致严重的吸入性肺炎，甚至对生命安全造成威胁。目前，国内外公认的有效治疗方法中，采用增稠食物进行饮食护理是被广泛采用、最能保障吞咽安全的方法[8]。为了确保吞咽困难患者的营养摄入和安全吞咽，临床饮食护理须添加食品亲水胶体对营养流质食物进行增稠。这种增稠流体因具有更高的黏度而流速减缓，给口腔和咽部协调配合留出更多的反应时间，这有利于将形成的食团安全输送到食管而非气管和肺部，从而降低吸入风险。在保证吞咽安全方面，高分子食品添加剂通过调控增稠流质食物的流变学性质，特别是黏度、剪切变稀特性、屈服行为和屈服应力大小及食团的内聚性等，满足了吞咽困难患者的特殊需要[9]。常用的添加剂有黄原胶等，这些高分子亲水胶体在这类场合就不是可有可无的添加剂了。

类似的例子还有很多，比如酸奶或酸性乳饮料。乳蛋白在酸性条件下变性沉淀、发生相分离一直是影响酸奶及酸性乳饮料生产及品质的关键性问题。为保证乳品的品质（如稳定性、风味和口感），在酸性液态乳的生产中需添加一定浓度和种类的食品胶，如果胶、羧甲基纤维素、水溶性大豆多糖等。这些食品胶与乳蛋白的相互作用，以及对最终产品稳定性影响的研究一直是世界各国乳品科学和乳品加工研究的一个主要方面。亲水胶体的添加一方面改善了产品的质地，另一方面能够延长乳品的货架期，防止产品发生乳清析出、蛋白质聚集、乳脂分离，并具有一定乳化作用[10]。

可见，在许多食品加工过程中，食品胶的添加是保证和改善食品品质不可或缺的重要举措。当然，添加的前提是这些食品胶被充分证明是安全的，被权威机构批准使用并列入许可名单，使用范围和使用量是按照所批准的规范执行的。

最后讲个关于食品的冷知识。其实，对每一个合格的工业食品来说，都有一个食品缺陷水平（defect level）的标准。换句话说，就是食品存在"缺陷"。这种缺陷的特征是对人体健康无害，不管是天然就有的还是无论如何都不可避免的。简单地讲，就是一种食品在生产、加工、运输和储存过程中，来自诸如蛆虫、蓟马、昆虫碎片、"异物"、霉菌、啮齿动物毛发以及昆虫和哺乳动物粪便所导致的污染程度的最高接受标准。检测结果不超过此标准，食品就是"合格"的。美国食品药品监督管理局发布的标准手册《食品缺陷：食品中对人类健康无害的天然或不可避免的缺陷水平》（*The Food Defect Action Levels：Levels of Natural or Unavoidable Defects in Foods That Present No Health Hazards for Humans*）就详细介绍了每种食物可接受的污染物含量，并列出了缺陷来源（收获前后的污染、加工污染等）和影响。例如，每 1 千克小麦中，允许存在不超过 9 毫克的啮齿动物排泄物颗粒；平均每 100 克面粉中，允许存在的昆虫污染物的限量值为 75 个昆虫碎片。当然，根据美国食品药品监督管理局的数据，抽查中"污染物"的平均数值是远远小于这个最大允许值的。人们真正吃到口中的昆虫碎片数量并不会像例子中的那么多，但完全吃不到是不现实的。从这个"缺陷"的角度来讲，一方面我们需要科学、理性地对待食品缺陷；另一方面，当我们关注食品添加剂的时候，食品本身的安全性更值得关注。

结　语

在现代食品工业的发展过程中，食品添加剂扮演着不可忽视的角色。没有食品添加剂，现代食品工业的发展和创新将难以想象。这些添加剂在调节食品质构、改善口感、提高食品品质、增强稳定性、延长货架期、改善加工工艺等方面发挥了关键作用。许多高分子食品添加剂，尤其是多糖类亲水胶体，本身就是食品的组成部分。在许多情况下，高分子食品添加剂的添加不仅是有益的，而且是食品和食品工业健康发展的必然要求。有别于小分子食品添加剂，高分子食品添加剂特别在增稠、凝胶化、乳化、稳定等方面有独特的作用。它们在食品工业中的应用为许多食品产品赋予了独特的特性，同时也满足了现代社会对食品多样性和便利性的需求，不仅提高了食品工业的经济效益，也提高了人们的生活品质。

对食品添加剂的使用必须合法、合规、合理。这是生产者、消费者和监管者的共同责任。生产者应当确保在食品中使用的添加剂符合法规标准，保证产品的质量和安全。消费者应该理性看待添加剂，了解其作用和安全性，不必过度恐慌。监管者则需要加大监管力度，确保食品安全。在关注食品添加剂安全性的同时，更应该关注食品本身的安全性，不能舍本逐末。即便是使用了安全的添加剂，也不能忽视食品本身存在的安全问题。

大文豪萧伯纳说过，"没有比对美食的爱更真诚的爱了"（There is no

sincerer love than the love of food)。希望有更多、更好的食品能满足人们"日益增长的美好生活需要"，也希望大家合理、合规、合法使用食品添加剂，让理性看待食品添加剂成为生产者和消费者的共识。

参考文献

［1］张洪斌.多糖及其改性材料[M].北京:化学工业出版社,2014.

［2］Zhang H B, Zhang F, Yuan R C. Applications of natural polymer-based hydrogels in the food industry ［M］//Chen Y. Hydrogels based on natural polymers. Cambridge: Elsevier, 2020:357 - 410.

［3］Saha D, Bhattacharya S. Hydrocolloids as thickening and gelling agents in food: a critical review ［J］. Journal of Food Science and Technology, 2010,47(6): 587 - 597.

［4］Penroj P, Samuhasaneetoo S. Effect of gum arabic and total solids content on non-volatile and volatile compound retention in microcapsules ［C］//Kennedy J F, Phillips G O, Williams P A. Gum arabic. London: The Royal Society of Chemistry, 2011:315 - 323.

［5］Tuvikene R. Carrageenans ［M］//Phillips G O, Williams P A. Handbook of hydrocolloids. Cambridge: Woodhead Publishing, 2020:767 - 804.

［6］徐家通,周子愉,廖晴雨,等.复杂流体屈服力的测定:理论、方法及应用[J].高分子通报,2025,38(5):689 - 717.

［7］罗亮,左榘,陈兴国,等. κ -卡拉胶热可逆凝胶化行为研究[J].高分子学报,2003(6):862 - 865.

［8］Huang L, Lu J Y, Shi L Y, et al. Regulation, production and clinical application of foods for special medical purposes (FSMPs) in China and relevant application of food hydrocolloids in dysphagia therapy ［J］. Food Hydrocolloids, 2023,140:108613.

［9］Wei Y Y, Li R Q, Zhang H B. Measures of the yield stress fluids oriented for dysphagia management using steady-state shear, transient shear, and large-amplitude oscillatory shear (LAOS) ［J］. Physics of Fluids, 2022,34(12): 123107.

［10］Guo Y L, Wei Y, Cai Z X, et al. Stability of acidified milk drinks induced by various polysaccharide stabilizers: a review ［J］. Food Hydrocolloids, 2021, 118:106814.

人工光合作用：照亮未来可持续发展之路

柳华杰　陈　杰

柳华杰，学士、硕士均毕业于同济大学化学系，博士毕业于国家纳米科学中心，在丹麦奥胡斯大学化学系/跨学科纳米科学中心（iNANO）从事博士后研究，后工作于中国科学院上海应用物理研究所，现任同济大学化学科学与工程学院教授、副院长；主要从事生物纳米技术、人工DNA纳米调控研究等工作；在《自然材料》（*Nature Materials*）、《自然通讯》（*Nature Communications*）、《科学进展》（*Science Advances*）、《美国化学会志》（*Journal of the American Chemical Society*）、《德国应用化学》（*Angewandte Chemie International Edition*）、《能源与环境科学》（*Energy & Environmental Science*）等 SCI 收录期刊发表文章 50 余篇。

陈杰，四川大学生命科学学院学士，中国科学院上海应用物理研究所博士，同济大学化学科学与工程学院博士后，现工作于湖南工业大学生物与医学工程学院；主要研究方向为微藻光生物制氢、活性生物材料转化太阳能制备燃料和高价值化学品。

　　大约在 28 亿年前，地球上开始出现放氧光合作用，随之引发了大氧化事件。这一事件显著加速了生命的进化进程，最终促成了高度文明的人类社会出现。

　　然而，如今人类对化石能源的过度使用，导致地球温室气体含量急剧增加，引发了严重的气候变化问题；同时，地球有限的化石能源储备也日益枯竭，能源危机迫在眉睫。人类社会的可持续发展面临着严峻的挑战。如何应对这一挑战，确保人类能够在地球上持续生存和发展？人工光合作用可能是一个关键的答案。

可持续发展与"双碳"目标

　　可持续发展的概念最早在 20 世纪 80 年代被广泛提及，1987 年，在世界环境与发展委员会发布的《我们共同的未来》报告中，明确了其定义："既满足当代人的需求，又不对后代人满足其需求的能力构成危害的发展。"这一定义强调了当前和未来之间的平衡，核心是确保在追求经济增长和社会进步的同时，不破坏环境，不消耗未来发展所需的资源。

　　"双碳"目标，即"碳达峰"和"碳中和"目标，是在 2020 年 9 月 22 日由中国国家主席习近平在第七十五届联合国大会上首次正式宣布的。碳达峰是指中国力争于 2030 年前达到二氧化碳排放的峰值，即碳排放不再增长并开始下降。碳中和则是指中国努力争取在 2060 年前实现碳中和，即通过减少温室气体排放和增加碳吸收等手段，使得净碳排放量为零。通过实现"双碳"目标，中国不仅能为应对全球气候变化做出重大贡献，也能为推动国内经济社会的绿色转型、实现长远的可持续发展奠定坚实基础。

"双碳"目标的关键之一是大力发展清洁能源。清洁能源指的是在生产和使用过程中污染排放量接近或等于零的能源类型，它们对环境友好且可持续利用。目前，清洁能源包括太阳能、风能、海洋能、地热能、生物质能、氢能以及核能等。清洁能源的核心在于减少或避免传统化石能源所带来的负面环境影响，尤其是减少温室气体的排放。推广使用清洁能源对于实现"双碳"目标、保护环境以及推动可持续发展具有重要意义[1]。

理想的清洁能源——太阳能

太阳能是指来自太阳的辐射能量，这种能量主要以光和热的形式到达地球。太阳能是地球上最丰富的能源之一，是一种极为理想的清洁能源。首先，太阳能相对于地球生命而言，是取之不尽、用之不竭的，并且每年地球接收到的太阳辐射能量远超全球能源消耗的总量，每年到达地球表面的太阳能相当于 130 万亿吨标准煤产生的能量。其次，因为太阳光直接照射到地球表面，所以太阳能几乎没有地域限制，无须开采和运输即可直接开发和利用。最后，太阳能的利用过程不涉及燃烧化石燃料，因此不会产生温室气体、空气污染物或废弃物，极大地减少了对环境的负面影响。也正因如此，转化利用太阳能是实现碳中和目标的重要途径之一。

　　尽管太阳能具有上述优点，但是目前人类对太阳能的利用仍然相对有限。当前较为成熟的太阳能利用方式主要包括将太阳能转化为热能，以及将太阳能转化为电能，即光伏发电。然而，尽管这些技术在效率和经济性方面取得了显著进展，但是热能和电能的使用存在局限性并且难以储存。鉴于此，将太阳能直接转化为功能多样且易于储存和运输的化学品，在未来可能更具前景和吸引力。这种转化方法能够克服现有技术的局限性，可以提供更多灵活的能源储存和应用选择[2]。

　　自然界中存在一个完美地将太阳能转化为化学品的案例，那就是我们熟知的光合作用。当太阳光照射到地球表面时，地球上的高等植物、藻类以及蓝细菌等利用太阳光，将水和二氧化碳转化为氧气和糖类。氧气能供给人类呼吸，糖类的使用范围则更广，例如作为食物、能源物质、生活用品、建筑用材等。在工业革命以前，人类活动几乎完全依赖于天然的光合作用。人类进入工业社会之后，所使用的化石燃料也均是来自远古的天然光合作用的产物。

天然光合作用

　　我们在此介绍的是自然界中最常见的放氧光合作用，在太阳光的照射下，高等植物、藻类、蓝细菌等利用吸收的太阳能，将水分和二氧化碳转化为氧气和糖类。这一过程的总体化学反应方程式为

$$CO_2 + H_2O + \xrightarrow[\text{叶绿素}]{\text{光}} (CH_2O) + O_2$$

　　光合作用实际上分为两个主要阶段：光反应和暗反应。光反应阶段利用光能使水分子发生光解，生成氧气、腺苷三磷酸（ATP）和还原型烟酰胺腺

嘌呤二核苷酸磷酸（NADPH）。该阶段的关键在于将太阳能转化为化学能，储存在 ATP 和 NADPH 中。暗反应不直接依赖光能，而是利用光反应生成的高能化合物 ATP 和 NADPH，将二氧化碳固定并转化为稳定的糖类物质。暗反应过程也被称为卡尔文循环，以科学家梅尔文·卡尔文（Melvin Calvin）的名字命名。他主导发现了二氧化碳固定途径，凭借这一突出贡献，卡尔文于 1961 年获得了诺贝尔化学奖。

　　叶绿体是光合作用的关键场所，其结构如下图所示。叶绿体的结构相对复杂，外部由两层膜包裹，分别是外膜和内膜。内膜内部存在一种特殊的囊状结构，称为类囊体。类囊体通常呈圆盘状，彼此叠加形成层叠结构，是光合作用光反应真正发生的场所。

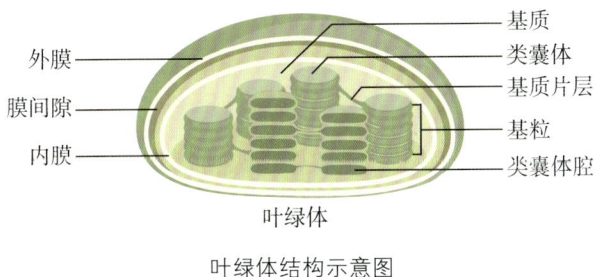

叶绿体结构示意图

　　光合作用的第一步发生在类囊体膜上。当太阳光照射到叶绿体时，类囊体膜上的叶绿素吸收光能，并将其转化为化学能。这一过程引发了水的分解，生成了氧气、质子和高能电子。这些高能电子作为能量载体驱动后续的能量分子 ATP 和 NADPH 的生成。之后，ATP 和 NADPH 作为能量载体，进入叶绿体基质，推动光合作用暗反应发生。在暗反应中，二氧化碳在 ATP 和 NADPH 提供能量的作用下，经过一系列酶催化反应最终转化为糖类，实现太阳能的稳定储存。

光合作用的核心在于光反应，光反应的关键是捕获太阳能并产生和传递高能电子。在这个过程中，光合色素起着至关重要的作用。叶绿素 a 是反应中心的主要色素，能够吸收光能并发生化学反应，产生高能电子；叶绿素 b 和类胡萝卜素则作为天线色素或捕光色素，不直接参与化学反应，而是负责捕获光能并将其传递给反应中心的叶绿素 a。

在光合作用中，叶绿素 a 分别在光系统Ⅱ和光系统Ⅰ中以反应中心色素 P680 和 P700 的形式发挥作用。P680 在吸收光能后进入激发态，启动水分解和高能电子传递。水分解释放氧气，高能电子通过细胞色素 b_6f 复合物最终到达光系统Ⅰ。在光系统Ⅰ中，P700 吸收光能，再次给高能电子补充能量，使之能够启动后续的化学反应。光系统Ⅱ和光系统Ⅰ通过电子传递链相互协调工作，确保光反应顺利进行，并高效地将光能转化为化学能，最终生成 ATP 和 NADPH，为光合作用的暗反应阶段提供必要的能量支持，用于二氧化碳的固定，即卡尔文循环。

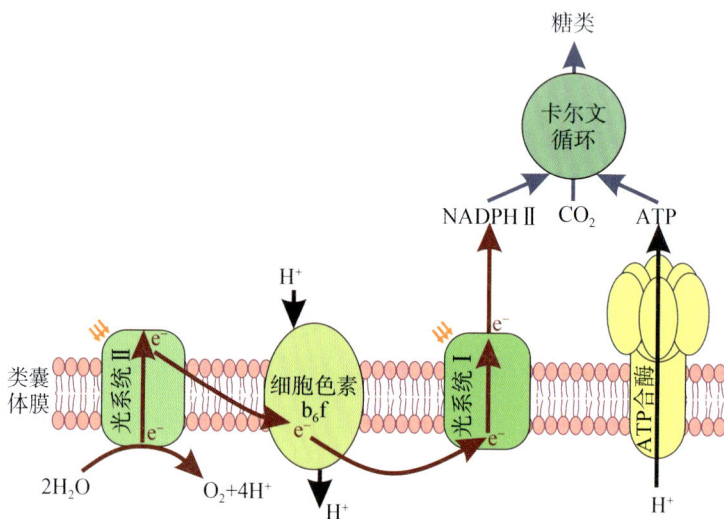

光合作用反应机理示意图

天然光合作用通过高效的能量传递和转换,不仅为植物提供了生长所需的糖类和能量,还为地球上其他生命体提供了必需的氧气和食物。然而,天然光合作用的太阳能利用效率较低,通常仅为 0.1%,最高不超过 10%。这种低效性主要缘于叶绿素对太阳能光谱的吸收范围有限,仅能有效吸收蓝光和红光,而大部分太阳能无法被吸收利用。此外,天然光合作用的最终产物以糖类为主,难以直接作为燃料或高附加值化学品使用。因此,在当今能源和物质消耗巨大的背景下,仅依靠天然光合作用难以满足人类活动的需求[3]。

人工光合作用

人工光合作用顾名思义是一类人为模拟或改造天然光合作用的化学过程,可以是任何一种将太阳能储存到化学键中的人工技术,旨在突破天然光合作用在效率和产物上的限制,从而实现高效、灵活地转化和利用太阳能[4]。光催化水分解技术是人工光合作用的基础,也是主要研究方向之一。

根据反应机理,人工光合作用可以分为一步光激发反应体系和两步光激发反应体系。在一步光激发反应体系中,光功能材料(通常为半导体)在光激发下,导带中的电子(e^-)参与生成氢气的还原反应,而价带中的空穴(h^+)参与生成氧气的氧化反应。两步光激发反应体系则更接近天然光合作用,光功能材料Ⅰ受光激发后,价带中的空穴发生氧化反应生成氧气,导带中的高能电子则通过电子传递介质转移到光功能材料Ⅱ中。光功能材料Ⅱ受光激发后,电子跃迁至导带,参与还原反应生成氢气。

一步光激发反应体系仅使用单一光功能材料,系统较为简化,并且能够直接从光激发中产生高能电子和空穴,可以快速进行还原和氧化反应。然而,

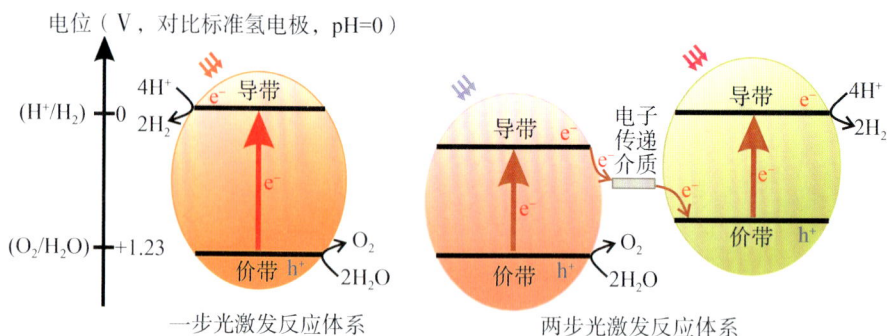

人工光合作用反应机理示意图

由于电子和空穴的迁移距离通常较短，因此空穴-电子复合率高，限制了系统整体的光催化效率。此外，一步光激发反应体系对材料的要求很高，所需要的单一材料必须具备合适的导带、价带，并且要实现全解水，带隙必须大于1.23电子伏特。此外，半导体材料的空穴-电子复合率一定要低，并且还需要具备高效的表面催化活性。在两步光激发反应体系中，由于可以选择具有不同光吸收和催化特性的材料进行组合，大大地拓宽了材料的选择范围，并且因为存在较长的电子传递途径，因此空穴-电子复合率较低。但是，因为需要电子传递介质，所以系统成分比较复杂，对电子传递介质的选择和优化往往会限制体系的发展。

根据人工光合作用体系的组成成分，可以分为全人工光合作用体系和半人工光合作用体系。全人工光合作用体系内的所有物质均为人工合成制备，不含天然成分。全人工光合作用是完全人为模拟和重构天然光合作用的化学过程，因此可以更加灵活，不受天然成分的限制。然而，虽然全人工光合作用在反应效率方面取得了显著突破，但是在稳定性和催化特异性方面仍然存在一定缺陷。半人工光合作用体系则是将人工材料与生物活性材料结合使用，可在一定程度上实现全人工光合作用与天然光合作用的优势互补。例如，通过将高效的光功能材料耦合生物成分（酶或者全细胞），可以实现既具备高效的光能利用效率，又具备较高的稳定性和催化特异性[5]。

人工光合作用的表现形式一般有两种，一种是颗粒悬浮体系，另一种是电池体系。颗粒悬浮体系是将所有反应成分混合在一起，在一个溶液体系内发生反应，因此体系构建相对简单，适合规模化应用。但是由于所有成分混合在一起，不同成分之间存在干扰，容易产生逆反应和副反应，从而造成整体反应效率较低。相比之下，电池体系通过外部导线传递电子，可以将发生氧化反应的光阳极与发生还原反应的光阴极分隔开，从而减少不同组分之间的干扰。因此，光阳极、光阴极可以在各自相对适宜的电解池中进行相应的半反应，从而使整体反应效率较高且易于受外界调控。然而，电池体系的构建成本较高，在大规模应用时面临一定的挑战。

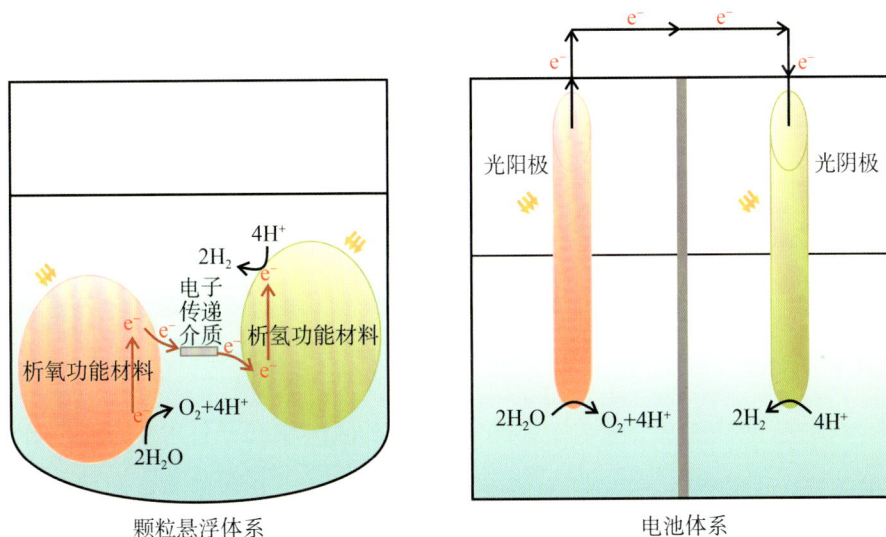

人工光合作用体系的表现形式

除了光催化水分解，人工光合作用还可以实现二氧化碳还原，生成如一氧化碳、甲醇、乙醇、甲酸和乙酸等燃料和化工原料。此外，人工光合作用还可以进行固氮反应，将空气中的氮气转化为氨，氨既是一种重要的化工原料，又是一种不含碳的理想燃料[6]。

基于绿藻的半人工光合作用制氢

氢气作为能源物质拥有能量密度高、零碳排放、应用场景丰富的优势，并且其燃烧之后的产物为水，水又可以用于生产氢气，因此氢气是一种非常符合可持续发展愿景的能源物质。在诸多以水为原料制备氢气的技术中，人工光合作用直接利用光能裂解水制氢，具备简单直接、易于规模化应用的优势。但是，由于全人工光合作用体系的稳定性不高，应用于长时间稳定制氢仍然是一个挑战。相比之下，半人工光合作用体系的优势在于其使用的活体生物材料具有自我修复和复制繁殖能力，这为半人工光合作用体系的长期稳定运行提供了可能。

绿藻作为一种易于培养的低等植物，其光合作用效率显著高于高等植物，并且在厌氧条件下可以表达［铁铁］-氢化酶（［FeFe］-H_2ase），能够高效地催化氢气产生，是一种理想的可用于转化太阳能制备氢气的活体生物材料。

然而，［FeFe］-H_2ase 对于氧气极度敏感，绿藻在进行天然放氧光合作用的时候，几乎不会产生氢气。因此，如何在绿藻光合作用放氧的同时，保证［FeFe］-H_2ase 的活性，成为科学家们亟须解决的难题。

对此，生物学家首先想到的是利用遗传学思路改造绿藻，以获得基因工

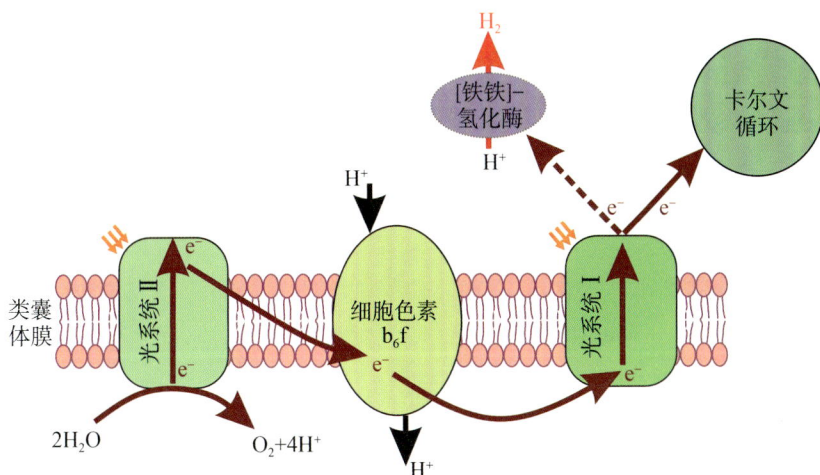

绿藻通过光合作用产生氢气的原理示意图

程绿藻，从而实现直接利用光合作用制氢。不过，基因改造的绿藻传代稳定性较差，在传代过程中易丢失人为改造的基因而再次野化。此外，为了保证遗传改造的绿藻成为优势种群，通常需要加入抗性基因，利用抗生素进行筛选。然而，抗性基因和抗生素均存在污染自然环境的风险，因此，在实际应用方面存在诸多挑战。

与之不同的是，化学家们通过化学手段找到了利用自然野生型绿藻光合作用制氢的方法。其中最具代表性的方法是构建绿藻聚集体实现光合作用制氢：首先使游离的绿藻形成聚集体，然后借助聚集体产生的遮光效应来抑制光系统Ⅱ释放氧气，从而在聚集体内部形成局部厌氧环境，激活［FeFe］- H_2ase 的活性，具体原理如下图所示。这种通过构建人工绿藻聚集体使绿藻通过光合作用制氢的方法，适用于自然野生型绿藻，并且只需依赖简单的化学物质，如化学絮凝剂，在常规培养条件下即可使绿藻形成聚集体结构，因此极具规模化应用潜力[7]。

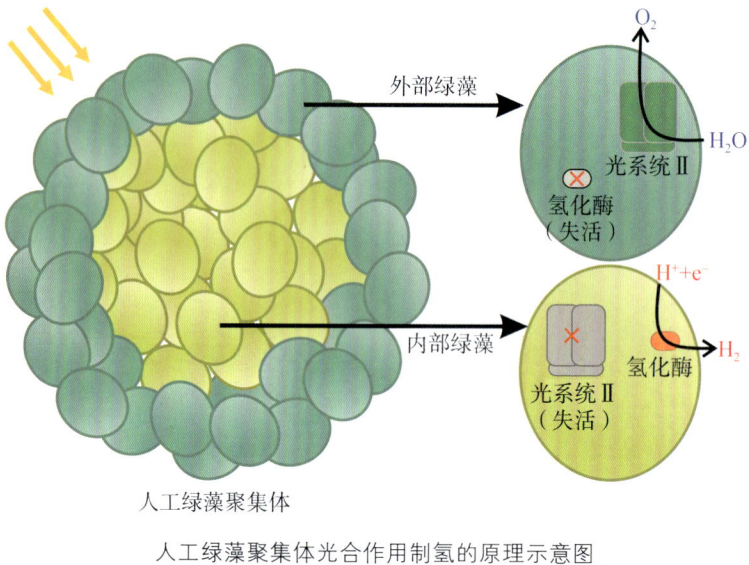

人工绿藻聚集体

人工绿藻聚集体光合作用制氢的原理示意图

结　语

　　太阳能的转化、利用是人类实现可持续发展的关键，人工光合作用是最为重要的转化、利用太阳能的技术方案之一。通过人工光合作用的优化设计，可以实现高效、灵活地转化、利用太阳能。尽管人工光合作用目前已经在实验室尺度取得了诸多突破，但是走向实际应用仍面临许多挑战。其中最为主要的挑战是稳定性较低和成本较高，解决上述问题则需要依赖新材料的开发设计。将活体生物材料与人工功能材料结合，构建半人工光合作用体系，是一个具有前景的发展方向。

　　低成本的活体生物材料——绿藻，具备光合作用制氢的潜力，解决光系统Ⅱ释放的氧气抑制［FeFe］- H_2ase 的活性，以及［FeFe］- H_2ase 获得光生电子比例低的问题，绿藻将成为用于转化太阳能制氢的理想活体生物材料。如何提升绿藻对太阳能的利用效率是未来必须考虑和解决的问题。绿藻天然的光合作用对太阳能的利用效率很低，利用人工光功能材料增强绿藻光合作用制氢的效果是未来一个重要的研究方向。

当然，人工光合作用除了用于制氢外，氨和甲醇也将会是未来人工光合作用主要的目的合成产物。

氨是农业肥料的关键成分，对农业生产至关重要。摆脱对传统高能耗的氨合成工艺的依赖，实现氨的低能耗绿色生产对于农业与环境的可持续发展意义重大。人工光合作用合成氨是一条理想的绿色工艺途径，然而，由于氮气分子非常稳定，直接将其还原为氨需要克服很高的活化能，因此对人工光催化材料的要求很高。相较之下，利用固氮酶或者固氮细菌构建半人工光合作用体系合成氨，则可同时规避体系能耗需求高与对光催化材料要求苛刻的两大问题。然而此方法目前还处于初期实验研究阶段。未来如果能够克服半人工光合作用体系的共性问题，即体系难以长期保持稳定和高效，那么半人工光合作用合成氨技术将会得到长足发展。

甲醇既是一种重要的化工原料，也是一种理想的液体燃料（甲醇燃烧虽然会排放二氧化碳，但是二氧化碳又可以作为制备甲醇的原料，因此甲醇是一种碳中性的燃料）。利用人工光合作用固定二氧化碳制备甲醇更加接近于天然光合作用的反应过程。目前，利用人工催化剂已经能够较好地实现氢气和二氧化碳反应生成甲醇，并且这一反应无需光照，类似于光合作用的暗反应；氢气则是光解水产生的，类似于天然光合作用光反应中的产物 NADPH。因此只需要光催化水分解技术发展成熟，即可很好地利用人工光合作用制备甲醇。

精彩问答 Q&A

1. 光系统中叶绿素分子是以单个分子的形式发挥作用，还是以多个叶绿素分子聚集体的形式发挥作用？

在光合作用中，叶绿素分子通常不是以单个分子的形式发挥作用，而是以多个叶绿素分子聚集体的形式发挥作用。这些叶绿素分子通过与一些蛋白质以及辅因子的相互作用聚集在一起，形成光系统中的功能复合物，发挥特定的功能。

叶绿素在光系统中主要形成两种不同功能的复合物：①核心复合物：包括一对特殊的叶绿素 a 分子，它们是光能转化为化学能的起点。核心复合物通过吸收光子将能量激发到更高能级，然后将一个电子转移到初级电子受体，启动光合作用中的光反应。②天线复合物：主要由叶绿素 a、叶绿素 b 和类胡萝卜素组成。天线复合物负责吸收光子并将能量传递给核心复合物。

2. 自然界中的光合作用类型有哪些？

自然界中主要存在两类光合作用，一类是常见的放氧光合作用，另一类是厌氧光合作用。放氧光合作用使用两个光系统（光系统Ⅰ和光系统Ⅱ）协同作用，分解水生成氧气、质子和电子，并固定二氧化碳生成糖类。高等植物、藻类、蓝细菌均可进行放氧光合作用。厌氧光合作用通常只使用一个光系统，并且不同于光系统Ⅰ。厌氧光合作用也固定二氧化碳生成糖类，但不产生氧气。厌氧光合作用不使用水作为电子供体，通常使用硫化氢、氢气、有机物作为电子供体。例如，绿色硫细菌使用硫化氢作为电子供体，绿色非硫细菌和紫色非硫细菌则使用有机酸、氢气等作为电子供体。

3. 关于光合作用的重要进化事件有哪些?

在地球形成的早期，大气层中几乎没有氧气，而海洋中几乎充满了还原性物质。在这种环境中，厌氧光合作用可能是最早的光合作用形式，估计在 35 亿年前出现。大约在 28 亿年前，地球上的光合作用发生了重大转变，蓝细菌进化出了放氧光合作用，开始利用水作为电子供体，释放出氧气。随着蓝细菌释放出大量的氧气，大气中的游离氧含量逐渐增加，最终发生了大氧化事件。这一事件导致地球环境发生了重大改变，氧气的大量增加对厌氧生物造成了极大的选择压力，从而加速了地球生命的进化，并最终促成了地球生态系统的多样化。大约 15 亿年前，某些原始真核生物在漫长的进化过程中吞噬蓝细菌，逐渐在细胞中形成了叶绿体。这一事件可以视为真核生物光合作用的起源，进一步的进化导致了陆地植物的出现，陆地植物的光合作用为地球上的食物链提供了基础，使地球上的生态系统得以维持。

4. 为什么光合作用的电子传递发生在类囊体膜上而不是在基质中?

首先,光合作用光电子的发生场所是在光系统,而光系统就位于类囊体膜上,并且电子的高效传递需要一个稳定的电子传递链,而类囊体膜能够固定电子传递链上的关键成分,如光系统II、细胞色素 b_6f 复合物、光系统I等,从而位于类囊体膜上的电子传递链是十分稳定的,可以保证电子从一个复合物传递到下一个。而基质则难以准确、有序地固定电子传递链的复合物,难以保证电子传递的高效性和准确性。此外,ATP 合酶也镶嵌在类囊体膜上,在类囊体膜的两侧形成质子梯度是 ATP 合酶合成 ATP 的关键步骤。电子在类囊体膜上传递可以驱动质子从类囊体腔向基质跨膜转运,从而建立质子浓度差。故而,电子在类囊体膜上传递也是确保 ATP 合酶能够顺利合成 ATP 的关键。

5. 绿色植物是因为叶绿素不能吸收绿光而表现出绿色的,而自然界中还存在很多其他颜色的植物,例如紫色的、红色的植物,那么是不是因为这些植物的色素与绿色植物的不同? 是不是因为这些植物的色素能够吸收绿光所以不显示绿色?

绿色植物含有大量的叶绿素,特别是叶绿素 a 和叶绿素 b。这些叶绿素能够有效吸收红光和蓝光,但对绿光的吸收较少,因此大部分绿光被反射，使植物呈现绿色。紫色、红色的植物则含有更多其他类型的色素，最常见的是花青素和类胡萝卜素。花青素通常存在于紫色、红色的植物中，能够吸收绿光、蓝光，因此植物呈现紫色、红色。根据化学结构的不同可以将类胡萝卜素分为两类：一类是胡萝卜素，另一类是叶黄素，主要吸收蓝光和部分绿光，因此导致植物呈现黄色、橙色或红色。

参考文献

［1］An P, Zhang Q H, Yang Z, et al. Research progress of solar hydrogen production technology under Double Carbon Target ［J］. Acta Chimica Sinica, 2022, 80(12):1629 - 1642.

［2］Crabtree G W, Lewis N S. Solar energy conversion ［J］. Physics Today, 2007,60(3):37 - 42.

［3］Lv J Q, Xie J F, Mohamed A G A, et al. Solar utilization beyond photosynthesis ［J］. Nature Reviews Chemistry, 2023,7(2):91 - 105.

［4］Kärkäs M D, Verho O, Johnston E V, et al. Artificial photosynthesis: molecular systems for catalytic water oxidation ［J］. Chemical Reviews, 2014,114 (24):11863 - 12001.

［5］Kornienko N, Zhang J Z, Sakimoto K K, et al. Interfacing nature's catalytic machinery with synthetic materials for semi-artificial photosynthesis ［J］. Nature Nanotechnology, 2018,13(10):890 - 899.

［6］Zhang D S, Tung C H, Wu L Z. Artificial photosynthesis ［J］. Progress in Chemistry, 2022,34(7):1590 - 1599.

［7］Chen J, Li J, Li Q, et al. Engineering a chemoenzymatic cascade for sustainable photobiological hydrogen production with green algae ［J］. Energy & Environmental Science, 2020,13(7):2064 - 2068.

纳米气泡：不容小觑的泡泡

张立娟

　　张立娟，中国科学院上海高等研究院研究员、博士生导师，现任中国颗粒学会常务理事、上海市生物物理学会理事、中国颗粒学会微纳气泡专业委员会秘书长、全国微细气泡技术标准化技术委员会副秘书长；2007 年毕业于中国科学院上海应用物理研究所，获得博士学位，2007—2009 年在德国马克斯·普朗克高分子研究所（Max Planck Institute for Polymer Research）从事博士后研究，2009 年回国入职中国科学院上海应用物理研究所，2018 年随上海光源划转到中国科学院上海高等研究院；主要研究方向是基于第三代先进同步辐射高分辨率成像和谱学技术研究纳米气泡的物理性质及在环境、绿色清洗和生物医学与健康等领域的重要应用；已发表 SCI 论文 120 余篇，其中以第一或通讯作者身份在《美国化学会志》（Journal of the American Chemical Society）、《环境科学与技术》（Environmental Science & Technology）和《ACS 应用材料与界面》（ACS Applied Materials & Interfaces）等期刊发表纳米气泡相关论文 90 余篇；2017 年入选嘉定区第十三批高层次创新创业和急需紧缺人才名单；2020 年获中国颗粒学会自然科学奖二等奖，2021 年获陕西高等学校科学技术研究优秀成果奖二等奖，2024 年获该年度非金属矿科学技术奖二等奖等；主持和参与编写微细气泡国际标准 10 项。

说起气泡，大家可能会想到小朋友玩耍时用的肥皂泡，在阳光下，伴随着孩童的笑声，四处飘摇，绚丽多彩。气泡如此常见，在我们的日常生活和大自然中随处可见它们的身影。例如，碳酸饮料里面的二氧化碳气体在打开瓶盖的瞬间以气泡的形式喷涌而出；正在沸腾的开水，一串串大大小小的气泡从壶底冲到水表面，发出"嗞嗞"的声音；冬天的江河湖泊内，我们经常看到水结冰后被封在冰中的气泡，如新疆赛里木湖的冰气泡，这些冰气泡从湖底向上呈垂直分布，像柿饼、像葡萄，姿态各异，十分壮观。关于肉眼可见的这些大气泡，研究者已经对它们的性质了解得比较透彻。根据经典的拉普拉斯方程，气泡越小，其内部的压强越大，如果尺寸足够小，气泡的寿命将非常短，短到人们无法用常规方法检测的程度。那么，纳米级的气泡是否真的不能稳定存在呢？令人惊奇的是，20多年来，科学家不仅检测到了稳定的纳米气泡，并且发现了它的许多特殊性质，如超长寿命、表面带电、比表面积大、特殊的生物学效应和传质效率高等。同时，纳米气泡在诸多领域表现出巨大的应用前景。虽然有些应用机理目前并不清楚，但其出奇的效果却不容忽视，将来一定具有极大的发展潜力。下面我们主要围绕纳米气泡的提出、发现和特殊的性质，以及它在水环境治理、农业种植、生命健康、医学检测和治疗等领域的重要应用展开叙述，并对纳米气泡研究的未解之谜以及在国内的发展现状、潜力和挑战进行阐述。

纳米气泡的"诞生"

早在 1950 年，爱泼斯坦-普勒赛特（Epstein-Plesset）理论就预测了微米气泡的寿命在毫秒量级，纳米气泡的寿命则更短。所以很长时间以来，大家认为纳米级的气泡根本无法稳定存在。纳米气泡这一概念的提出，源于 20 世纪 80 年代初的一个神奇现象：当时科学家在测量两个疏水固体表面之间的作用力时，发现存在一种神秘的长程疏水引力，这一谜题引导科学家去大胆猜测界面纳米气泡的存在。时间追溯到 1984 年前后，科研人员在利用表面力测量两个浸在水中的疏水表面作用力的实验中，发现当两个表面相互靠近时，突然有一种吸引力将两个表面吸在一起，这种作用力远远大于经典的双电层作用力和经典胶体稳定性理论（DLVO 理论）的作用范围。直到 1994 年，瑞典科学家约翰·帕克（John Parker）大胆猜测，实验中出现的台阶作用力和长程疏水引力是表面纳米气泡导致的[1]。但是 1997 年永格伦（Ljunggren）和埃里克松（Eriksson）两位科学家根据亨利定律和扩散理论预测直径在 10～100 纳米的气泡寿命只有 1～100 微秒，从而否定了 1994 年帕克提出的存在纳米气泡导致长程疏水引力的猜测。1996 年，中国科学院上海应用物理研究所胡钧研究团队在进行视紫红质高分辨率成像实验时偶然观察到在云母表面产生的类似纳米气泡的图像，随后在超纯的体系里，团队通过醇水替换法在云母和石墨表面分别观察到了类似的图像，并于 1999 年在韩国召开的扫描隧道显微学学术会议上公布了实验发现，实验结果发表在 2000 年的《真空科学与技术学报 B》（*Journal of Vacuum Science & Technology B*）上[2]。同年，日本京都大学的石田（Ishida）等人也在《朗缪尔》（*Langmuir*）杂志上发表了关于疏水修饰的硅表面的纳米气泡的论文[3]。这些纳米气泡的实验结果在国际上引起了极大关注。2001 年的《化学与工程新闻》（*Chemical & Engineering News*）和《物理学新闻》（*Physics News Update*）等都对此进行了评论，认为"纳米气泡的原子力显微镜（AFM）直接成像对长久以来的一个科学之谜进行了探索和解释"。这个科学之谜就是困扰科学家几十年的"神秘的长程疏水引力"。同时，相关研究也证明纳米级气泡可以稳定存在。随后，纳米气泡的产生、检测和稳定性机制解释成为国内外研究热点。

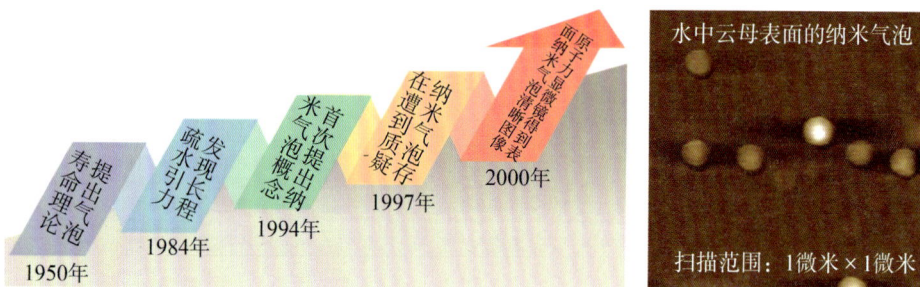

纳米气泡的提出和被发现的历史过程（左），以及 2000 年胡钧研究团队发表的国际上的第一张纳米气泡原子力显微镜图像（右）

纳米气泡独特的性质

　　经过 20 多年的研究，我们已经发现纳米气泡具有独特的性质，例如超高稳定性，根据它所处的环境条件和溶液状态，纳米气泡的平均寿命为几个小时到几天不等，有些甚至可达数月。如此高的稳定性可能和它内部的特殊结构相关，我们研究团队通过先进的同步辐射软 X 射线谱学显微技术，发现纳米气泡内部可能是高密度的，根据气泡大小不同，内部密度比空气密度高 $1 \sim$ 2 个数量级[4]。纳米气泡的另一个特性是表面带负电荷，并随溶液酸碱值而改变。对此的一种解释是，表面水分子偶极取向诱导气液界面选择性吸附氢氧根离子（OH^-）。由于水合作用，氢离子（H^+）倾向于待在体相水中而不是吸附在气泡表面。当然，纳米气泡带电机理以及界面特性还需要进一步探索。纳米气泡因其尺寸小（直径小于 1 微米，大部分在 $50 \sim 200$ 纳米）、比表面积大，更有利于与物质接触，对于浮选、吸附、传质、化学反应等应用具有显著的优势，特别是对表面疏水的颗粒和污染物具有较强的吸附能力。另外，纳米气泡爆裂是瞬间的剧烈变化，界面上将释放出化学能，从而产生大量的活性氧（ROS）自由基，但纳米气泡与活性氧之间的关系及其作用机制尚未得到很好的解释。所产生的自由基的数量在一定程度上也会受到纳米气泡气体种类和产生方式的影响。羟基自由基拥有很强的氧化还原能力，可以降解水中诸如苯酚等在正常情况下难以氧化分解的污染物。更有趣的是，一方面，臭氧微纳米气泡更容易生成大量的羟基自由基，可以在很短的时间内将聚乙烯醇等多种不能被臭氧单独氧化分解的有机物有效地分解。另一方面，超小粒径纳米气泡（直径小于 50 纳米）具有淬灭羟基自由基的抗氧化能力。纳米气泡还有一个重要特性——具有较高的传质效率。

　　由于上述这些奇特的性质，纳米气泡被广泛应用于各个领域。例如，纳米气泡能长时间稳定地存在于水中，可以高效进行水体增氧。相较于毫米气泡或更大的气泡，纳米气泡的比表面积更大，带有电荷，易于产生自由基，这些特性有利于促进传质和化学反应的进行。此外，纳米气泡具有的特殊生物学效应能够促进种子发芽、动植物的生长以及减轻细胞内的氧化应激损伤等。总之，微纳米气泡（直径小于 100 微米）技术充分发挥了微米和纳米气泡的优势，在水环境治理、土壤修复、农业、矿物浮选、清洗、生物医学和生命健康应用等诸多领域已经得到较广泛的应用。

纳米气泡与水环境修复

水体底部缺氧已经成为一个全球性问题。典型的例子是人类活动导致波罗的海的缺氧"死亡区"面积超过 $6×10^{10}$ 平方米。实际上，当水中的重金属物质、有机物和其他营养成分过剩时就可能发生缺氧，导致蓝藻等的暴发。中国科学院生态环境研究中心的潘纲团队是较早利用硅藻土固定高浓度氧气进行太湖蓝藻治理的团队之一，通过将含有高浓度氧气的硅藻土撒到湖里，有效改善了水底缺氧问题，抑制了蓝藻的暴发。另外，研究者通过直接将氧气纳米气泡输入水中，改变了传统清淤的高成本方式，在快速除臭的同时，进行原位底泥修复。利用空气、氧气或者臭氧纳米气泡和微米气泡可以进行黑臭水体、养殖尾水和景观水的治理。

纳米气泡与农业

土壤、空气、水分和养分之间的平衡与供应对作物高产潜力的发挥至关重要。在我国，水稻种植主要采用淹水灌溉方式，空气很难通过水层进入土壤中，而且水稻根系及土壤微生物的呼吸作用消耗了大量氧气，导致土壤中的氧浓度极低。长期的低氧环境不但会引起稻田还原性有毒物质的积累，从而影响作物的生长，而且会影响氮素的转化过程及不同形态的比例，降低水稻对氮素的吸收和利用率。因此，改善稻田"有氧环境"是提高氮利用效率和改善作物生长状态的有效途径。纳米气泡和微米气泡结合的增氧灌溉技术可以通过迅速提高水体的溶解氧含量改善作物根际水分和气体状况，提高对氮素的利用率，提高水稻叶片光合作用能力，促进根系发育和营养的吸收，有效增加水稻的有效穗数、总粒数及结实率，显著提高水稻产量。华东师范大学陈邦林教授的示范性稻田数据表明，通过在灌溉水中加入一定量的纳米气泡，结合不同的组合技术工艺包，水稻的产量可增加 30％～50％，农药化肥施用量降低 20％。同时，通过回字形微纳米气泡扩散水系，将水稻和鸡、鸭、鹅以及鳝、虾、蟹进行混养，实现生态混养模式。纳米气泡增氧技术还可促进玉米根系生长，进而提高玉米的产量。在水产养殖方面，用富含氧气的纳米气泡水养殖的鱼苗成活率高、鱼的产量高、肉质中的营养物质含量也高。在蔬菜种植方面，纳米气泡的作用效果也非常明显，通过纳米气泡携带高浓度的氧气或其他气体，可以有效改变种植水环境，促进蔬菜种子的发芽和生长，还可用于花朵保鲜。在畜牧业方面，利用臭氧微纳米气泡技术进行除臭，可有效减少瘟疫的发生。当然，相关机理仍需进一步研究。

纳米气泡与生物医学和生命健康

在超声造影方面，微米气泡（直径在 1～100 微米）作为超声造影剂的研究相对比较早，通常的超声造影剂是直径为 2～8 微米的微米气泡，气体成分一般是惰性气体（如六氟化硫），表面被磷脂或蛋白质包覆。气泡进入患病部位，在超声的辐照作用下膨胀与收缩，提高了检测部位的对比度，使声像图更明显、清晰地显示出来。研究发现，纳米气泡的造影效率更高。在药物输送和治疗方面，纳米气泡可用于抗癌药物传递以提高化疗效果，也可用于肿瘤细胞或生物组织的有效消融。纳米气泡还能够代替抗生素渗透到生物膜中，以缓解抗生素滥用产生的耐药性。在健康养生方面，纳米气泡可以携带高浓度氧气或氢气进入人体内，具有消炎、抗氧化作用，从而达到辅助治疗和提高康复效果的目的。

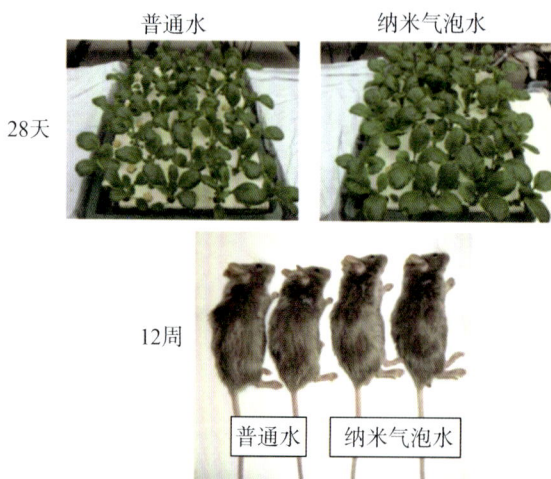

纳米气泡神奇的生物学效应：用纳米气泡水浇灌的蔬菜与用普通水浇灌的蔬菜之间的对比；喝了纳米气泡水的小鼠与只喝普通水的小鼠之间的对比

纳米气泡的未解之谜

虽然纳米气泡在很多领域的应用效果明显，但相关的机制并不清晰。首要原因是纳米气泡稳定性理论机制还不明确。目前学界提出了很多理论和模型解释纳米气泡的超长寿命，这些机制包括表面电荷理论、污染物吸附和界面钉扎效应等，但都无法从根本上解释纳米气泡的稳定性。因为气泡所处液体环境各不相同，可能多种机制同时发挥作用，所以气泡的寿命超长。另外，纳米气泡在污水治理、农业和水产养殖、医学影像等方面的应用已经展现出非常好的前景。但是，纳米气泡在这些领域的作用机理（尤其是纳米尺度）仍然不清楚。例如，在污水处理过程中，纳米气泡如何改善底泥，抑制厌氧细菌的生长等；在水稻种植过程中，微纳米气泡怎样刺激种子发芽和根系发育，增加氮素的吸收以及提高植物抗逆性；在水产养殖过程中，微纳米气泡如何促进鱼苗成活，提高鱼的产量和品质等。上述机制都有待我们系统研究。随着同步辐射技术的发展，先进的同步辐射成像和谱学技术结合其他先进技术有望在研究纳米气泡的特性和各个领域应用机理方面提供新的测试手段，揭示更多的纳米气泡特性和物理机制。

纳米气泡技术赋予了我们新的机遇与挑战

基于纳米气泡发展起来的纳米气泡技术经过 20 多年的发展，已吸引越来越多科研工作者关注，每年该领域发表的文章数量快速增长，纳米气泡相关国际会议也已具一定规模，召开频次越来越高。该领域研究排名前三的国家分别是中国、美国和日本。日本已把微纳米气泡（又叫微细气泡）的应用研究上升到国家战略高度。在中国，自从研究人员于 2000 年发表了国际上首张纳米气泡原子力显微镜图像以来，越来越多来自高校和科研院所的团队加入了纳米气泡的研究队伍。2016 年澳大利亚国立大学的文斯·克雷格（Vince Craig）教授在《朗缪尔》杂志的纳米气泡专栏中绘制了一张比较形象的卡通图，描述了当时参与纳米气泡研究的国际研究团队的分布情况，多处提到中国科研团队在其中发挥的作用，可以说中国在纳米气泡研究方面走在了世界前列。这里也特别指出，在微纳米气泡应用方面，华东师范大学的陈邦林教授于 1993 年至 2008 年在海水提铀技术储备的基础上，较早地采用了微纳米气泡技术进行同位素分离研究。但因为当时无法测量其中的纳米气泡，无法证明纳米气泡的存在。后来，他在上海崇明率先利用微纳米气泡结合生物菌群来进行示范性水稻种植。虽然在微纳米气泡的应用方面，中国可能较日本起步晚，但近十年来发展迅速，已在污水治理、农业和水产养殖、医学影像和健康养生等领域取得突出成果。中国颗粒学会微纳气泡专业委员会（以下简称"专委会"）和全国微细气泡技术标准化技术委员会（以下简称"标委会"）分别于 2018 年和 2019 年成立，在学术界和工业界之间搭起了交流的桥梁，制定与微纳米气泡相关的国家标准。专委会和标委会先后组织了相关的学术交流和标准年会。同时，专委会先后在《净水技术》《环境工程技术学

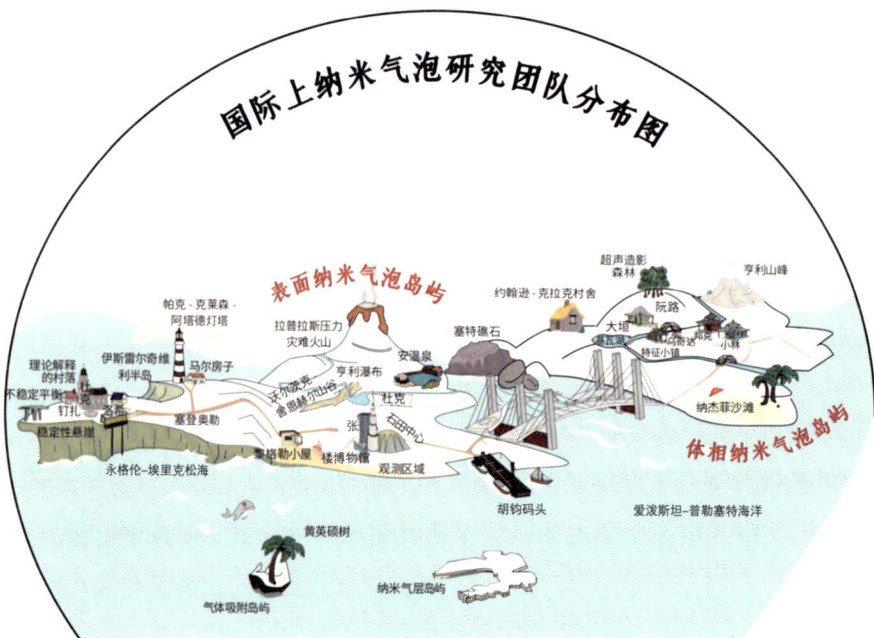

2016 年《朗缪尔》杂志上发表的当时国际上纳米气泡研究团队的分布图，证明了中国团队在纳米气泡研究中的领先地位[5]

微纳米气泡3米分离塔（可多级并联）

普通种植（施化肥）
纯有机微纳米气液种植

陈邦林教授利用微纳米气泡进行同位素分离研究和水稻种植研究

报》和《纳米材料》上组织微纳米气泡相关的研究论文专栏或专刊，在内部设立了不同领域的 8 个工作组推进相关工作，已初步汇集了一批致力于微纳米气泡研究和事业的专家和企业家。这样，相信通过专委会和标委会的齐心协力，必将不断推动微纳米气泡在各个领域的快速发展和应用。

结 语

目前，纳米气泡的奇异特性已经在国家重大需求领域，如污水治理、绿色洗涤、农业和水产养殖方面展现出令人惊奇的效果，但是纳米气泡的基础研究明显跟不上应用的需求，机遇与挑战并存。其中一个挑战是，如何把从事物理、化学、农学、土壤学、生物医学的研究队伍组合起来，发展先进的方法学并结合理论模拟，针对纳米气泡的奇异物理性质和化学生物效应开展研究，并探讨其在环境、能源、农业和生物医学方面的特殊应用效果，为我国严峻的能源、环境、粮食安全问题探索出一个高效、经济、环保、安全的解决方案，提高人民的健康生活水平。另外，微纳米气泡作为一个新兴的研究和应用领域，需要和其他技术有机结合，才能产生 1 + 1＞2 的作用，形成合力，打好组合拳，制定规模化、标准化、精细化、集成化、智能化的对环境友好的综合解决方案，解决国家真问题，打好治理滇池、太湖和巢湖污染的"三大战役"，打好"健康水"的"战役"同时致力于乡村振兴和大健康产业，从根本上改善我们的生态环境，并带来巨大的社会效益和经济效益。我们相信，今后的十年乃至数十年，都将是纳米气泡研究和应用的春天！纳米气泡的研究和应用不断推广和深入，加之与其他技术的高度融合，能让我们的水更清、天更蓝，为我们创造出更健康、更美好的生存环境。

参考文献

［1］Parker J L, Claesson P M, Attard P. Bubbles, cavities, and the long-ranged attraction between hydrophobic surfaces ［J］. Journal of Physical Chemistry, 1994,98(34):8468 - 8480.

［2］Lou S T, Ouyang Z Q, Zhang Y, et al. Nanobubbles on solid surface imaged by atomic force microscopy ［J］. Journal of Vacuum Science & Technology B: Microelectronics and Nanometer Structures, 2000,18(5):2573 - 2575.

［3］Ishida N, Inoue T, Miyahara M, et al. Nano bubbles on a hydrophobic surface in water observed by tapping-mode atomic force microscopy ［J］. Langmuir, 2000,16(16):6377 - 6380.

［4］Zhou L M, Wang X Y, Shin H J, et al. Ultrahigh density of gas molecules confined in surface nanobubbles in ambient water ［J］. Journal of the American Chemical Society, 2020,142(12):5583 - 5593.

［5］Alheshibri M, Qian J, Jehannin M, et al. A history of nanobubbles ［J］. Langmuir, 2016,32(43):11086 - 11100.

小纳米大突破：赋能临床质谱，解码生命科学

万晶晶

万晶晶，华东师范大学化学与分子工程学院教授；先后于复旦大学化学系获得学士、硕士学位，于昆士兰大学获得生物化学博士学位；一直致力于分子组检测分析方法及重大疾病诊疗应用研究，针对生物体系中低丰度表达分子与高复杂度样品带来的挑战，通过精密设计材料器件表面与生物分子组的相互作用界面，发展分子组检测新方法并用于重大疾病筛查诊断。万晶晶教授获优秀青年科学基金资助；近年来主持 3 项国家级重点研究项目；获英国皇家化学会等多个国际学会、期刊授奖，担任 4 家学术期刊编辑、编委。

　　人类对健康的追求是贯穿古今的。在原始社会时期，人类便能认识到疾病，并利用特定植物的催吐、泻下和止痛作用来治疗疾病。然而，人类的身体好似一个极为精妙复杂的机器，疾病作为这个机器运行时发生的故障同样是复杂且难以预见的。因此，对疾病进行鉴别和诊断是一件非常困难的事情。在近代科学出现以前，由于缺乏技术手段，人类只能简单地根据临床症状辨别疾病，很多疾病难以进行准确诊断和分类。科学技术的发展，特别是显微镜的发明和细胞的发现，打开了现代医学检验技术发展的大门，使得疾病的准确诊断和分类有了可能。近几十年来，医学、生物学、化学和仪器科学的发展使得医学检验技术逐渐走向分子水平，血糖检测、血脂检测、肝功能检测、心肌损伤标志物检测、肿瘤分子分型检测等分子检验技术已经在实际临床应用中取得了巨大的成功。不过，人们对健康的追求是永无止境的。近年来，疾病早期诊断、精准分型、复发预警，以及无特异性临床指征疾病的精准诊断等新需求不断涌现，而传统临床分子检验技术难以满足这些新需求在检测灵敏度、特异性、准确度、检测效率等方面的要求。临床分子检验领域正迫切需要新的技术平台。在此背景下，临床质谱技术越来越广泛地被应用于临床实验室，迎来了发展的黄金时代。

　　质谱分析技术的原理较为复杂，简单来说就是使样品中质量各不相同的分子离子化，从而带有电荷，进而利用不同质荷比的离子在静电场或磁场中所受作用力不同的原理将其在空间上分离并进行检测。质谱技术自诞生以来便对科学研究起到了巨大的推进作用，诺贝尔奖曾有 5 次被颁发给质谱相关领域的研究者。质谱分析技术相比于传统分析检测方法具有特异性强、准确性高、灵敏度佳的特点，且可在单次实验中实现多种分子的同时检测，十分契合临床分子检测的需要，过去几十年已在临床实验室中广泛应用。例如，目前人群维生素 D 缺乏和不足的首选检测方法便为液相色谱-串联质谱法。然而，临床样本十分复杂，比如血浆中的蛋白质种类和代谢物种类的数量均可达万级，这使得临床质谱技术领域目前仍存在样品前处理复杂、检测自动化程度低、操作人员知识技能要求高等亟待解决的问题[1]。

近年来，纳米材料在质谱领域的应用逐渐成熟，很好地解决了临床质谱领域存在的一些问题。纳米材料是指在三维空间中至少有一维处在纳米尺度范围（1～100 纳米）或由它们作为基本单元构成的材料，具有区别于其他材料的独特物理、化学特性，如力学特性、电学特性、磁学特性、热学特性等。通过对纳米材料的微观形貌、表面修饰、批次重现性等特性的调控和优化，科研人员正探索其在临床质谱领域作为样品前处理材料、电离基质材料等的

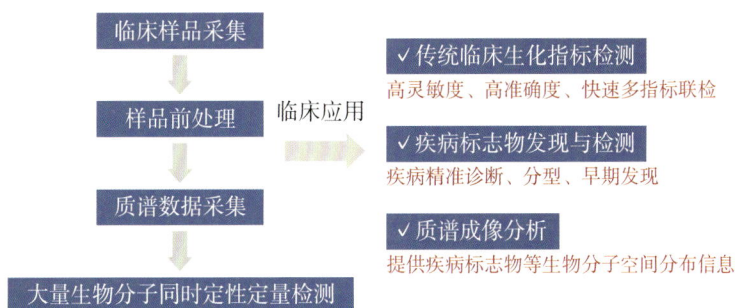

临床样品采集
↓
样品前处理
↓
质谱数据采集
↓
大量生物分子同时定性定量检测

临床应用 →

✓ 传统临床生化指标检测
高灵敏度、高准确度、快速多指标联检

✓ 疾病标志物发现与检测
疾病精准诊断、分型、早期发现

✓ 质谱成像分析
提供疾病标志物等生物分子空间分布信息

临床质谱技术流程与应用

应用，并取得了巨大的进展。下面，我就以代谢组质谱检测、蛋白质组质谱检测，以及质谱成像技术为切入点，具体地谈一谈纳米材料与临床质谱技术的结合与应用。

纳米材料助力临床代谢组质谱检测

代谢组学是以细胞、组织和生物体液中数以万计的小分子代谢物（相对分子质量小于1000）为研究对象的新兴组学技术。这些小分子代谢物位于生物通路的最末端，能够精准编码细胞功能和疾病表型，其组成随生物体生理状态的改变而改变。代谢组学研究的目的是对这些小分子代谢物进行快速、准确、灵敏的定性定量分析，阐明其组成、变化规律和生物学意义。代谢组学的出现和发展对临床诊断、疾病标志物发现、药物开发等领域具有重要意义[2]。

质谱是代谢组学研究的主要分析工具之一，广泛应用于代谢物的定性和定量检测。然而，由于生物体系成分复杂度高，当前质谱技术应用于临床大样本筛查时仍存在分析通量低、灵敏度不够高等问题。功能纳米材料在上述流程中均可与质谱耦合，凭借其精密可控的结构、组分和表面环境显著提高质谱检测的通量和灵敏度。

在众多纳米材料中，磁性纳米颗粒是一类常用于生物样本预处理的纳米材料。通过对磁性纳米颗粒的组分、结构和表面官能团进行优化和改进，磁性纳米颗粒表面可以在临床生物样本中对目标物进行选择性捕获，大幅提高检测的灵敏度。基于这个原理开发的磁性固相萃取（MSPE）技术解决了传统的固相萃取（SPE）技术一致性差、需要人员值守、沟渠效应严重等核心问题，高度契合当前临床分析的需求。

相比于传统的液相质谱，新兴的固相质谱具有秒级的分析速度，大大简化了代谢组分析的工作流程。然而，目前商业化的固相质谱有机基质，比如 α‑氰基‑4‑羟基肉桂酸（CHCA）、2，5‑二羟基苯甲酸（DHB）等在进行小分子检测时会产生巨大的背景干扰，因此仅适用于蛋白质等大分子的检测。为了解决固相质谱检测小分子的问题，全世界的科研工作者做了大量的探索和改进工作，开发出了可用于小分子代谢物固相质谱检测的纳米材料基质。纳米材料基质具有不同的组成成分、微观形貌、表面官能团，这些参数与样品的预处理速度、质谱检测效果、信号响应范围紧密相关。通过对这些关键参数进行合理的设计和调控，可以定制用于代谢组分析的辅助基质，实现代谢指纹图谱的高效采集。如此，研究者可借助机器学习技术识别不同群体的代谢指纹图谱，实现疾病精准诊断、生物标志物发现、疾病亚型划分和疾病分期等应用[3]。

综上所述，纳米材料在质谱代谢组学研究中的贡献体现在方方面面，包括代谢物预富集、杂质去除、辅助解吸电离等。我们相信，随着研究者们在纳米材料领域的不断探索和创新，基于纳米材料的质谱代谢组学也可以得到进一步的发展，有望进一步推进纳米辅助质谱代谢组学在临床中的应用。

纳米材料助力临床蛋白质组质谱检测

蛋白质组学是以细胞、组织和生物体液中蛋白质分子为研究对象的组学技术。蛋白质是生命活动的主要承担者。蛋白质组学研究可以系统、全面地了解疾病的发生发展、细胞代谢等重要的生物学过程，对疾病早期诊断，生物标志物发现以及新兴药物研发等具有重要意义。质谱作为重要的定性定量分析技术，具有高灵敏度、高通量、高准确度的特点，是蛋白质组学领域的主要研究工具之一。

相比于基因组学，蛋白质组学研究的目标分子缺乏有效的扩增技术，这限制了其应用。具体来说，受限于有限的检测限，蛋白质组学分析常常无法检测到生物样品中的低丰度蛋白质分子。此外，单个生物样本中的不同蛋白质的浓度变化范围很大，不同蛋白质分子的浓度差异常超过 10 个数量级，这同样使得低丰度蛋白质的检测变得极其困难。纳米技术的快速发展为研究复杂生物样品中的低丰度蛋白质分子提供了良好的解决方案。相比于传统材料，纳米材料具有较大的表面积与体积比，这有利于传质并提高各种肽的分离效率。例如，在超高压液相色谱中使用有机二氧化硅纳米粒子作为填料，可以在不降低分辨率的情况下，实现比传统方法快 10 倍的肽分离。此外，纳米材

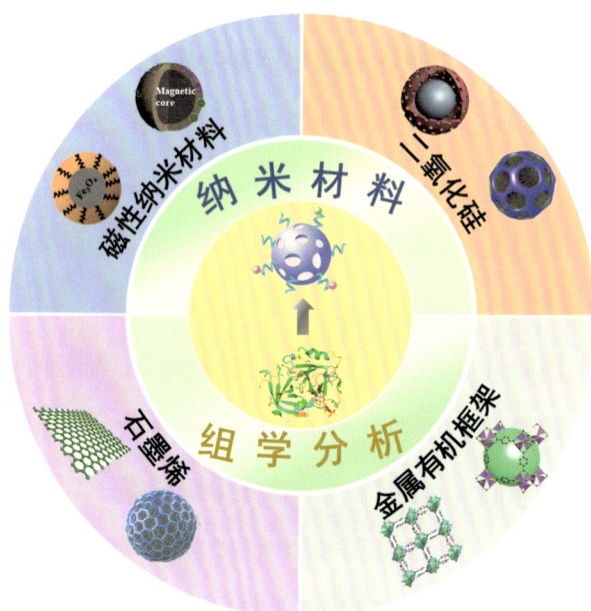

组学分析中常用的纳米材料

料的大表面积也可以被功能化以促进肽的特异性分离。例如，纳米尺度的单分散超顺磁珠可用作支持材料，最大限度地减少样品损失并通过磁辅助分离加快样品的处理速度。

目前，磁性纳米材料是蛋白质组学分析中最常见的富集蛋白/多肽的材料之一[4]。通过在磁性纳米材料表面引入大量可行的官能团进行修饰及功能化，以富集生物样品中的蛋白质，功能部分通过结合亲和力特异性的结合蛋白，有效地降低样品中蛋白质的丰度动态范围。同时利用磁性纳米材料的强磁性极大地缩短了蛋白质的分离时间，精简了工作流程。例如，有研究者开发出工程化的磁性纳米材料，将5种功能化的磁性纳米粒子进行组合，对癌症患者血浆样本中的蛋白质分子进行深度大规模富集，其蛋白质检测数量增加4倍，有效提升了诊断性能，筛选出创新性的肿瘤标志蛋白质，为癌症治疗提供新的药物靶点。

纳米技术与蛋白质组学的有力结合推动了蛋白质组的大规模、高通量以及深入精确分析，对于蛋白质水平相关疾病的早期诊断、生物标志物发现以及药物研发等生物医学领域的应用具有重要意义。

纳米材料助力临床质谱成像

质谱成像技术是一种将经典质谱与离子成像结合起来的前沿技术，可以同时可视化组织标本中数百种生物分子（代谢物、脂质、肽、蛋白质等）的空间分布，并提供生物分子的结构信息，在疾病诊断、生物标志物发现、疾病分子机理解释方面具有广阔的前景。基质辅助激光解吸电离质谱（MALDI - MS）技术是目前应用最广泛的质谱成像技术平台[5]。MALDI - MS 是一种固体质谱技术，也常常应用于代谢组检测中。如前文所述，传统商业化的 MALDI－MS 基质通常为有机基质，不能用来检测小分子化合物。近年来，纳米材料基质在 MALDI－MS 技术中的应用很好地解决了代谢组学研究和质谱成像研究中固相质谱小分子检测的问题。目前常用于质谱成像的纳米材料主要包括金属氧化物、硅基材料、碳基材料等。纳米粒子辅助的质谱成像技术既可以完成非靶标分析，也可以实现高灵敏度的靶标分析，具有更高的信号检出灵敏度与空间分辨率，可作为组织学疾病诊断的有用手段，近年来在癌症诊断、生物标志物发现等领域展现出巨大的应用潜力。

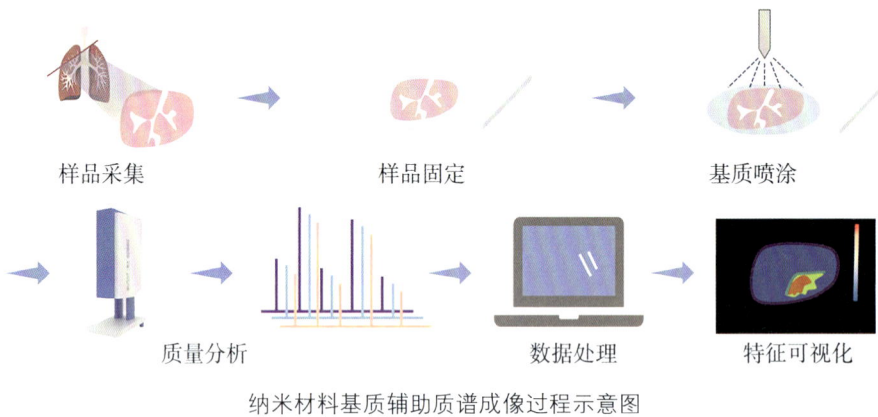

样品采集　　　　　　　样品固定　　　　　　　基质喷涂

质量分析　　　　　　　数据处理　　　　　　　特征可视化

纳米材料基质辅助质谱成像过程示意图

具体来说，纳米粒子辅助的质谱成像技术可以用于癌症的早期诊断，阐明癌症发生的分子机理，帮助发现癌症生物标志物。近年来，越来越多的研究证明脂质、糖类和小分子代谢物等在组织中的表达与癌症的发生高度相关，可以作为癌症诊断的依据。纳米粒子辅助的质谱成像技术能够对组织中的脂质、糖类和小分子代谢物进行靶向分析和直接成像，利用已发现的小分子生物标志物可视化癌变组织的边界，实现对癌变组织和癌旁组织的分区，并可实现对癌症的不同组织学亚型进行分类，从而为临床上癌症的诊断和治疗提供有价值的参考。此外，纳米粒子辅助的质谱成像技术也可以监测与这些小分子生物标志物代谢相关的化合物的空间分布和丰度变化情况，帮助发现癌症生物标志物，阐明脂质、糖类等生物分子的代谢对癌症进展的病理生理过程的影响，为解释癌症发生的分子机制提供依据。

结　语

人类文明诞生伊始，人们对健康的追求便从未停止。相比于传统检验技术，临床质谱技术在疾病早筛、分型、诊断、个性化治疗指导等领域具有无可替代的优势，临床质谱技术在中国的发展将有效提升我国人民的健康水平。然而，目前我国临床质谱检测应用尚处于起步阶段，实际临床质谱检测项目数量尚不到国际市场的五分之一，这既是临床质谱工作者的机遇，也是挑战。我们应面向人民生命健康，加快脚步，早日使临床质谱技术在中国落地生根，助推"健康中国"愿景的实现。

拓展阅读

MALDI‑MS 与诺贝尔奖

2002 年，日本科学家田中耕一（Tanaka Koichi）因发明 MALDI‑MS 法，实现了生物大分子的质谱分析，与美国科学家约翰·B. 芬恩（John B. Fenn）、瑞士科学家库尔特·维特里希（Kurt Wüthrich）一起获得该年度的诺贝尔化学奖。据田中耕一自述，20

世纪80年代，就职于岛津制作所的他在一次实验中，尝试将金属粒子与生物大分子混合解决后者的质谱检测难题，却误将甘油（一种有机化合物）混入了用于实验的钴超细金属粉末中，舍不得浪费昂贵金属试剂的他想借助激光的能量加速甘油挥发，结果意外成功实现了生物大分子的离子化。

参考文献

［1］李水军,王思合.液相色谱-串联质谱技术的临床应用进展［J］.临床检验杂志,2016,34(12):881-884.

［2］Liu X J, Locasale J W. Metabolomics: a primer ［J］. Trends in Biochemical Sciences, 2017, 42(4):274-284.

［3］Huang Y D, Du S Q, Liu J, et al. Diagnosis and prognosis of breast cancer by high-performance serum metabolic fingerprints ［J］. Proceedings of the National Academy of Sciences of the United States of America, 2022, 119 (12):e2122245119.

［4］Tiambeng T N, Roberts David S, Brown K A, et al. Nanoproteomics enables proteoform-resolved analysis of low-abundance proteins in human serum ［J］. Nature Communications, 2020, 11(1):3903.

［5］Iakab S A, Ràfols P, Tajes M, et al. Gold nanoparticle-assisted black silicon substrates for mass spectrometry imaging applications ［J］. ACS NANO, 2020, 14(6):6785-6794.

微流控芯片：小身材，大智慧

丁显廷

丁显廷，上海交通大学生物医学工程学院特聘教授、国际合作与交流处副处长、生物医学工程学院分子医学纳米平台主任、个性化医学研究院常务副院长，中国民主同盟第十三届中央委员会委员；研究方向为精准医学体外诊断技术；曾入选国家级科技领军人才、海外高层次人才引进计划名单，获得求是基金会"求是杰出青年学者奖"等；先后担任"重大新药创制"国家科技重大专项负责人、国家重点研发计划"生物安全关键技术研究"专项负责人、盖茨基金会国际重大专项负责人、亚太经济合作组织（APEC）国际合作项目负责人；在中国科学院一区期刊和领域内权威期刊发表论文 150 余篇；获授权国内外发明专利 60 余项。

众所周知，药物在上市前开展的临床试验，传统上主要依赖动物模型完成大量的毒性、动力学及药效评价。由于动物模型存在种属差异性、伦理问题及冗长的试验周期，因此建立一种快速、高通量、自动化以及规避种属差异性的新型药物筛选平台已经成为目前全球药物研发人员的燃眉之急。近来，人们已经逐渐意识到微流控器官芯片，尤其是整合多个器官的模仿人体代谢途径的微流控多器官芯片，能够提高动物实验对于医学研究的价值：从基础生物学研究到药物开发和测试，微流控多器官芯片通过模拟人体微环境，结合细胞培养技术培养健康的或病患的人体细胞或组织来补充动物实验，验证药效和毒性，从而缩短临床试验的漫长周期。

什么是微流控芯片呢？微流控芯片是一种以在微米尺度空间内对流体进行操控为主要特征的科学技术，起源于分析化学技术与微机电系统技术的结合，具有鲜明的学科交叉特色，在生物、化学工程和医学检测领域的一些最前沿技术发展中发挥着重要作用。目前，主流的微流控芯片是把化学和生物等领域中涉及的样品制备、反应、分离、检测、细胞培养、分选、裂解等基本操作单元集成或基本集成到一块几平方厘米甚至更小的芯片上，由微通道形成网络，以可控流体贯穿整个系统，实现常规化学、生物、材料、光学等不同实验室的各种功能的一种技术[1]。2017 年，科技部将微流控芯片定位为一种"颠覆性技术"，微流控芯片中的重要分支——微流控器官芯片则被世界经济论坛评为 2016 年度"十大新兴技术"之一。

由于具有成本更低、性能更好、资源占用更少和安全性更强的优势，因此微流控芯片在日常生活中的应用非常广泛：在微电子领域，手机和电脑中有非常多微小的芯片；在机械系统领域，不管是电动汽车还是燃油车，系统里边都有非常多的芯片；在生物化学领域，化学检测以及化学物质的传感均需要芯片；在医学领域，如人工耳蜗、心脏起搏器等医疗器械中均集成了大量的芯片。芯片微型化在安全和环保方面具有显著优势，并推动了以集成化和系统化为目标的工业革命。在这场工业革命中，我们不可避免地要提到其核心技术——光刻技术——一种用于微小尺度刻蚀的重要工艺。

接下来我们聊聊微流控芯片的加工与制备、加工的优势和挑战，以及微流控芯片的应用。

微流控芯片的加工与制备

我们为什么一定要鼓励把芯片做到更小、更微型、更集成呢？这是因为微型化的芯片有很多优势，包括成本更低、性能更好、安全性更高以及更环保等。在这样的背景下，微纳加工学科应运而生。这个学科所用到的一些底层技术和原理与集成电路和计算机芯片的非常相似，都是把大型芯片逐渐变小的一种工艺，具有多学科交叉性和制造要素极端性的特点。

在微纳加工学科的引导下，在同样的一个单位面积或者单位空间上，能够高密度集成更多的芯片，使芯片的系统变得更智能、更集成、功能更强大。由此看来，微纳加工技术是先进制造的重要组成部分，在推动科技进步、促进产业发展、拉动经济增长、保障国防安全等方面发挥着关键作用，并向信息、光电、环境、能源等各个领域快速渗透和延伸。

在系统集成的过程中，产生了一个新的名词，即微机电系统（microelectromechanical system，MEMS），又称微机械或微系统[2]，是指采用微机械加工技术制作的微机械传感器、微机械执行器、微机械器件等微机械基本部分和微能源，以及采用集成电路加工技术制作的、由高性能电子集成线路组成的微机电器件、装置或系统。微机电系统是一门综合交叉学科，主要涉及微机械学、微电子学、自动控制、物理、化学、生物以及材料学等学科。MEMS 器件的特征长度从 1 微米到 1 毫米不等（一根头发的直径大约是 50 微米）。

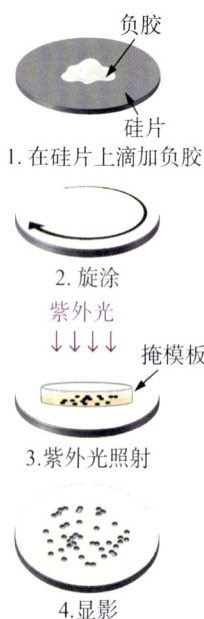

1. 在硅片上滴加负胶

负胶

硅片

2. 旋涂

紫外光

掩模板

3. 紫外光照射

4. 显影

光刻工艺的基本流程（以负胶为例）

体积如此小且功能高度集成的装置是如何制造出来的呢？MEMS 的制造广泛借鉴了集成电路中的光刻、刻蚀以及镀膜等工艺。光刻是整个微加工工艺中技术难度最大，也是最为关键的技术步骤。光刻技术是一种利用光进行微小尺度刻蚀的工艺，它涉及光敏感材料、掩模板和曝光系统。光刻胶是一种光敏感材料，经曝光后可以被刻蚀，因此也称为光致抗蚀剂，受到光照后特性会发生改变，是微电子技术中微细图形加工的关键材料之一，主要应用于电子工业和印刷工业领域[3]。光刻胶有正胶和负胶之分：正胶经过曝光后，受到光照的部分变得容易溶解，经过显影后被溶解，只留下未受光照的部分形成图形；而负胶恰恰相反，经过曝光后，受到光照的部分会变得不易溶解，经过显影后留下受光照的部分形成图形。掩模板上有图案，光透过后将图案转移到光刻胶上。曝光系统用于提供各种光强和波长的光。光刻工艺是"卡脖子"技术之一，包括光刻胶工艺、掩模板制作工艺和曝光系统工艺。

光刻工艺催生了一个大家经常听到的概念——摩尔定律。摩尔定律是由英特尔公司的创始人之一戈登·摩尔（Gordon Moore）提出来的。摩尔定律可表述为：当价格不变时，集成电路上可容纳的元器件的数目，每隔18～24个月便会增加一倍，性能也将提升一倍。换言之，每一美元所能买到的计算机性能，每隔18～24个月会提升一倍。这一定律揭示了信息技术进步的速度[4]。尽管这种趋势已经持续了超过半个世纪，摩尔定律仍被认为是关于集成电路产业发展趋势预测的一条阶段性的工程经济学规律，而不是一个物理或自然法则。摩尔定律表明了集成系统越来越小、性能越来越高的趋势。MEMS可以通过光刻技术实现集成系统性能的提升。

如前所述，微流控芯片在许多领域有重要应用，下面我们介绍几个典型的MEMS应用技术，如人工授精技术、微型齿轮加工技术、微机器人驱动技术、微针技术、仿生传感器技术等。通俗来说，就是系统变小了能干什么呢？

（1）微镊子：这是一个MEMS的经典应用，可以用于精确操作细胞，提高细胞活性。在现实生活中，我们可以通过人工授精技术来改善精子活性，提高辅助生殖过程的准确率和成功率。

（2）微型齿轮：微型齿轮加工技术使得机械部件更小、更轻便，从而降低能耗。

（3）微机器人：微机器人驱动技术通过施加电压控制材料形状的变化，使机器人产生微小移动，实现机器人爬行和驱动。这些技术的应用与创新为相关领域做出了重要贡献。

（4）微针：通过微针技术，可以制作细针密布的微针创可贴，避免粗针注射的痛苦。此外，微针也可以作为传感器，实时监测身体性能指标，提供补水和休息的提示，微针系统在治疗和检测方面具有广泛的应用前景。

（5）仿生传感器：通过仿造蒲公英的系统，在检测大气物质和进行胃肠镜检查方面具有很大的优势。这个小系统可以实现信号的无线传输和拍照，使人类的作业更加方便和安全。

微流控芯片加工的优势和挑战

从大到小的尺度变化带来了集成性能、成本和加工时间的优势，同时还可以使系统更便携、更耐用、功耗更小，并满足批量生产的要求。但在芯片从大到小的加工过程中会面临多种技术挑战，包括材料光学、机械力学、化学、流体力学、温度控制、电学和磁学等方面的一系列问题。这种对物理、化学、生物性质的不同的判断，只是我们的宏观直觉，不能够直接照搬到微流控芯片这个微小的世界中。接下来我们着重讨论在机械力学、生物学、物理学和流体力学这四个方面，在从大到小的加工过程当中会发生一些什么样的改变。

（1）机械力学：当世界坍塌到原来的十分之一时，两个物体之间的吸引力是如何变化的？通过分析万有引力定律和尺寸效应的关系，可以得出结论：吸引力会正比于尺寸效应的 4 次方。当尺寸缩小到原来的十分之一时，两个物体之间的相互吸引力会迅速变得不重要。这就是为什么昆虫可以举起比自己重 10 倍的物体，人类却不能。这些现象都是由尺寸效应引起的，说明尺寸效应非常重要。在芯片设计过程中，宏观经验不适用于微观尺度，需要从头积累。不同尺度的理化性质会发生改变，难以用宏观直觉和常识进行设计。通过了解体积力、表面力和线性力的变化规律，可以帮助设计人员在微观芯片中进行分离和设计。在微小尺度上，表面力成为主导力，而体积力的效应可以忽略。因此，设计人员需要考虑储存效应和相对重要性的变化，以适应设计思路和理念。

（2）生物学：当世界坍塌到原来的十分之一时，代谢速度是如何变化的？这涉及生物学中代谢速率与尺寸效应的关系。能量代谢率与热量损失速率相关，而能量耗散又与面积相关，因此代谢速率与尺寸效应的 2 次方相关，质量与尺寸效应的 3 次方相关。克莱伯定律（Kleiber's Law）证明了生物体的代谢速率与其质量呈正相关。因此，代谢速率随着动物尺寸的增大而增加，随着尺寸的减小而降低。

（3）物理学：在物理学中，小物体受表面张力的影响更大，大物体则更容易沉入水中。

（4）流体力学：流体力学也是一个重要的力学分支，涉及日常生活中很多与流体相关的活动，例如游泳、飞行等。雷诺数是流体力学中一个重要的物理量，它与液体的密度、速度、尺寸和黏滞系数相关。雷诺数大于 4000 的流体系统称为湍流系统，小于 2000 的流体系统称为微观流体或层流系统。湍流系统会产生涡流和漩涡，而微观流体中的流体混合会变得困难。这种从宏观到微观的流体力学的改变，会给我们带来什么样的好处呢？微流控芯片就是利用层流系统的性质，实现了精准地控制和预测流体走向。通过微流控芯片进行药物组合的筛选实验，可以更方便、准确地进行药物效果评估，提高细胞利用效率，解决传统实验面临的麻烦，解除受到的限制。

微流控芯片的应用

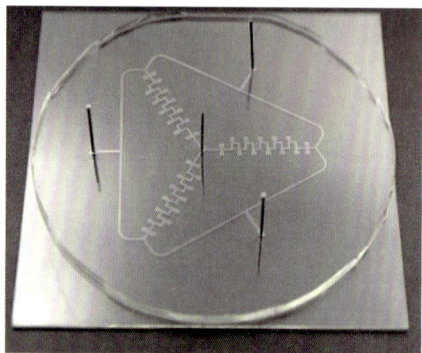

微流控芯片

微流控芯片就是利用微观流体特性集成的芯片系统，亦是微流控技术实现的主要平台，也称为生物芯片、芯片实验室。微流控芯片的装置特征主要是其容纳流体的有效结构（通道、反应室和其他某些功能部件）至少在一个维度上为微米级尺度。由于微米级的结构，流体在其中呈现和产生了与宏观尺度不同的特殊性能，因此也发展出了独特的分析性能：具有液体流动可控、消耗的试样和试剂极少、分析速度十倍甚至上百倍地提高等特点，可以在几分钟甚至更短的时间内进行上百个样品的同时分析，并且可以在线实现样品的预处理及分析全过程。

微流控技术是微流控芯片的关键技术，指在微米级管中精确操纵微量流体的技术，能将样品反应、制备、分离、检测等生化实验的基本操作集成到很小的芯片上，具有高灵敏度、高集成度、高通量、高效率等多种优势。从微流控芯片的性能分析来看，其未来的应用领域将十分广泛，并且仍在不断地拓展之中，但目前的重点显然是在生物医学领域，可用于药物合成分析、体外诊断、皮肤组织器官仿生、单细胞分析、核酸分析、药物筛选递送等场景。除此之外，高通量药物合成与筛选、环境监测、食品卫生、刑事侦查及国防等方面也会成为其重要的应用领域。现仅举三个微流控芯片在生物医学领域的应用实例来阐明微流控芯片的巨大发展潜力。

（1）组合药物的筛选：微流控芯片可以实现药物的混合和稀释，并形成浓度梯度。通过在芯片中放置患者的细胞，可以快速筛选出有效的药物组合。实验结果可以通过观察细胞存活情况来判断，从而确定最佳的药物配比。这种药物组合优化和筛选方法具有重要意义，为肿瘤治疗提供了新的思路。

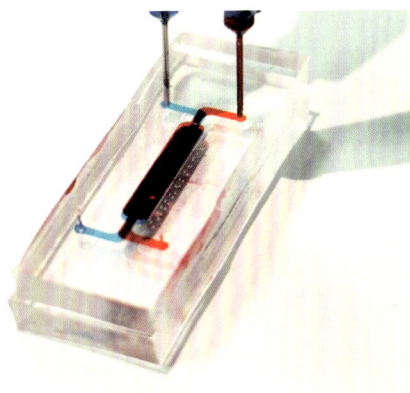

微流控芯片用于药物组合优化和筛选

（2）循环肿瘤细胞筛查：微流控技术在筛查循环肿瘤细胞方面具有简便、精准的优势。通过微流控系统中的牵引力和离心力的作用，分离不同类型的细胞，从而实现对循环肿瘤细胞的计数。

（3）人体器官芯片：微流控技术还可以模拟人体的循环系统，通过集成不同类型的细胞，在人体芯片中研究器官功能和药物作用。2010年，哈佛大学的研究人员在《科学》杂志上发表文章指出，肺器官芯片是一种具有代表性的器官芯片[5]。人体器官芯片可能让我们摆脱动物实验的伦理困扰。虽然目前在器官芯片的有效性和替代真实器官的功能性方面还有挑战，但国内外的学者正在努力应对。人体器官很复杂，由多种细胞类型和三维结构组成，这对模拟真实器官来说是最大的难题。引入三维微流控系统和3D打印技术可能有助于解决这一难题。虽然现在真实器官还无法被替代，但未来可期。

结　语

总的来说，微流控芯片是一种通过微流控技术实现对微小体积流体精确操控的微型芯片。它具有体积小、成本低、实验周期短、操作简便等特点，可广泛应用于生物医学、环境监测、食品安全等领域。比如，微流控芯片技术可以在复杂系统中培养不同类型的细胞，形成多细胞群体，有望取代活体动物实验；通过体外模拟个性化的疾病模型，可以进行个体化的药物筛选等。随着技术的发展，微流控芯片将越来越多地应用于各个领域，并实现更高的集成化和智能化水平。然而，在将芯片应用于临床试验前，还需要克服芯片加工、物理学、力学、流体力学和生物化学等方面的挑战。未来10年、20年内，微流控芯片注定成为一种被深度产业化的科学技术，世界范围内微流控芯片的科学研究及产业竞争也将日趋激烈。

中国被认为是在微流控芯片领域研究水平较高的国家之一，但国内的微流控芯片产业仍处于起步阶段，仅有为数不多的产品面世，远落后于欧美等发达国家。尽管如此，我们也欣喜地发现，近年来中国开始有越来越多的微流控技术专家、市场化专业人士，以及科研院所、高校、企事业单位、投资机构关注并投身于微流控芯片产业化。基于技术发展的强劲势头与应用场景的持续拓展，我们有理由相信，微流控芯片在中国的成功产业化前景值得期待。

参考文献

［1］林炳承,罗勇,刘婷姣. 器官芯片［M］.北京:科学出版社,2019.

［2］陈荣保.传感器原理及应用技术［M］.北京:机械工业出版社,2022.

［3］K. A. 杰克逊. 半导体工艺［M］.屠海令,等,译校. 北京:科学出版社,1999.

［4］Moore G E. Cramming more components onto integrated circuits［J］. Electronics Magazine, 1965,38:114 - 117.

［5］Huh D, Matthews B D, Mammoto A, et al. Reconstituting organ-level lung functions on a chip［J］. Science, 2010,328(5986):1662 - 1668.